以文启智　润泽生命

——幼儿文学活动园本化课程的开发和实践

顾晨玮　主编

文匯出版社

序　言

当我展开《以文启智　润泽生命——幼儿文学活动园本化课程的开发和实践》书稿，真的是又激动又兴奋。激动的是顾路幼儿园在园本课程建设上有新的突破，兴奋的是见证着教师课程创生能力和水平的有力提升。

课程是育人的核心载体，一直是教育改革与发展的重心。随着教育改革的不断深入，课程管理权力不断下放，地方和学校拥有了一定程度的课程自主权。1999年6月，中共中央国务院作出《关于深化教育改革全面推进素质教育的决定》，提出“调整和改革课程体系、结构、内容，建立新的基础教育课程体系，试行国家课程、地方课程和学校课程”。时隔两年，2001年6月，国务院作出《关于基础教育改革与发展的决定》、教育部印发《基础教育课程改革纲要(试行)》，提出“实行国家、地方、学校三级课程管理”“在保证实施国家课程的基础上，鼓励地方开发适应本地区的地方课程，学校可开发或选用适合本校特点的课程”。自此，园本课程成为学前教育课程改革的重要内容，也成为幼儿园课程建设的一大亮点，越来越多的幼儿园开始建构自己的园本课程。

顾路幼儿园的小露珠文学课程就是在这一背景下应运而生的园本课程。从2003年至今，顾路幼儿园的课程建设经历了一个不断更迭升级的过程，从专题研究“幼儿问题意识培养”到活动研究“农村幼儿文学欣赏活动的实践研究”再到园本课程开发“幼儿文学活动园本课程的开发与实践”。经过二十年的不懈努力和精心积累，小露珠幼儿文学课程在顾路幼儿园灵动、生机盎然地生根、发芽、成熟，幼儿如沐春风般沉浸在朗朗的儿歌、动听的故事、跳跃的诗歌中，引发对文学的兴趣，感知与理解文学特有的魅力和意境，表现与表达幼儿自己的文学，最终实现以文学启迪幼儿智慧，润泽幼儿身心。

《以文启智　润泽生命——幼儿文学活动园本化课程的开发和实践》完

整呈现幼儿园园本课程——小露珠文学课程的概貌：课程思考、发展过程、课程理念、课程设计、课程实施、课程管理与评价；“七大课程实施路径”：集体教学、个别化活动、表演游戏、舞台表演、生活活动、亲子文学活动、环境创设。理性思考园本课程开发，系统回顾课程历程，以课程实施路径统整课程内容、课程实施方法、课程评价。

从课程逻辑角度看，顾路幼儿园小露珠课程突破将园本课程局限于教师教案、案例、经验文章的汇编。很长一段时间，很多幼儿园呈现的园本课程文本就是简单的资料汇编，未对园本课程进行系统的课程逻辑设计，导致园本课程无法形成体系。顾路幼儿园小露珠课程以促进幼儿发展为幼儿园课程开发与实践的逻辑起点，基于幼儿园良好的地域文化特色、师资特点、幼儿发展需求，立足幼儿经验和生活世界，考量幼儿园课程在理念、目标、内容、方法、评价等要素之间的融合性、综合性、适宜性、连续性、发展性，使园本课程自成体系，要素间内在逻辑性、内容的结构性、实施路径与方法的适宜性、目标与内容的一致性强。有清晰、概括的专题总结，也有生动活泼的活动案例，闪现着顾路幼儿园全体教师、幼儿、家长的智慧。

从课程整合角度看，顾路幼儿园小露珠课程突破将园本课程等同于“特色课程”，与基础型课程“并行”的误区。追求特色发展是当下许多幼儿园课程开发与实施的目标，于是将特色活动作为载体实施园本课程，独立于基础型课程，最为明显的是幼儿园有两套课程方案：幼儿园课程方案、特色课程方案。这种课程建设的误区未厘清园本课程与基础型课程的关系，未认识到幼儿经验发展的整体性和融合性。顾路幼儿园小露珠课程定位清晰，以“儿歌、故事、儿童诗”为主线，补充和延伸五大领域内容，将文学活动渗透到五大领域中，融入幼儿一日活动，发挥课程实施路径优势，构建领域间交叉、相融的幼儿文学活动园本课程，实现幼儿以“文学素养”聚合多重关键经验融合发展，为幼儿健全人格的培养奠定良好基础，支持和推进幼儿园文学教育特色进程，也促成幼儿园形成“大课程观”。

从课程实施角度看，课程创生理念在顾路幼儿园落地、生根、开花、结果。当前，课程创生理念逐渐得到学前教育界的重视，强调以儿童为本位和促进儿童的经验建构。课程创生存在于课程设计、实施、评价以及课程资源的开发与利用等领域（向海英，2010）。同时，教师的课程创生渗透于课程运作的全部领域和环节，才能全面提升教师的课程创生能力，达到儿童全面、主动又富有个性发展的课程创生目的。顾路幼儿园教师突破课程计划执行者自我立场限定，全程进入课程目标、课程内容、课程资源、课程理念等一系列积极的改进和方法及经验的主动建构。教师运用生动的案例、精准的教学设计、鲜活的经验总结表达着自己的课程哲学，在集体教学、个别化学习、表演游戏、舞台表演、生活活动、环境创设之中内隐实践智慧，蓬勃的课程生机和活力孕育幼儿丰富多彩、活泼快乐的生命力，“成就孩子做更好的自己”。

顾路幼儿园小露珠课程植根在深厚的本土、本区、本园教育境脉，在长期的教育实践经验基础上，立足儿童立场，不断加深和提升对课程的认识和建构，持续提升教师课程创生能力和水平，累积生成、完善、优化课程体系。顾路幼儿园这本课程研究与实践成果——《以文启智　润泽生命——幼儿文学活动园本化课程的开发和实践》值得幼教同仁一读，相信会使你获得真切的“实惠”。

为本书作序，只是当作一个学习的过程，受益匪浅！

上海市浦东教育发展研究院

吕　萍

2022年7月9日

目　　录

第一部分 小露珠文学课程概述

顾路幼儿园秉持“以研促教”“以研促发展”理念，在园本课程建设上采用课题引领课程建设思路，从2009年至今，基于幼儿园良好的地域文化特色、师资优势和幼儿发展需求，依据《3—6岁儿童学习与发展指南》《上海市学前教育课程纲要》，以2010年区级课题“农村幼儿园开展文学欣赏活动的实践研究”、2016年区级重点课题“幼儿文学活动园本课程的开发和实践”为龙头和抓手，以幼儿文学活动为主线，统整学前教育“五大领域”课程内容，围绕儿歌、儿童诗、儿童故事，精选幼儿文学活动内容，通过集体教学、个别化活动、故事表演、舞台表演、亲子文学活动探索幼儿文学活动的有效路径和方法，构建了融会贯通、结构合理、体系完整的幼儿文学活动园本课程内容体系，开展了丰富多彩、能够多渠道有效促进幼儿全面发展的幼儿文学活动课程，形成了富有幼儿文学特色的小露珠文学课程方案，促进了幼儿、教师、幼儿园整体、和谐发展。

一、相关概念释义

1. 幼儿文学

幼儿文学是儿童文学的分支，是最具有儿童文字特色的汉字。南京师范大学副教授郑荔认为幼儿文学是适应0到6～7岁儿童年龄特征，具有独特艺术个性和审美价值，能够适宜幼儿以多种方式“阅读”，激发幼儿趣味的文学作品。幼儿文学对幼儿具有审美、认识、娱乐、教育等多种功能和价值。[1]方卫平教授认为幼儿文学在语言使用、题材内容、文本形态、文学手法等方面，都需要充分考虑幼儿是否能够接受、理解。[2]本园园本课程建设中综合两位学者的观点，认为幼儿文学是在语言使用、题材内容、文本形态、文学手法等方面，适宜幼儿以多种方式“阅读”的儿童文学。

2. 幼儿园文学活动

华东师范大学周兢教授认为幼儿园的文学活动，是以文学作品为基本教

1 郑荔.教育视野中的幼儿文学[M].南京：江苏教育出版社，2005：7.
2 方卫平.幼儿文学教程[M].北京：高等教育出版社，2014.

育内容而设计组织的语言教育活动类型。这类活动围绕一个具体的文学作品教学，展开一系列相关的活动，创设幼儿学习运用叙事性语言的情境，帮助幼儿理解文学作品所展示的丰富而有趣的生活，体会语言艺术的美，为幼儿提供全面的语言学习机会。[1]本园在课程建设过程中采纳这一解释。

3. 小露珠文学课程

小露珠一词源于对“顾路幼儿园”“幼儿”“幼儿文学”的隐喻。“露”和“路”谐音，“小路”指顾小路，即顾幼的孩子；“珠”，指珍珠；孩子同“小露珠”，取自顾幼的IP形象，代表顾幼的孩子。文学释义为“朝饮木兰之坠露兮，夕餐秋菊之落英”。“小露珠”寓意顾幼的孩子像栖于花朵上迎着朝阳的晶莹水滴，迎着晶莹的水滴和朝阳的花朵，有“小露珠”的晶莹璀璨和生命灵动，需要呵护，值得珍爱。同时，“小露珠”也寓意着在文学滋养下的孩子有着水一般的高洁品格。

小露珠文学课程是指幼儿园以《3—6岁儿童学习与发展指南》《上海市学前教育课程指南》为依据，落实幼儿园办园理念和培养目标，基于幼儿园硬件设施、环境资源、师资条件和幼儿对文学作品的兴趣及特殊发展需要，以基础型课程为基点拓展和补充幼儿文学作品而构建的园本化课程。

张明红教授认为学前儿童文学作品是指那些与0—6岁儿童心理发展水平及接受能力和阅读能力相适应的各类文学作品的总称。它包括寓言、童话、儿童故事、儿歌、儿童诗、谜语诗、绕口令、儿童散文、儿童小说、儿童科学文艺等多种体裁。[2]

根据3—6岁幼儿语言发展特点，小露珠文学课程以儿歌、儿童诗、儿童故事文学体裁为主，结合课程文件和“五大领域”主题内容，精选儿歌、儿童诗和儿童故事内容，组织和开展一系列活动，旨在以文启智，以文激情，寓活动于游戏中，寄学习于文学情境中，以文学滋养孩子的生命心灵，让文学愉悦孩子的快乐童年，丰富孩子的想象力，发展孩子的创造力，提高孩子的审美能力，给孩子的心里埋下一颗“求真、从善、尚美”的种子，为孩子的终身幸福和发展奠定基础。

---

1 周兢.幼儿园语言教育[M].北京：人民教育出版社，2004：167.
2 张明红.学前儿童语言教育[M].上海：华东师范大学出版社，2011：187.

二、构建小露珠文学课程的基本思考

（一）幼儿文学活动具有多重教育价值

幼儿文学活动对幼儿的发展具有多重、多元价值。优秀、经典、体现多元文化的幼儿文学作品，语言优美、词汇丰富，具有思维的幻想性和想象性，主题的明朗性与目的性，形象性格的鲜明性与趣味性，情感的震撼力与感染力等特点。而幼儿的年龄特点，决定了他们思维是具体形象的，他们的情绪是易感染的。对于幼儿的学习来说，以儿童文学作品为主要载体开展的文学活动，有利于从情感着手，用情感激发，使幼儿受其熏陶并产生移情的理解，在积极情感的激发下奠定健全的人格基础。

长期以来，人们较多地将幼儿文学活动的功能定位于“德育”，而弱化或忽略了文学活动的本体功能——审美，即文学作品用来提高人的思想，美化人的心灵，陶冶人的情操的功能。而且，很多幼儿园的文学活动往往没有充分认识到文学作品的人文内涵、审美价值、社会文化意义及在欣赏感悟、思维品质等方面的作用，这与当前教育理念中的人文素质、非智力因素的培养、对情感、态度、价值观的追求是不相契合的。由此而带来幼儿文学活动在内容的选择上过多地考虑“是否具有教育意义”，形式上只注重表达与机械记忆，而轻视了欣赏与创造表现，突出“工具性”，忽略“文学性”。

查阅相关资料，我们看到已经有部分幼儿园意识到了这一问题，并开展了一些相关的研究：如文学活动具备的多元教育功能对幼儿多元智能发展的促进作用；民间文学对幼儿民族意识、民族自豪感的激发作用；文学活动对幼儿某一个性品质（如创造力）、思维品质（如记忆力）等的提高作用……这些研究为我们开展本课题研究提供了一些有益的借鉴。

许多高校学者也对幼儿文学的价值开展了相关研究，比如湘南幼儿师范高等专科学校学前教育学院党政办公室主任黄夏梅认为幼儿文学对幼儿语言发展具有重要影响，能培养幼儿倾听的习惯和能力，增强语言的感受力和理解力，提高幼儿语言表达力，并且能激发幼儿说话兴趣，促进语言思维想象的全面发展。[1]

---

1 黄夏梅.幼儿文学对幼儿语言发展的影响[J].沙洋师范高等专科学校学报，2004.3：88—89.

彭秀春认为幼儿文学对幼儿心智健康发展具有重要作用，表现在幼儿文学能促进幼儿情感的发展、幼儿语言的发展、幼儿思维能力的发展[1]。

幼儿文学对幼儿发展的促进不仅仅体现在语言、艺术、情感、思维等方面，还对幼儿认识世界、形成价值观具有重要意义。综上我们认为学前儿童文学作品应该具备这样的价值：一是认知启蒙价值，帮助幼儿了解自己、认识世界、创造无限；二是语言启蒙，帮助幼儿在阅读过程中自然而然地无形地完成积累词汇、规范句式、艺术地表达；三是精神启蒙，形成幼儿尊重生命、热爱生活的良好心理品质，促进幼儿身心健康发展。[2]

（二）幼儿文学内容融于幼儿园课程全领域

学前教育的特殊性决定了它只有领域之间的相对划分，而没有课程学科的门类之分，当前幼儿园活动大都以主题的形式开展。文学活动作为幼儿语言学习的重要途径之一，其作用同样不可估量。文学作品，尤其是故事、寓言、诗歌等，其具体的内容往往是与科学、社会的等领域紧密相关。文学作品中的人物、事件、物品、道理、场景等既可作为主题内容生成的线索，又能在帮助幼儿理解、深化、拓展主题过程中起到积极的作用。

因而，在主题活动开展的过程中，文学作品常以它特有的魅力活跃其中，或穿针引线，将各活动串联整合；或承上启下，将主题活动不断引向深入，从而对主题进行有效的补充与完善。但目前关于幼儿园课程中文学活动的研究局限在对某一体裁内容如童话、图画书、儿童戏剧等的研究，少见对各文学体裁的整合研究，文学活动在其他领域中融合得较少。“幼儿文学活动园本课程”并非是在五大教育领域之外重建新的课程，而是将文学活动渗透到五大教育领域中，对五大领域的内容所做的必要补充和延伸。

本着“传承和发展相融”的理念，我园在确保共同性课程的前提下，依靠科研的引领和保障，秉承科学、严谨的态度，进行园本课程的开发和实践，以整合与渗透的方式呈现园本课程内容，夯实园所文化品牌、促进幼儿发展的品质、提升师资队伍的专业能力。

1　彭秀春．幼儿义学与幼儿心智发展关系探索[J].陕西学前师范学院学报，2016.7.

2　章璐瑶．幼儿园集体教育活动中教师对幼儿文学作品选择行为的研究[D].华中师范大学，2017.

（三）顾路幼儿园拥有多元、优质的课程资源

在课程价值观念转变的过程中，课程管理逐渐走向多元、开放、自主，这是当今我国幼儿园课程改革的导向。幼儿园课程园本化，是幼儿园课程改革的重要方向，幼儿园只有将国家和地方层面的课程实施与幼儿园层面的课程开发相结合，才能建构起理想、完善的课程体系。

1. 幼儿园设备设施情况

上海市浦东新区顾路幼儿园（以下简称顾幼）创建于1950年，前身为顾路小学附幼，1989年独立建址现顾路校区，1999年建安基校区。顾幼作为顾路地区唯一的本土幼儿园，历年来倾心打造农村学前优质教育，注重培养具有“求真、向善、尚美”特质的全面发展的儿童。因办园成效显著，2011年、2017年分别新增海鹏校区和金群校区。目前顾幼有顾路、安基、海鹏、金群四个校区，总班级规模为32班。

顾路幼儿园是一所园舍布局合理、环境优美的现代化幼儿园。现有四个校区，32个班级，人员师资配备完善。园内设有多功能厅、阅读室、科学室、建构室、美工室、室内游戏室等专用活动室，配备种类丰富的游戏材料、图书、玩具、建构材料等，为幼儿自由观察、探索、交往合作、表达表现等创造了良好的条件。校区内每个班级都有活动室、午睡室、盥洗室、衣帽间，活动室内安全采光好，空气流通。每个班级都配备了投影仪现代化教学设施，设置了自然角、美工区、种植区、探索区等活动区域，能满足幼儿生活、学习和游戏的需要，使他们能够在自由、宽松的环境中获得富有个性化的发展。

幼儿园户外活动场地生均面积不低于1平方米，能保证幼儿早操、户外活动需要。园舍按规定配置消防、治安设备，相关部门检验能固定时间进行检查，确保完好有效。园内大门口及操场安装了电脑视频监控，基础设施设备能符合幼儿健康发展需要和国家规定卫生标准。幼儿园内的设施设备使用保管有明确责任人，并制定相应的规章制度，确保园内各类设施设备安全有效地使用，真正做到服务于教育教学工作。

历年来顾幼锐意进取，2009年评为上海市一级幼儿园，2016年评为浦东新区区级示范园，并先后获评为上海市依法治校示范校、上海市家庭教育示范校、上海市家庭教育指导实验基地（十二五、十三五、十四五）、上海市青少年儿童近视预防示范校、浦东新区文明单位、浦东新区校本研修优秀

学校、浦东新区见习教师优秀聘任学校、浦东新区优秀早教指导点，也荣获了上海市保育先进集体、浦东新区科研先进单位、浦东新区巾帼文明岗等荣誉。

2. 师资基础

幼儿园现有55名专任教师，硕士和本科学历达92%；区级骨干4名，浦东新区青年新秀3人，浦东新区学前中心骨干7名，园级骨干8名。旨在培养“亲善、诚信、优雅、睿智”的教师队伍，园内研修氛围浓郁，教师爱岗敬业，综合素养较好。

在园本课程建设和实践中，我园教师普遍能够关注幼儿需求、立足儿童视角。多名教师研究成果在杂志上发表或获奖，多名教师在新区、教育署层面展示教学活动，多名教师分获市、区、街道园丁奖荣誉称号。

2020年组建了以我园沪上知名的韵白故事大王领衔的教师方言社团，拓展了幼儿感受文学之韵的途径。

3. 社区资源分析

顾路幼儿园的四个校区分别处于曹路镇金海社区、顾路社区和新农村地区，毗邻曹路打一小学、浦东模范中学东校、浦东复旦附中分校、上海立信会计金融学院等优质社区教育资源，也有金海文化中心等大型活动场所；周围的超市、菜场、银行、医院、学校、邮局、消防局、警署、部队等各类不同社区资源，为拓展课程实施的内容、形式和地点等提供了更多可能性。

曹路镇有宜学曹路教育组织，五大项目为教师、幼儿、家长的成长与学习提供了更多的平台和机遇，为区域内课程联动创造了条件。曹路镇每年会定期举行各类大型活动和儿童剧进社区活动，为幼儿的表达表现拓展了空间，为学校开展戏剧观摩增加了途径。

学校与周边的金群社区、期颐养老院、打一小学、顾路派出所等，建立了共建协议，并定期开展共建活动。

更为重要的是曹路地区自古有讲故事的传统。曹路镇的讲故事活动起始于20世纪90年代。开始是老年人带的头，后来逐步扩展到各个年龄层。从2000年开始，每两年举办一次故事会，现已举办了八届。每一届故事节参加者有100多人，讲故事年龄最小的只有5岁，最大的82岁。讲故事、分析作品、举办故事节……在曹路镇，群众性的讲故事活动开展得如火如荼，热热闹闹。这是镇文化活动的一道亮丽的风景线，也是群众精气神的一种反映。[1]

4. 家长群体分析

家庭背景：近些年我园幼儿家长学历层次有提升，大专及以上学历占比达60%。家长对幼儿园的认可度高，满意率99%以上。家长较重视学前教育，对教育价值的追求与幼儿园的课程价值趋同。90%以上家长重视幼儿文学教育，认同学校"真善美"儿童培养目标。

但在日常的沟通过程中，我们也发现家长的文化背景、教养观念、家庭经济存在较大差异，对幼儿的教养方式千差万别，给教师的教育带来挑战；幼儿园隔代教养比较普遍，祖辈与父母辈教育要求、方式的不协同现象明显；家长参与亲子文学苑活动的积极性还存在差异。

（四）小露珠文学课程能够满足家庭与幼儿的发展需求

从历年幼儿园新生入园情况来看，30%的幼儿为原顾路地区的本地孩子，30%为上海市其他地区动迁导入，40%为新上海人或外来人员随迁子女。

我园幼儿愿意主动参加各类游戏和活动，情绪愉快，自理能力相对较强。会合作，能与同伴友好相处，交往能力较强，有一定的语言表达能力和观察力；喜欢参加体育活动，动作发展协调，运动能力强。

但幼儿在良好的卫生习惯和学习习惯、独立和创造性方面亟待提高。祖辈家长的溺爱、父母的过度保护都在一定程度上限制了儿童的独立、自信和想象能力的发展。

同时，因家庭文学氛围不浓郁、家长自身文学素养不高及对幼儿文学素养方面培养的重视程度不够，导致幼儿语言表达时的词汇不够丰富、文学作品储备量较少、阅读作品选取范围窄。我园基础型课程中语言领域活动比较多，但不足以系统、有效地提升本园幼儿的文学素养。

基于以上幼儿园课程建设和实施的基础与条件，我园从2004年开始致力于幼儿文学园本课程的构建，经过十多年的实践与探索，至今顾路幼儿园小露珠文学课程方案逐渐完善和成熟。

---

1 http://www.pudong.gov.cn/shpd/childSite/20180925/016001006_444521c6-d260-4642-8206-bcc1522a815b.htm.上海浦东·曹路镇。

三、小露珠文学课程发展过程

课题研究引领课程建设，是我园办园以来一以贯之的发展举措。在不断发现问题、解决问题、总结经验过程中，我园逐步完善和优化了课程，同时精准把握幼儿园特色发展的方向。从2003年至今，我园课程建设经历了三个阶段：奠基阶段、发起阶段、深推阶段。

第一阶段（2003—2008）：课程建设的奠基阶段，课题研究推动新理念落实

2008年之前，顾幼专注于二期课改新课程理念的落实，并开展了区级课题《幼儿问题意识培养》的研究，在探索性主题活动和培养幼儿问题意识的实践中，引发了一系列教学方法、策略上的改革，教师懂得了要关注幼儿的认知需要，在活动中要以同伴的身份介入，在创设与幼儿平等的、共同探讨的互学环境中鼓励幼儿向真实发问，在带领幼儿体验解决问题过程的乐趣中让孩子感到自己是活动的主人。

这一阶段，教师感受到了孩子有百种语言，促使了“教与学”从“灌输接受式”向“探索互动 平等对话式”转变，在我园课程改革中具有奠基意义。

第二阶段（2009—2015）：课程建设的发起阶段，课题研究推动特色形成

2009年起，顾幼在浦东新区教育局“一校一特色，一校一品牌”的精神指引下，聚焦文学对幼儿的发展价值，综合考虑顾幼园长和教师文学爱好和曹路镇故事品牌的优势资源，以及原农村地区家长忽视文学阅读的现象，顾幼立项区级课题《农村幼儿文学欣赏活动的实践研究》，着力从幼儿文学欣赏开展特色创建。在研究中，我们旨在通过文质兼美的优秀文学作品，使幼儿获得“真”的启迪，“善”的熏陶，“美”的享受，使教师在文学活动选材、设计和实施等方面的能力得以提升。

这一阶段的研思并行，为顾幼积累了丰富的文学活动教学元素，使园选择性课程建设取得了实质性的进展，也推动了顾幼以幼儿文学课程为核心的园发展系统，融合二期课改课程初步形成了《“以文启智，以情育人”顾路幼儿园课程实施方案》。

第三阶段（2016至今）：课程建设的深推阶段，课题研究扎深儿童立场

2016年，顾幼立项了区级重点课题《幼儿文学活动园本课程的开发与实践》，我们主要实现了三大转变。一是随着对课程的深入研究，我们对幼儿文学活动课程从重“特”转向了重“融”。我们试着根据幼儿的认知需要、经验基础和学习特点，将幼儿文学在一日活动的生活、运动、游戏环节中进行融合渗透，在多领域学习活动中进行情景式教学整合。二是在深推儿童立场的过程中，我们开始更多的关注幼儿实际状态下的语言，在感受幼儿语言的童稚之美中，我们发现孩子天生就是一个语言家，这一转变也使得教师更好地走近了幼儿。三是着重于幼儿文学与家庭教育的深度融合，形成了亲子文学苑“1+5”策略，使得众多家庭在走进幼儿文学中感悟文学之美。

这三大转变不仅促进了教师对儿童立场、儿童视角进一步的理解，也使幼儿文学课程成为了促进儿童文学欣赏能力、语言表达能力、审美素养变化和全面发展的课程，从而使幼儿的充分感知、独立而自信的表达和创造得以落实。

四、小露珠文学课程理念

1.“儿童拥有自由生活的权利”——小露珠课程的儿童观

教育家尼尔在《自由儿童》中指出“教育应当把自由还给儿童，自由作为一种权利对所有人都平等，但自由非放任”。生成性儿童观认为：“儿童的发展是实然和应然的统一体，而联结实然和应然的是儿童的自由探索、自主选择和自我完成。”我国《学前教育法》中“教育应当坚持儿童优先和儿童利益最大化原则，游戏是儿童的基本权利”，这条法则不仅强调了教育中儿童的人格自由和平等，同时也强调了儿童游戏是保障幼儿自由权的基本途径，这将促使教育者去观察、反思儿童游戏中的实然和应然状态，关注游戏中的自由和规则，从而感知期间儿童散发出的主动、独立、创造、体验的游戏精神对成长的重要意义。

所以，教育者应明确自由平等是儿童的权利，游戏是保障幼儿自由的途径，但是自由并非放任，自由的尺度需辩证把握。

2.“教育是农业不是工业”——小露珠课程的教育观

这是由我国著名教育家叶圣陶先生首先提出的，即指工业品千篇一律没有生命，是机械流水线生产；而农作物都是鲜活的生命，每一棵都需要精心养育。教师犹如“知识农民”，要认识到受教育者是有生命的个体，如同田间的禾苗有其自身成长的规律，在不同阶段都会呈现不同的特点；其次，教育需要尊重个体成熟的异同，要有静待花开的心境，任何“越俎代庖，自以为是、粗暴拔苗，强制灌输”，只会抹杀孩子的学习兴趣和好奇心；再次，教育应该赋予儿童发展的力量，如同田间的禾苗成长需经历风霜雪雨，教育应支持儿童发展那些能够让他们有自信去面对未来生活中各种挑战的重要品格。

所以，教育应坚守儿童优先立场，充分认识：每个孩子都是独特的生命个体，要学会尊重；每个孩子都有自身的成长速度，要学会等待；每个孩子都有自己的生命旅程，要赋予力量。

3. “教育应当摆脱功利主义，追求精神成长”——小露珠课程的评价观

《马克思恩格斯全集》第三卷第248页指出，“教育之为教育，正是在于它是一种人格心灵的唤醒”。这也阐明了教育评价的核心“应当摆脱功利主义，追求儿童的精神成长”；教育评价的内容应当在关注知识的同时，更转向为给儿童未来发展提供必备的基本素养；教育评价的方式必须从重结果更多地转向重过程，去关注儿童能力、素质与品格的形成；教育评价的对象应当既重视全体又关注个体，凸显对孩子个性与差异的尊重，以评促因材施教的落实。教育评价的主体应当体现多元，教师、保健、保育员、家长和幼儿都是评价的主体。

所以，教育评价应以真实为基点，去走近儿童：发现每一个儿童的成长力量，去相信每一个儿童都是天生的语言家、艺术家、哲学家……

4. “以文启智，和谐发展，快乐奠基”引领下的价值思考——小露珠课程的价值观

我园的办园理念是“以文启智，和谐发展，快乐奠基”，旨在以文化办园，以文化育人，所以我园的课程是对教师和幼儿的双向滋养，体现的是师幼的和谐共生、相互成就。追求的是在实践课程的过程中，教师不断积淀为人师者的品行，胸怀做教育的大爱，为施行有品质的教育奠基人文素养的厚度；追求的是在实践课程的过程中，幼儿在文化滋养下“德智体美劳”的五大成长，拥有“求真、向善、尚美”的生命精神，为孩子的终身学习和发展奠基。

所以，教育理想之境是一种文化引领下的相互滋养、共生共长，以愉悦而自由的状态积淀生命的厚度——“求真、向善、尚美”，实现五育并举。

五、小露珠文学课程目标

通过上海市幼儿园共同性课程与我园幼儿文学选择性课程园本化的融

合与实施，开启幼儿智慧之门，以“求真、向善、尚美”为核心，为幼儿的终身发展奠定坚实的素质基础，有效落实幼儿园“以文启智，和谐发展，快乐奠基”的办园理念。

（一）幼儿园课程总目标（来源于课程方案）

贯彻《指南》精神，以关怀幼儿后继学习和终身发展为目的，以促进幼儿德、智、体、美、劳和谐发展为指引，立足向善、求真、尚美的课程核心，培养健康活泼、懂爱知礼、文明乐群、好奇探究、敢做乐创、喜文乐赏、善表能想，有中国心的儿童。

表1　顾路幼儿园课程目标体系

核　心	要　素	具　体　目　标
向善（共同生活）	爱自己——健康活泼	爱玩爱运动，体质健康，情绪愉悦，具有独立自信的自我意识，具备良好的生活习惯、基本的安全知识和自我保护能力。
	爱他人——懂爱知礼	尊重关心他人，懂得与人为善，宽容感恩，感悟相互理解、协作、分享的重要和快乐。
	爱集体——文明乐群	喜欢并适应群体生活，具有文明的言行举止，遵守基本的行为规范，具有初步集体意识和责任感。
	爱社会——有中国心	热爱家乡，热爱祖国，感受和体验多元文化，为祖国感到自豪。
求真（探索世界）	乐求知——好奇探究	亲近自然，有爱护环境的意识，对周围世界充满好奇心，对事物的变化与发展充满兴趣，能够积极、主动地探索与发现问题，并运用已有的经验尝试分析与解决问题。
	乐创造——敢做乐创	敢于尝试和创造，过程专注，具有一股坚持的劲头，体验到探究和创造的乐趣，形成良好的思维品质和学习品质。
尚美（表达表现）	乐欣赏——喜文乐赏	有欣赏和接触各种艺术形式和文学作品的愿望，能感受自然界与生活中美的事物，能发现周围生活中的美，能感受作品的意境美、形式美、语言美和主题美。
	乐表达——善表能想	有表达表现的兴趣，能大胆想象，能用多种形式表达自己对美的感受和体验，具有初步的表现力和想象力。

（二）小露珠文学课程目标（来源于课题报告）

本课程立足于文学活动，注重幼儿的情感体验。借助对儿歌、儿童诗、儿童故事等文学作品的欣赏和理解，体验其中所表达的角色情感与行为，提升幼儿懂得爱、感受爱、理解爱、表达爱的能力；并通过音乐、舞蹈、绘画、童话剧等形式表达自己对文学作品的感受和体验，培养幼儿发现美、欣赏美、表现美、创造美的情趣，促进幼儿身心和谐发展。同时，倡导教师在课程建设的过程中不断积淀和提升自己真、善、美的素养。

（三）各年龄段小露珠文学课程目标（来源于课题报告）

小班：

（1）喜欢亲近家人、老师和同伴，有初步的同情心。

（2）愿意分享，能感知自己的成长变化，会向成人或同伴表达自己的需求和感受。

（3）喜欢接触自然，能用多种感官或动作探索事物，感知周围的环境对自己生活带来的影响。

（4）注意倾听，有好奇心，乐于操作摆弄，喜欢运动。

（5）乐意参与文学活动，喜爱听故事，朗读韵律感强的儿歌。

（6）喜欢翻阅图书，能看懂简单画面，并知道爱护图书。

（7）愿意感受和模仿文学作品中的角色，能初步产生移情（为作品中的人物高兴、难过、同情）。

中班：

（1）能关注家人和身边熟悉的人，懂得感激与关爱他人。

（2）学会交往，愿意合作，尝试了解自我，愿意倾听和接纳同伴的意见和建议。

（3）亲近自然，乐于探索，能发现自然界的变化，有关心和保护环境的意识。

（4）善于倾听，喜欢提问，学习观察、调查、记录事物的简单变化。

（5）乐于运动，有坚持性，在运动中能主动躲避危险。

（6）对文学活动有比较稳定的兴趣，并能感受文学作品中语词的优美和韵律、节奏变化。

（7）喜欢反复翻阅图书，能观察和表达图书中的连续画面，并能随着文学作品情节的展开，体会作品所表达的各种情绪、情感。

（8）乐意用动作、歌声、语言、操作材料等表现自己所理解的文学作品中的内容，以及自己喜欢的角色。

大班：

（1）懂得感恩，能关注他人的情绪和需要，愿意给予适当的帮助。

（2）善于合作，能认识自我，正确对待别人的评价，体验成长的快乐。

（3）愿意为集体服务，能尊重他人的劳动成果，并设法努力完成自己接受的任务。

（4）认真倾听，善于提问，能主动追问和探索自己感兴趣的事物。

（5）了解环境与人们生活之间的依存关系，具有热爱自然、珍惜资源、关心和保护环境的意识。

（6）善于运动，敢于挑战，具有较好地运动习惯和安全意识，不给自己和他人造成危险。

（7）乐意欣赏不同体裁的文学作品，对文学作品的表现手法（拟人、夸张、比喻、反复等）有敏感性，感受文学作品的语言美、意境美，并能结合情景理解和使用表示因果、假设、转折等较为复杂的语句。

（8）能专注的阅读，乐意与他人交流讨论图书和故事中有关的内容，并根据图书画面线索或故事的部分情节，续编或创编故事。

（9）能对作品中角色的心理、情感、产生共鸣，并能自发地用自己的方式（动作、表情、绘画、舞蹈等）创造性表现自己对作品的理解。

六、小露珠文学课程设置

（一）幼儿园课程结构

幼儿园课程由两部分组成，其一，为上海市学前共同性课程，在课程中占比80%左右。其二，为小露珠文学选择性课程，在课程中占比20%左右。两者并不是简单的拼凑组合，而是相互融合，统整实施。主要表现为：

一是理念统整。所有课程服从于本课程的课程理念，课程实施需以幼儿为起点，以幼儿的需要为主要基点来选择和实施。

二是实施统整。选择性课程与共同性课程相融相补，共同性课程的内容也可以作为选择性课程实施的载体来使用，两者更多地以嵌入的方式来组合而不是简单的加减。文学课程需在整个课程实施中关照到每个孩子，融入每一个活动，体现在每一个时刻，激励着每一次成长。

三是选择统整。幼儿和教师有课程实施的自主权，尤其是教师在做内容安排选择时，要以上海市共同性课程为主，以丰富幼儿学习经历为取向，平衡组合。

（二）小露珠文学课程的内容

幼儿文学作品内容广泛，题材包罗万象，它包含诸多不同种类不同特征的文学样式。因而，我们在开展文学活动前，收集了许多不同体裁的儿童文学作品，结合幼儿的年龄特点和欣赏、理解能力，主要选取了三种类型的文学作品内容，即儿歌、儿童诗、儿童故事。

1. 儿歌

儿歌是以低幼儿童为主要接受对象的具有民歌风味的简短诗歌，主要以小班为主。儿歌是专为幼儿创作的，它的内容贴近幼儿的现实生活，语言符合幼儿的朗诵特点，形象生动，富有童趣，朗朗上口，很容易理解，幼儿一听就明白，不需要成人做过多的解释。幼儿在唱诵儿歌的过程中潜移默化地建立良好的生活作风、养成良好的礼貌行为，确实不失为一种寓教于乐的最好形式。儿歌的目的在于启发幼儿的思维，丰富幼儿的语言，锻炼幼儿的表达能力，引导幼儿的想象等。

儿歌分为摇篮曲、游戏歌、数数歌、问答歌等四类。

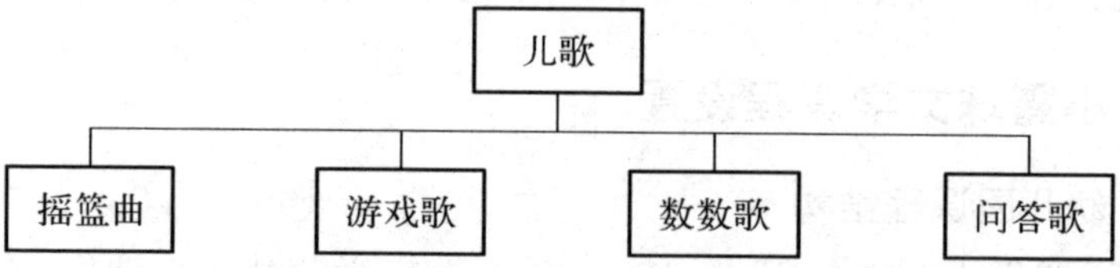

（1）摇篮曲：也称摇篮歌、催眠曲，属“母歌”。这是一种主要由母亲或其他亲人吟唱给婴幼儿听的，用于催眠、教话、认物的简短儿歌。

（2）游戏歌：幼儿游戏时伴随着一定的游戏动作而吟唱的儿歌。

（3）数数歌：是以适合儿童审美心理的形象描写来巧妙地训练儿童数数能力的儿歌。它把数学与文学巧妙结合起来，是适合幼儿认识水平的、最早的算术教材。

（4）问答歌：指采取一问一答或连问连答的形式来叙述事物、反映生活的儿歌。

结合共同性课程中的主题活动，教师有针对性地收集了小班、中班、大班的摇篮曲、游戏歌、数数歌、问答歌，经过教研组的“一课三研”活动打磨、研讨，最终确定了小、中、大不同年龄阶段儿歌的内容和实施路径及课时（详见表6、7、8）。

表2 小班儿歌内容与实施设计一览表

侧重 领域	摇篮曲		游戏歌		数数歌		问答歌	
	活动名称	课时	活动名称	课时	活动名称	课时	活动名称	课时
科学			搭房子*	1	五指歌*	1		
语言			手指游戏*	1	小兔家的铺子店*	1	问答歌*	1
艺术	摇篮曲*	1	城门城门几仗高*	1	拍手歌*	1	谁会飞*	1
社会	卖报歌*	1	丢手绢*	1	数鸭子*	1	对花歌*	1
健康			炒豆豆*	1	数熊山*	1	颠倒歌*	1

说明：集体活动——“*”、小组活动——“◎”。

表3 中班儿歌内容与实施设计一览表

侧重 领域	摇篮曲		游戏歌		数数歌		问答歌	
	活动名称	课时	活动名称	课时	活动名称	课时	活动名称	课时
科学	剪羊毛*	1	杯子歌*	1	个手指头*	1	十数对花谣*	1
语言	四小天鹅*	1	小雨点的歌◎	1	对对歌*	1		
艺术	蓝色多瑙河◎	1	鼓声咚咚咚◎	1	数鸭子◎	1	尾巴歌*	1

续 表

社会	木偶进行曲*	1	机器人*	1	数数*	1		
健康	快乐的农夫◎	1	手指变变变*	1	红萝卜绿菠菜*	1	什么牛◎	1
							四季问答歌*	1
							箩筐◎	1

说明：集体活动——“*”、小组活动——“◎”。

表4 大班儿歌内容与实施设计一览表

侧重 领域	摇篮曲		游戏歌		数数歌		问答歌	
	活动名称	课时	活动名称	课时	活动名称	课时	活动名称	课时
科学	圆圆和圈圈*	1	颠倒歌*	1	数灯歌*	1	菜地里的歌*	1
	形形色色的力◎	1	降落伞◎	1	数高楼*	1	什么虫儿空中飞◎	1
语言	春天来了*	2	小动物去旅行*	1	花开歌◎	2	我唱歌儿骑着马*	1
	找梦◎	1	云彩和风儿*	1	小猴子搭戏台子*	1	我是三军总司令*	1
艺术	虫儿飞*	1	快乐的小青蛙*	1	三只蚂蚁来搬米◎	1	蒲公英◎	1
	小画家◎	1	会变颜色的房子*	1	数花灯*	1	手影※	1
社会	卖汤圆*	2	我是解放军*	1	我是环保小卫士*	1	什么人呀忙又忙◎	1
	两个小傻瓜◎	1	看谁和它做邻居*	1	大草帽里有什么*	1	春天的秘密*	1

续 表

侧重 领域	摇篮曲		游戏歌		数数歌		问答歌	
	活动名称	课时	活动名称	课时	活动名称	课时	活动名称	课时
健康	蔬菜歌*	1	学好样*	1	四方歌*	1	水果歌◎	1
	饭前洗洗手*	1	鞋子也会嗒嗒响※	1	右手和左手*	1	眼睛鼻子和嘴巴*	1

说明：集体活动——"*"、小组活动——"◎"、个别化活动——"※"

2. 儿童诗

儿童诗是指以儿童为主体接受对象，特别重视节奏、声韵、文字流利自然，内容生动活泼，富有童情和童趣，适合于儿童听赏、吟诵、阅读的诗作。《中华文化精粹分类辞典·文化精萃分类》中认为儿童诗是儿童创作或为儿童创作的诗歌。其特点是：篇幅短小，形式活泼，节奏明快，韵脚响亮，常用夸张、拟人手法叙述故事，深入浅出地为儿童讲述道理，反映儿童的生活、情趣、向往。对儿童诗的欣赏能培养儿童良好的道德品质、思想情操，丰富他们的想象力，增强他们的思维力，尤其在培养儿童健康的审美意识和艺术鉴赏力上，能够发挥独特的作用。

儿童诗主要以儿童的生活或有益于少年儿童身心成长的事件为题材，有抒情的，也有叙事的，但以带故事性的为多。要求通俗易懂，生动活泼，短小精悍，形式多样。一般把儿童诗分为抒情诗、叙事诗、童话诗三类。

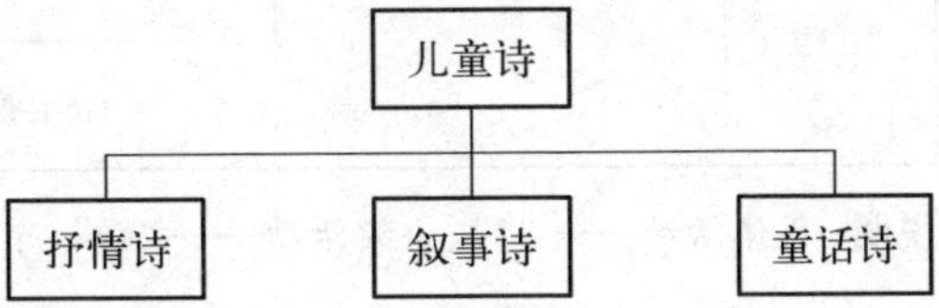

（1）抒情诗：是作者以主人公的口吻，直接抒发内心的思想感情而形成意象的文学样式。这种诗一般不凭依人物行动或故事抒发胸臆，也没有完整的人物形象的刻画描写，而是抒情主人公心灵的直接袒露，自我色彩明显。

（2）叙事诗：是运用诗歌的语言，通过某一特定的生活场景，表现人物或事件的相互联系，创造优美的意境，真实地表现情感的文学样式。叙事诗大多依靠情节或人物串缀展开诗序，但不一定要求故事情节的完整，情节结构允许较大的跳动，是带着浓郁的诗情去抒写人和事的。

（3）童话诗：是以诗的形式叙说富于幻想夸张色彩的童话（或传说）故事的作品。它是童话和诗的结合物。通常认为童话诗是儿童诗特有的一种样式。同时它又是颇受学前期和学龄初期儿童欢迎的文学样式。

儿童诗欣赏的目的在于幼儿通过欣赏儿童诗，仿照儿童诗框架进行仿编。

表5　小班儿童诗内容与实施设计一览表

侧重 领域	抒情诗		叙事诗		童话诗	
	活动名称	课时	活动名称	课时	活动名称	课时
科学						
语言	下雨诗/美妙的琴声/会响的小路/雪花*	各1课时	会飞的小白羊*	1	晒太阳*	1
艺术	小雨点◎	1			云*	1
社会	抱*	1	九月九*	1	谁最羞◎	1
健康			饭前要洗手*	1		
			做早操*	1		

说明：集体活动——“*”、小组活动——“◎”、个别化活动——“※”

表6　中班儿童诗内容与实施设计一览表

侧重 领域	抒情诗		叙事诗		童话诗	
	活动名称	课时	活动名称	课时	活动名称	课时
科学	一望二三里 ※	1	开火车*	1		

续 表

侧重 领域	抒情诗		叙事诗		童话诗	
	活动名称	课时	活动名称	课时	活动名称	课时
语言	新年的钟声* 橘子花* 家是什么* 秘密* 江南※江雪※春晓※ 春雨* 菊花※ 山行※ 秋天的色彩* 小池◎ 咏柳◎	每个活动1个课时	清明◎	1	太阳是甜的* 春雨* 脚印* 荷叶姐姐的伞*	每个活动1个课时
艺术	咏鹅※	1				
	七彩的风*	1				
社会			邮递员*	1		
健康			空调*	1		
			自己来*	1		

说明：集体活动——“*”、小组活动——“◎”、个别化活动——“※”

表7 大班儿童诗内容与实施设计一览表

内容 领域	抒情诗		叙事诗		童话诗	
	活动名称	课时	活动名称	课时	活动名称	课时
科学	哈哈镜*	1	芽*	1	顽皮的雨滴*	1
					调皮的风*	1
语言	树真好* 云彩和风儿※ 听雨※ 春* 春晓* 小雪花* 咏柳◎ 春夜喜雨* 我们的祖国* 真大※ 家是什么* 蒲公英◎ 小池*	每个活动1个课时	静夜思◎ 毕业诗* 欢迎秋爷爷* 小秘密◎ 江南*	每个活动1个课时		

续　表

领域＼内容	抒情诗		叙事诗		童话诗	
	活动名称	课时	活动名称	课时	活动名称	课时
艺术	秋天的雨*	1	我最爱的祖国*	1		
社会	悯农*　劳动最光荣*	1	长大了做什么*	1		
健康						

说明：集体活动——“*”、小组活动——“◎”、个别化活动——“※”

3. 儿童故事

儿童故事是指以叙述事件为主、适合低幼儿童听或读的篇幅短小的文学作品，是儿童文学中运用最普遍、流传最广泛的一种艺术形式。《中国学前教育百科全书·学科教育卷》认为儿童故事是指以叙述事件为主的、反映自然界和社会生活中各种事物的、适合低幼儿童阅读或聆听的篇幅短小的故事体文学样式。从讲述和聆听方面看，它也可划归口头文学范畴。儿童故事的欣赏能让幼儿在故事中学习知识，发展智力，认知道理，并从中受到感染和教育，懂得什么是真善美，什么的假丑恶，从而培养爱憎分明的情感，并付诸行动中。

儿童故事分为民间故事、生活故事、动物故事等三类。

（1）民间故事：是一种流传于民间，具有一定传奇性和幻想成分的题材广泛的叙事性口头文学形式。

（2）生活故事：取材于儿童的生活，反映发生在他们身边的生活事件的短小故事，分为写人为主和写事为主的生活故事。

（3）动物故事：取材于动物世界，以动物为主人公，描写它们的生态、习性，或借动物形象象征人类社会生活和社会关系的故事。

儿童故事欣赏的目的在于幼儿通过对话、动作、表情进行故事表演，体验作品的情节变化和人物情感的变化。

表8 小班儿童故事内容与实施设计一览表

内容 领域	民间故事		生活故事		动物故事	
	活动名称	课时	活动名称	课时	活动名称	课时
科学			甜甜的河水* 长长的礼物*	2	胖熊吹气球* 一粒纽扣*	2
语言	阿福阿喜*	1	小小手*	1	大熊山的故事* 黑脸小白羊* 小白兔* 脚步声* 小孔雀* 谁的救生圈* 送大乌龟回家◎小乌龟去看爷爷◎ 小兔乖乖◎ 小鸡小鸭小袋鼠◎	每个活动1个课时
艺术			雪花*	1	小熊画大树◎ 小老鼠学画画◎ 蚂蚁和西瓜*它藏到哪里去了*	4
社会			小兔乖乖*	1	小猪胖胖*	1
健康			快快乐乐来洗澡* 我的情绪小怪兽*	2	小刺猬理发*	1
					小熊豆豆生病了*	1

说明： 集体活动——“*”、小组活动——“◎”、个别化活动——“※”

表9 中班儿童故事内容与实施设计一览表

领域＼内容	民间故事		生活故事		动物故事	
	活动名称	课时	活动名称	课时	活动名称	课时
科学			老鸭的店丢了吗*	1	七只小鸡排队走*	1
语言	三山的传说* 蛔蛔蛐蛐说大话*	2	乔尼用一个钉锤干活*	1	花脸虎的喷嚏* 小老鼠和落叶* 两只笨狗熊* 小鸭子学跳舞* 大狮子和小老鼠* 龟兔赛跑* 两只山羊* 七彩蜡笔鼠* 桃树下的小白兔* 帽子床* 三只蝴蝶※ 三只小猪造房子※ 谁的耳朵※ 咏鹅※ 老鼠三兄弟◎	每个活动1个课时
艺术			饲养员请客*	1	小燕子拿剪刀*	1
社会			呜呜呜轮船开了* 玩具火车轰隆轰隆*	2	小熊搬家* 老鸭的店丢了吗*	2
健康			我们的身体*	1		

说明：集体活动——"*"、小组活动——"◎"、个别化活动——"※"

表10 大班儿童故事内容与实施设计一览表

领域＼内容	民间故事		生活故事		动物故事	
	活动名称	课时	活动名称	课时	活动名称	课时
科学	乌鸦喝水*	1	魔法奶奶的电话* 围脖儿* 爷爷一定有办法*	3	乌鸦喝水◎	1
	司马光砸缸*	1				
	曹冲称象*	1				

续 表

领域\内容	民间故事		生活故事		动物故事	
	活动名称	课时	活动名称	课时	活动名称	课时
语言	盘古开天辟地* 老鼠娶新娘* 嫦娥奔月* 女娲补天* 后羿射日* 愚公移山*	每个活动1个课时	不开灯的晚上*	1	动物网吧* 田鼠太太的项链* 大恐龙进城* 青蛙王子* 一个羽毛也不能少*蚯蚓日记* 老鼠娶新娘◎ 兔子先生去散步◎ 小狗抬花轿◎ 蛤蟆爷爷的秘诀◎ 彩色的鸭◎	每个活动1个课时
艺术	神笔马良* 九色鹿*	2	小青花*	1	动物狂欢节* 花格子大象艾玛*	2
社会	大禹治水* 孔融让梨*	2	大卫不可以* 现在我很棒* 勇气* 兔子先生去散步* 双胞胎*	4	野猫的城市* 是谁害了小鲤鱼* 小猪的抱抱歌* 长鼻子的哥伦哥*	4
健康	盲人摸象*	1	牙齿旅行记*	1		

说明：集体活动——“*”、小组活动——“◎”、个别化活动——“※”

（三）融入一日活动的小露珠文学课程内容

1.“走进生活”——结合共同性课程生活板块，将文学融入生活。

✧ **小露珠生活童谣**——童谣融入幼儿一日生活中，促进幼儿良好的情感和行为习惯的养成。童谣类型：好习惯儿歌、安全知识儿歌、美善行为儿歌、生活小达人童谣。

✧ **小露珠晨间小喇叭**——在晨间来园环节，根据课程需要和季节，一周内每天滚动播放3～4首童谣，以此起到润物细无声、潜移默化的作用。

✧ **小露珠午睡悦听**——在幼儿入睡的准备工作完成后，营造安逸静谧的氛围，给幼儿讲述睡前故事，时间小班4～5分钟，中班5～6分钟，大班6～8分钟。小班故事短小，可根据幼儿需求多天重复讲述同一个故事；中班故事篇幅稍长，可以分三次讲完；大班长篇故事，可以连续讲述一段时间，最长不超过1个月。

✧ **小露珠传统赏味**——幼儿园和家庭结合传统节气，开展传统文化欣赏、诗文欣赏和美食品味。

✧ **小露珠童言稚语**——收集生活中自然状态下的幼儿语言，感受童言之真，体验稚语之美，让教师走进幼儿。

✧ **小露珠种植故事**——结合自然角、种植园地，利用班级自然角、幼儿园绿化、种植园地等为幼儿创设能亲身体验的生活自然情境。鼓励幼儿在其中操作、体验，感受自然的美，在种植故事中感受生活的多样和幸福。

2. “走进运动”——结合共同性课程运动板块，将文学融入运动。

✧ **小露珠校际远足**——每月一次，锻炼幼儿体魄，促进校区资源互动共享，同时以说校园趣事的形式增进孩子对同伴对集体的喜爱之情。

✧ **小露珠亲子悦行**——每年春季，开展一次悦行中成长活动，以练身体，识春景、读美诗、叙乐事的方式，帮助家长迁移悦行经验，养成在悦行中说身边事、读相关文、赏身边景、知周边史的习惯，从而萌发孩子爱周围人、爱家乡、爱上海、爱祖国的情感。

3. “走进学习”——结合共同性课程学习板块，将文学融入学习。

✧ **小露珠阅读分享会**——每周一次，结合阅读室活动进行，主要提升幼儿读懂和讲述绘本文学故事的能力。

✧ **小露珠文学欣赏**——每周一次，结合共同性课程学习下的主题开展专门的儿歌、儿童诗、儿童故事欣赏及其他经典文学作品欣赏活动，使幼儿全面系统地理解作品主题、感知作品内容、把握作品情节、熟悉作品人物，从而获得真的启迪、善的熏陶、美的享受，提升欣赏素养，丰富审美情趣。

✧ **小露珠与自然科学**——挖掘文学故事中的科学素材点，与自然科学相整合，开展文学情境下的自然科学探究与实践活动。

- **小露珠与社会**——结合传统文化节日和节气，开展传统文化经典诗歌、故事赏读，体验我国经典传统文化之美，陶冶幼儿情操。
- **小露珠与艺术大师**——结合主题活动中的艺术领域，与博雅美育相整合，走近艺术大师，感悟艺术表征，尝试文学的多种艺术表征。
- **小露珠戏剧欣赏**——双月一次，联手金海文化中心组织幼儿进剧场观摩童话剧，以及教师童话剧社团的表演活动。戏剧欣赏主要是幼儿运用视觉和听觉，欣赏童话剧、木偶剧等文学戏剧作品，并产生情绪感染，从而获得美的享受和善的启迪。
- **小露珠读书节**——每年一次，结合读书节开展有主题的系列活动，如：亲子童话书汇编、亲子童谣创作、最美声音、最美阅读者等活动。

4. 游戏

- **小露珠表演游戏**——幼儿根据故事或童话的内容，扮演其中的角色，并运用语言、动作和表情等表演形式再现作品内容，是幼儿对文艺作品的一种再创造，以表演为乐趣，不苛求表演效果和终结。中大班幼儿每周安排1次固定的活动，幼儿也可在自由活动等时段自发地开展游戏。
- **小露珠道具工厂**——幼儿建构游戏的一部分，是幼儿为满足表演游戏或角色游戏的需要，自主自发在建构游戏或自由活动时搭建场景、制作表演道具的游戏活动。
- **小露珠童话剧社**——每双周开展一次。由各班教师和家长共同组建，有班内爱好表演的幼儿组成，社团的理念“是让每一个孩子爱上表演”，旨在让孩子在表演中增强自信心、提高模仿力、想象力、思考力、创造力，促进对真善美的审美和思辨能力。
- **小露珠天天演**——中大班各班幼儿轮流在每日午后进行10分钟童话剧表演，小班各班的弟弟妹妹轮流观看。既为幼儿搭建了展示的平台，又增加了幼儿间的交往，也为小班幼儿积累了表演的经验。
- **小露珠每月秀**——各年段幼儿每月一次。幼儿依据文学作品的内容、人物、情节及主题，运用语言、动作、表情、道具、器乐、歌舞等手段，在舞台上进行自如表演的活动，以此让幼儿享受文学之美，在扮演中体会到一种成功感，获得多元能力的发展。

✧ **小露珠亲子文学苑**——幼儿园的特色家教品牌，主要方式为“1+5”，1个积分制度，5个活动模块：推荐1批阅读书目，让家长学会精选读物；开设1个系列讲座，让家长习得共读方法；指导创建1个书香角，让家庭拥有书香氛围；引导参与1个亲子社团，让家长拓展阅读表征；举办1个重大活动，让家长有成功的体验。

✧ **小露珠欢乐童话周**——每年年末围绕迎新开展的大型童话周活动，从校园环境创设，教师、幼儿、参与活动家长的着装来共同打造童话之境，各班围绕某一童话主题开展装扮和表演活动，全园开展童话剧汇演活动。

（四）课时安排

1. 各年龄班活动时间配比（每天480分钟/每周2 400分钟）

表11　小班小露珠文学课程时间安排

内容	形　式	时间（分钟）	比例	合　计
生活	小露珠晨间小喇叭	融合于晨间入园	0.5%	共同性课程95% 选择性课程5%
	小露珠午间悦听	融合于入睡前		
	小露珠传统赏味	融合于传统节日		
运动	小露珠亲子悦行故事	每年一次	0.1%	
学习	阅读分享会	每周一次	2%	
	小露珠文学欣赏	20 × 1 = 20		
	小露珠亲子好书分享社	2周1次		
	小露珠亲子童心文学社	2周1次		
游戏	小露珠每月秀	双月1次	2.4%	
	小露珠戏剧观摩（顾幼教师表演团）	双月1次		

续 表

内容	形　式	时间(分钟)	比例	合　计
游戏	小露珠亲子童话剧社	2周1次	2.4%	共同性课程95% 选择性课程5%
	小露珠欢乐童话周	1年1次		
	小露珠读书节	1年1次		

表12 中班小露珠文学课程时间安排

内容	形　式	时间(分钟)	比例	小　计
生活	小露珠晨间小喇叭	融合于晨间入园	1%	共同性课程92% 选择性课程8%
	小露珠午间悦听	融合于入睡前		
	小露珠传统赏味	融合于传统节日		
运动	小露珠亲子悦行故事	每年一次	0.1%	
	小露珠校级远足	每月一次	1%	
学习	阅读分享会	每周一次	3%	
	小露珠文学欣赏	25 × 1 = 25		
	小露珠亲子好书分享社	2周1次		
	小露珠亲子童心文学社	2周1次		
游戏	小露珠表演游戏	1周一次		
	小露珠每月秀	双月1次		
	小露珠戏剧观摩（顾幼教师表演团）	双月1次	2.9%	
	小露珠亲子童话剧社	2周1次		
	小露珠道具工厂	融合于建构和自由活动		
	小露珠欢乐童话周	1年1次		
	小露珠读书节	1年1次		

表13 大班小露珠文学课程时间安排

<table>
<tr><th>内容</th><th>形　　式</th><th>时间(分钟)</th><th>比例</th><th>小　　计</th></tr>
<tr><td rowspan="3">生活</td><td>小露珠晨间小喇叭</td><td>融合于晨间入园</td><td rowspan="3">2%</td><td rowspan="16">选择性课程12%</td></tr>
<tr><td>小露珠午间悦听</td><td>融合于入睡前</td></tr>
<tr><td>小露珠传统赏味</td><td>融合于传统节日</td></tr>
<tr><td rowspan="2">运动</td><td>小露珠亲子悦行故事</td><td>每年一次</td><td>0.2%</td></tr>
<tr><td>小露珠校级远足</td><td>每月一次</td><td>1%</td></tr>
<tr><td rowspan="4">学习</td><td>阅读分享会</td><td>每周一次</td><td rowspan="4">4%</td></tr>
<tr><td>小露珠文学欣赏</td><td>30 × 1 = 30</td></tr>
<tr><td>小露珠亲子好书分享社</td><td>2周1次</td></tr>
<tr><td>小露珠亲子童心文学社</td><td>2周1次</td></tr>
<tr><td rowspan="7">游戏</td><td>小露珠表演游戏</td><td>1周一次</td><td></td></tr>
<tr><td>小露珠每月秀</td><td>双月1次</td><td></td></tr>
<tr><td>小露珠戏剧观摩
(顾幼教师表演团)</td><td>双月1次</td><td rowspan="5">4.8%</td></tr>
<tr><td>小露珠亲子童话剧社</td><td>2周1次</td></tr>
<tr><td>小露珠道具工厂</td><td>融合于建构和自由活动</td></tr>
<tr><td>小露珠欢乐童话周</td><td>1年1次</td></tr>
<tr><td>小露珠读书节</td><td>1年1次</td></tr>
</table>

七、小露珠文学课程实施

(一) 课程实施的四大原则

1. 尊重认可原则

课程即独特的生命体验，一百个孩子，一百个世界，一百种欣赏和感受，一百种表达和创造。我们的课程需要认可每一个孩子的生命体验，并尊重他们的选择和体验，以使他们在课程中活跃而勇敢地经历，在经历中获得多样的体验和发展。

2. 自主自信原则

孩子是课程的实施中心点，课程实施以捕捉孩子的兴奋点、点燃孩子们的学习热情、满足孩子们的学习需求为首要目的。其次，课程实施的内容和经验必须具有连续性。不仅仅是新鲜和有趣的，更是经过教师精心"改造"过的，贴近孩子学习需求，感受特点、聚焦孩子们的成长点，鼓励儿童在欣赏、体验的过程中逐渐获得胜任感，有主见、有自信。

3. 注重体验原则

只有亲身经历和体验才称得上是学习。课程就是让孩子们体验各种经历，并由此将知识和其他各种可能转化为自身的经验，实现自身的"细微变化"。所以，教师需要在课程的设计、实施与评价中凸显孩子的主体地位，由此让他们在课程中释放激情。同时，以孩子喜爱的方式实施和评价，让孩子在实践、对话、沉浸、互动、参与中活跃而灵动起来。

4. 资源统整原则

依靠幼儿园研究优势成就教师智慧，发挥才干使活动空间学习化，诠释"空间即课程"的深刻内涵。充分开发幼儿园的园内资源(教师和家长)、园外优质资源(社会专业人士、社会教育资源)，让教师、家长、社会人士认同、支持、参与幼儿园课程的开发和实施，使学校的设施设备、教学资源、空间环境、情感支撑和文化营造能相互推动和转换，最大程度地满足不同孩子多元化的发展需求。

(二) 课程实施途径

学前教育课程内容中的"五大领域"内容均以综合主题实施，有利于幼儿对某一个主题形成整体的、系统的经验。同时，主题内容在实施过程中，组织形式是多样的，如集体、个别化、亲子活动、表演游戏、舞台表演等。每条途径都有其独特的价值和意义，力图更加全方位多角度、多渠道地开展幼儿文学活动，引导幼儿更加全身心、全场域地浸润到文学活动中。

1. 集体活动

集体活动侧重于让孩子获取一些关键性经验，解决共性问题；每周开展一次。

（1）在选择文学作品时要考虑风格上的趣味性，用生动的比喻、幽默的语言、明快且富有音乐感的节奏，使学习充满趣味性。

（2）在组织文学活动中运用“听音欣赏法”“唱诵欣赏法”“配图欣赏法”“配乐欣赏”方法，引发幼儿通过视觉、听觉品味作品的含义、意境，在边玩边唱中去体会作品的内容，配合作品展开联想，对作品进行补充、发挥和再创造。

（3）创设有意识、有评析性、有欣赏性的倾听机会，运用情境创设、媒体展现等方式提升幼儿理解能力和文学素养；利用幼儿爱模仿的特点，通过游戏、创编等形式培养幼儿表达表现能力。

（4）引导幼儿感知文学作品的语言形式，提高幼儿对语言结构的敏感性。

2. 开展文学情境下的多领域活动

（1）挖掘文学故事中的科学素材点，与自然科学相整合，开展文学情境下的自然科学探究与实践活动。

（2）结合传统文化节日和节气，开展传统文化经典诗歌、故事赏读，体验我国经典传统文化之美，陶冶幼儿情操。

（3）结合主题活动中的艺术领域活动，与博雅美育相整合，走近艺术大师，感悟艺术表征，尝试文学的多种艺术表征。

3. 幼儿文学表演游戏

幼儿文学表演游戏重点在于发展幼儿的表达表现、想象力、自信等能力；中大班幼儿每周开展表演游戏，幼儿自定主题、分配角色、制作道具、改编或创编情节、自我评价语言动作和表情等表演情况，注意实施中立足游戏切不可和童话剧表演混淆。为满足表演游戏或角色游戏的需要，幼儿可自主自发在建构游戏或自由活动时搭建场景、制作表演道具的游戏活动，开设道具工厂。

4. 幼儿文学舞台表演活动

幼儿文学舞台表演活动注重幼儿非智力因素的培养，如合作、自信、大胆表达等能力；双月一次，组织幼儿戏剧观摩，以剧院观摩、童话剧进学校、教师童话剧社团表演等形式进行。

每月一次开展文学秀活动，每天开展10分钟天天演活动。雨天可以在学校小剧场，晴天可放在室外草坪进行。教师要协助幼儿在上台前，做好各项准备，过程中知晓表演和观看的礼仪与规则。

5. 亲子活动

亲子文学苑侧重于亲子阅读、家园共育；联手家长，每年一次开展读书节主题系列活动，如：亲子童话书汇编、亲子童谣创作、最美声音、最美阅读者等活动。

协同家长资源，每双周开展一次小露珠童话剧表演。由各班教师和家长共同组建，由班内爱好表演的幼儿组成，童话剧社团作品可参加天天演、童话剧大赛、进社区表演等。

持续创建小露珠亲子文学苑品牌，主要方式为“1+5”，1个积分制度，5个活动模块：推荐1批阅读书目，让家长学会精选读物；开设1个系列讲座，让家长习得共读方法；指导创建1个书香角，让家庭拥有书香氛围；引导参与1个亲子社团，让家长拓展阅读表征；举办1个重大活动。

每年年末围绕迎新开展大型童话周活动，活动要求家园共同参与校园环境创设，每天确定一个活动主题，其中一天为童话主题秀，全园所有人员参与童话人物装扮中，全园开展童话剧汇演活动。

和家庭携手开展“小露珠传统赏味”，在制作、呈现美食的过程中引导幼儿体会生活的趣味和美好，欣赏人们通过食物来表达的对美的向往、对家的爱，进而愿意创造这样的美好。

6. 在一日活动各环节中开展渗透性文学活动

在一日活动各环节运用生活童谣促进生活好习惯养成。在晨间来园环节，根据课程需要和季节，一周内每天滚动播放3～4首童谣，在潜移默化熏染幼儿良好品性。

在午睡环节开展悦听活动，在安逸静谧的氛围中养成孩子良好午睡习惯，同时获得品性的熏陶。

利用班级自然角、幼儿园绿化地、种植园地等开展小露珠种植故事活动，为幼儿创设能亲身体验的生活自然情境，鼓励幼儿在其中操作、体验，感受自然的美，在种植故事中感受生活的多样和幸福，发现环境美好与劳动的关系，懂得欣赏劳动美，并积极参加各类劳动活动。

除了以上六个主要途径，小露珠文学课程还注重家园环境的创设，侧重于发挥环境的隐性教育功能；重视个别化学习的语言区建设，以加深和拓展幼儿经验性的语言素养；积极开展小露珠阅读分享会，每周一次，着意培养幼儿自主阅读、自主分享的能力；每月一次开展小露珠校际远足，锻炼幼儿体魄，促进校区资源互动共享，同时以说校园趣事的形式增进孩子对同伴对集体的喜爱之情；每年春季开展一次小露珠亲子悦行活动，以练身体，识春景、读美诗、叙乐事的方式，帮助家长迁移悦行经验，养成在悦行中说身边事、读相关文、赏身边景、知周边史的习惯，萌发孩子爱周围人、爱家乡、爱上海、爱祖国的情感。

八、小露珠文学课程管理与评价

（一）小露珠文学课程管理架构

1. 课程管理团队（领导小组：主体层面）

幼儿园不断完善课程实施领导小组，由园长、保教主任、科研室主任、教研组长等组成，园长任组长，领导小组主要负责幼儿园课程方案的制订、实施、反馈、调整、评价等。

2. 课程实施团队（研发、实施、监测：内容层面）

课程实施团队主要围绕课程的要素展开研究和实践。下设3个小组：

课程研究组：由保教主任、教研组长、科研室主管等人员组成。保教主任任组长，课程研究组主要负责课程实施的研究、课程内容的拓展、教师培训等。

课程实施组：各教研组在课程研究组的指导下，组建幼儿园课程实施中心组，由教研组长任组长，备课组长与骨干教师为组员，开展每周二次以上参与式研讨、新教材培训与集体备课活动，进行班级情况交流、课程活动案例分析、观察方法与记录的研究等，以保证新课程教材的全面、深入的实施。

课程监测组：由保教主任、年级组长、家长代表组成。保教主任任组长，组织教师互相观摩、评析，定期进行课程教育质量分析，对幼儿园课程实施的状况进行监测，收集课程实施的资料，进行分析、评价和完善；组织教师制作各种教玩具，并做好课程资料的收集、整理、编写、保管工作；听取、联系、反映家长对课程关注的问题；采取口头汇报，书面建议等多种形式，对有关信息进行归纳、分析，把急需解决的意见、建议提供给幼儿园课程领导小组。

3. 课程开发团队（行动层面）

成员：全体教师

主要职责：幼儿园将课程权下移，由班级教师参与管理，积极投入课程建设，使课程管理更开放，在思想上达成共识，在行动上落实执行，着眼于“问题解决”，提升课程的品质。

4. 课程实施教研机制

教师是推进课程改革与发展的主体力量，唯有教师专业素养的提高，才能确保课程的有效实施。因此，我们将园本培训与园本教研结合起来，努力构建四个层次的研训网络：

课程研究活动：由园课程领导小组人员组成，针对幼儿园课程实施中普遍存在的主要问题进行专题研讨；同时将幼儿园课程实施情况进行自上而下、自下而上及时沟通、反馈、调整，确保课程实施的质量。

大教研组活动：幼儿园全体教师参与，由园长、副园长主持大教研，主要根据幼儿园专题研究内容，开展引领式教研活动，保证课程有效实施。大教研每月不少于2次。

项目教研组活动：幼儿园根据教师需求，每学期拟定2～3个教研项目，由骨干教师担任项目教研组长，每三周开展1次研修活动。

年级教研组活动：由各年级教研组长负责，采取教研组成员轮流主持教研的形式，开展每两周一次的活动，主要根据各年龄段的研究项目，开展主题式的研训活动，来解决一日活动组织与实施中的实践问题。

保育教研组活动：分大教研与小教研两种形式，小教研由保健教师主持，开展两周一次的研讨活动。大教研由保健组长主持，主要针对小教研活动中的共性问题开展教研活动，把教研活动引向深入。

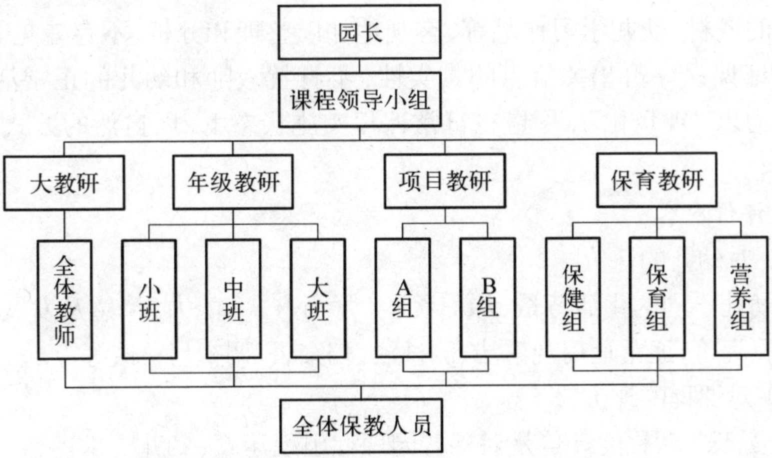

幼儿园课程实施教研网络图

（二）小露珠文学课程评价

1. 评价原则

（1）自主性原则

课程评价的目的是为了实现对幼儿园课程实施情况的客观分析，以期能通过评价结果唤醒教师的专业警觉，培养教师的专业视角，实现专业的自主发展，以此保障课程实施的全面和有效。

（2）多元性原则

课程评价主体多元化才能够保证评价的公平性、客观性和真实性。幼儿、教师、园长、专家、家长、社区代表都应成为课程评价的参与者。

同时，评价也可采用多样化、多种类的质性和量化方式来实施评价，应需而用，多样实施。

（3）过程性原则

表现性评价是一种极具内涵，而又非常综合的系统评价方法，要求教师在实际运用时，注意根据实际的条件和可能，在一定的时间精力范围中，选择运用一些表现性评价指标对幼儿进行重点和针对性的评价，为一定的评价任务服务。要在实践中不断丰富对幼儿欣赏感受能力和表达表现能力的了解，以使评价能真实地反映儿童的发展水平，从而更有针对性地提供支持。

（4）客观性原则

评价要收集不同方面的资料，包括对幼儿连续的定期观察和记录，家长提供的资料，幼儿学习作品等，客观地加以整理和分析，不存偏见。此外，为了保证课程评价相关信息的真实性，不打扰教师和幼儿的正常活动，评价信息力求“现场化”，尽量在日常课程实施状态下，以自然的方式收集评价信息。

2. 评价内容

（1）对幼儿的评价

对幼儿不同的生活背景、原有经验、学习方式、能力、情感及发展水平等方面进行评价，通常运用观察法、测试法、档案袋、调查与访谈等等。

（2）对课程的评价

“小露珠”课程的评价是对幼儿园课程组织建立、幼儿需求评估、课程目标的确定、方案编制、课程实施、评价方式、支持与保障、实施效果等方面进行评价。

（3）对教师评价

主要从教师的师德、专业知识、教师设计活动的能力、实施活动的能力、反思活动的能力等方面进行评价。其主要目的是帮助教师发现课程实施中的问题，引导教师对自身的教育行为进行反思和调整，促使教师提高教学水平，积累教育经验。

3. 评价方法

（1）观察法

教师在开展教育活动过程中，以自然观察为主，收集大量真实的资料，提供丰富的反映幼儿发展状况的事实依据；

同时也可根据需要，进行情境性观察，即将幼儿置于与现实生活类似的情景中，由评价人员对幼儿进行观察，以即时了解幼儿的发展情况。观察记录可以采用文字描述、表格式，也可以运用录音、录像、照相等方式。

为提升集体教学的有效性，提高教师的观课、评课能力，采用"一课三研"的方式精细化研究与实践。观课的重点是关注集体教学的目标制定、环节设计、教师的提问和回应、引导语、指导语、教师自身讲故事能力等方面。基于观课重点，对目标制订、环节设计、教师讲故事能力、指导语、引导语等采用实录方式记录；对教师的提问和回应，借助相关研究成果，编制或者借用观课的表格，采用描述记录教师、幼儿现场教学情况。采用分类合作观课的方式，每次教学活动前，进行教学观察设计，对每位教师观察的内容进行任务分工。

（2）调查与访谈

可根据需要设计问卷，了解幼儿在园内和园外的生活经验和学习经验，广泛收集幼儿发展的信息。问卷调查的对象可以是保教人员、家长、教师，也可以直接询问幼儿，由成人填写。

教师在日常生活中要提供时间、机会让幼儿表述自己的感受和经验，教师要注意倾听并从中获得幼儿的真实想法。还要经常与其他工作人员和家长进行交流，以便更全面、准确地了解幼儿的发展。

（3）幼儿文学活动表现性评价

基于对幼儿欣赏能力特征进行理性分析，从幼儿欣赏感受能力构成的专注度、获解度、通联度和共情度四大要素入手，对幼儿欣赏性学习能力的基本构成：欣赏感受能力的三大基素（专注度、获解度、共情度）和幼儿欣赏表现能力三大基素（表意度、组合度、创意度）进行评价。幼儿欣赏性学习表现性评价主要有学习活动评价与设计任务评价两种方法；评价者主要为教师；评价的场合是一种真实性的情景，这种真实情景既是日常发生的自然性活动，也可以是教师专门设计的生活化的任务性活动。

第二部分 小露珠文学·集体教学活动

○ 经验总结

○ 教学案例

○ 教学设计

集体教学活动是教师围绕活动目标，有组织、有计划地指导全体幼儿进行的学习活动。幼儿文学集体活动是指幼儿在教师的引领下，有目的、有计划、有步骤的欣赏文学作品，认识其内容、人物、情节以及主题的活动。

集体教学活动是开展幼儿文学园本课程的重要途径，我们注重文学作品内容的处理、情境的营造、方法的创新，引导幼儿大胆表达，创编或仿编儿童诗、故事、诗歌，提升幼儿读图能力和感知文学作品情感的能力。

在开展集体教学活动中，我们注重多种方法的运用，充分挖掘和发挥文学作品价值。

一是注重对文学作品内容的处理，在深度解读文学作品中挖掘教育价值，在保留作品的情感基调与内容实质的基础上，根据幼儿的当前经验与学习需要，对作品进行适当处理，剪切无关细节，放大核心价值。

二是注重调动多感官营造文学浸润式的情境，通过场景情景、音乐情景、感官情景有效地刺激幼儿的各种感官，激发幼儿的学习的兴趣，让幼儿能直观、形象地感知作品，并引发幼儿主动思考、展开讨论，表达自己对文学作品的理解和想法。

三是注重通过聆听—感受、观察—欣赏、交流—分享、问答—迁移等方式提升幼儿读图、感受作品的能力。

四是注重仿编、创编来鼓励幼儿创造和想象、表达和表现。孩子天生就有丰富的想象力，我们运用不同的材料、语言来唤醒幼儿的艺术创造和想象的热情，我们尝试让幼儿"由易到难、由词到句子"进行过渡性仿编，尝试用"欣赏—引导"幼儿创编儿歌、唤醒幼儿的想象创编儿童诗。

五是注重"一课三研"，提升教师文学活动组织与实施能力。我们注重过程性观察与评价，关注集体教学的目标制定、环节设计、教师的提问和回应、引导语、指导语、教师自身讲故事能力。四个观课小组开展了系统的、科学的观课评课活动，一方面有效提升了教师的观课和评课能力，提升了集体教学的有效性；另一方面，细致的观察和记录，使教师更加细致地研究集体教学的各个要素，清晰认识到自身教学行为对幼儿发展的影响，更清晰地了解和把握幼儿发展水平，从而有效提升了幼儿文学集体活动的有效性。

经验总结

支持大班幼儿创编儿童诗的策略

浦东新区顾路幼儿园 徐晓波

幼儿园文学作品创编是一种创造性的语言活动，对发展幼儿的想象力、概括能力、语言表达能力有重要作用。儿童诗是指以儿童为主体接受对象，适合于儿童听赏、吟诵、阅读的诗歌，其作为儿童文学作品的一种素材，具有主题单纯、内容浅显凝练、节奏明快、韵律和谐、富有趣味性，读起来朗朗上口等特点。创编儿童诗是指幼儿在对儿童诗进行反复欣赏后，在理解儿童诗内容，把握其基本结构的基础上，运用个人经验，根据儿童诗的框架，展开想象进行创编。创编儿童诗是文学作品学习活动中经常运用的活动形式，是幼儿在欣赏儿童诗，理解其内容与结构的基础上，仿照儿童诗的框架，调动个人经验进行扩展想象，编出自己的诗。其目的在于充分发挥幼儿的想象力，激发幼儿的创新意识，提升幼儿对文学作品的兴趣。

对于大班的幼儿来说，他们已经有了一定的理解能力和语言表达基础，往往不满足于对儿童诗的简单朗诵，开始有创编的渴望。在平时的语言教学活动中，我深切地认识到创编儿童诗的活动不仅能提高幼儿感受美、欣赏美的能力，还有助于培养他们的观察能力、口语表达能力、归纳总结能力及创造性思维能力等，有利于培养其自信、乐观、向上、积极的情感。因此，对于如何提升大班幼儿创编儿童诗的能力，就需要教师有效地引导和支持，引导幼儿深入感受儿童诗的优美意境，感知儿童诗的特殊内在结构，想象画面意境，最后创编出满意的作品。

一、选择适合大班幼儿学习与创编的儿童诗内容

根据上海市二期课改的要求，我结合《学前教育教师参考用书实验本学习活动5—6岁》新教材，通过网络、书籍、采访等途径收集了大量的儿童诗，并解读了不同儿童诗的价值点和内涵，从中精心选取了适宜大班幼儿进行学

习和创编的儿童诗，如表1所示。

表1 大班年龄阶段的部分儿童诗及其价值点

分 类	儿 童 诗	价 值 点
抒情类	《梦》	优美的抒情小诗，洋溢着热爱自然、热爱生活、热爱亲人的情感，对幼儿有很强的感染力。
	《家》	
	《我爱》	
	《摇篮》	
	《树真好》	
	《毕业诗》	
四季类	《春天》	源于幼儿对生活的体验、理解与感受，有细致的观察，亲身的体验。四季的变换，为幼儿创编诗歌提供了生动、丰富的素材，更有利于激发他们创作的欲望。
	《春天的迷藏》	
	《夏天的伞》	
	《秋天的雨》	
	《冬天的雪》	
自然类	《风》	大自然中的色彩、声音和变化等都是幼儿创编的好素材。这些素材能够引发幼儿联想、启迪幼儿的智慧，给幼儿以美的享受。
	《风在哪里》	
	《假如我是一棵树》	
	《树叶》	
	《小雨点，沙沙沙》	
	《云彩和风》	
童趣类	《吹泡泡》	形象优美、想象丰富的儿童诗，巧妙的比喻和契合的联想相结合，充满了趣味性。
	《圆圆和圈圈》	

二、大班幼儿创编儿童诗《风在哪里》的过程

《风在哪里》是一首充满童趣和幻想的儿童诗，它短小精悍，内容贴近孩子们的生活，真实生动，简单易懂。同时，其优美生动的童话语言赋予了风童真般的生命力，使孩子们对风产生无限美好的遐想，了解风的特点，体验风的情趣，感受文学作品语言的丰富和优美，激发幼儿热爱大自然、热爱文学艺术作品的情感。因此，非常适合大班的幼儿欣赏和创编。

（一）第一次教学实践

活动开始以“风的谜语”作为活动导入：看不见来摸不到，四面八方到处跑，只见花草随它摇，谁想抓它抓不到。有趣的谜语一下子调动了幼儿的积极性，很多幼儿几乎异口同声地说：“是风。”于是，在揭示谜底的同时，我引出了儿童诗《风在哪里》。活动的第二环节，在结合PPT课件通过多种方式欣赏儿童诗，并进行一些辅助提问，如：“诗歌里的风在哪里？当风吹过时发生了什么？”帮助幼儿理解儿童诗的内容。同时，配合悠扬舒缓的音乐，鼓励幼儿一起吟诵。最后的环节我鼓励幼儿进行创编，然而在这一环节没有达到预设的效果，幼儿创编的积极性没有被很好地激发出来，创编的内容也并不理想。

反思整个活动，导入环节通过有趣的谜语增加了趣味性，很快吸引了幼儿的注意力，也做到了“直奔主题”。但是创编环节作为整个活动的重难点，在这次活动中并没有得到很好地解决，未能很好地达成目标。分析其中原因：首先，导入环节的谜语虽然能够激发幼儿的兴趣，但未能很好地调动幼儿的感官去感受风；其次，在第二环节，我把重点放在了欣赏和理解诗歌内容上，而忽略了幼儿对于这首诗歌句式结构的掌握；最后，创编的形式过于单一，在没有任何讨论、小组合作，或者多媒体辅助的情况下，让幼儿凭空想象创编，无形中增加了创编的难度，单一的形式也导致了幼儿创编兴趣的匮乏，创编环节出现了冷场的状况。针对这次教学实践中出现的问题，我对活动的环节进行了调整。

（二）第二次教学实践

兴趣是最好的老师，这次在活动的开始，我先让幼儿倾听风的声音，通过一些提问：“你们听到了什么？刮风的时候，我们除了用耳朵听到风的声音之

外，还可以用什么办法知道呢？”启发幼儿用眼睛看，用身体去感受，为幼儿创设自由想象的活动空间，为最后的创编奠定基础。接着出示PPT课件，通过初次欣赏、分段欣赏、配乐完整欣赏等不同的欣赏形式，让幼儿在反复地欣赏中感知儿童诗的意境美，加深了幼儿对诗中重复句式的理解和掌握。在第一次教学实践中提问的基础上，我还增加了一些启发性问题，如：“诗歌里面提到了哪些事物啊？你从哪里知道风来了呀？”帮助幼儿理解儿童诗的内容，启发幼儿有感情地说出儿童诗的诗句。最后，我还抓住一些重点词语，如：翩翩起舞、频频点头、轻轻晃动等，请幼儿说说诗句，做一做动作，由静到动，让幼儿体验文学活动的快乐，也为后续的创编环节埋下伏笔。最后的创编环节是这个活动的难点，当我提出：风还会吹到哪里呢？会有什么变化？请你学着这首儿童诗的诗句编几句新的诗句吧。起初，没有孩子回应我，于是，我出示“迎风飘动的国旗”“被吹走的小女孩的帽子”和“天空中的气球”等动态PPT，孩子们兴奋了起来，各个跃跃欲试，“风在哪里？当国旗在天空中飘啊飘，那是风在吹过。”……孩子们的思路仿佛一下子被打开了，他们你一句，我一句，说完了我出示的图片，又根据自己的生活经验进行创编，让《风在哪里》这首儿童诗变得越来越长，越来越优美。

在这次的活动中，我把重点定位于理解儿童诗的内容，引导幼儿有感情地朗读儿童诗，感受儿童诗的意境；难点定位于运用已有的知识经验，采用儿童诗的结构进行创编活动。整个活动以“激发兴趣、提升经验——欣赏理解、深化知识——学习朗诵、感受意境——模仿结构、进行创编”这样的流程展开。首先通过感官激趣，引出主题，引导幼儿交流用什么办法知道风？帮助幼儿梳理、提升经验，为下面的欣赏奠定基础。其次，根据大班幼儿的年龄特点，在欣赏儿童诗的环节，我利用现代化教学手段，通过动态的PPT直观、形象、生动地让幼儿感受风的存在，视听结合，以加深幼儿对儿童诗内容的理解，并启发幼儿用动作表现诗句中的重点词语，深化对知识的巩固。同时，通过反复地欣赏帮助幼儿掌握儿童诗的结构，为后续的创编做铺垫。然后，鼓励幼儿朗诵儿童诗，配合精美的画面、悠扬的音乐、优美的动作，强调用好听的声音进行诵读，使之感受儿童诗的优美。最后，根据儿童诗的结构，用“风在哪里？ ××说：当我……那是……”句式进行创编，诱发幼儿学习的愿望，从而激发起幼儿对文学作品的兴趣，提高大班幼儿创编儿童诗的能力。

三、提升大班幼儿创编儿童诗能力的策略

幼儿创编能力是要在一定的语言环境中习得词汇、学会运用语言，借助必要的环境暗示和充分的想象空间，才能够得到发挥和提升。

（一）精挑细选，挖掘适宜的素材

适合幼儿欣赏的儿童诗素材有很多，在这些丰富的素材中选择适宜大班幼儿创编的儿童诗素材是实现有效教学的第一步。在选材上我总结出了以下几个要点：符合幼儿年龄特点；贴近幼儿生活；难易适度；易于挖掘儿童诗中的创造性成分；蕴涵意境美、情感美。

如诗歌《吹泡泡》中“雨点是乌云吹的泡泡，露珠是小草吹的泡泡，橘子是果树吹的泡泡，小草是泥土吹的泡泡”，我挖掘了儿童诗中的创造性成分，结合一些启发性的提问：“为什么雨点是乌云吹的泡泡？为什么小草是泥土吹的泡泡？还有什么是谁吹的泡泡呢”等等来引导幼儿的创编。适宜的素材让幼儿会说、能说、敢说，进一步激发幼儿创编的兴趣。

（二）解读作品，在欣赏中品味诗韵

儿童诗的欣赏环节能帮助幼儿掌握儿童诗的韵律，促进幼儿语言发展和想象力的发展。如在欣赏《摇篮》的过程中，我首先创设了布娃娃躺在摇篮里的情景，并引导幼儿说一说看到了什么，还可以轻声朗诵儿童诗，带幼儿初次欣赏。其次，出示丰富的画面如：大海、天空、花园、妈妈、宝宝等，通过有效的提问“在诗歌里，你觉得哪些是摇篮？”“摇篮里都摇着哪些宝宝？”“浪花、白云、风儿……都是什么样的”等等，引导幼儿理解儿童诗的内容，帮助幼儿掌握儿童诗的结构和韵律，为创编做准备。

（三）巧妙设计，丰富创编经验

1. 经验铺垫，引发幼儿发散性思维

创编是激发孩子发现美、欣赏美、创造美的过程和内心愉悦的体验，教师要让孩子接受和理解知识与生活经验有密切的关系，让孩子深入到丰富多彩的生活中去，帮助他们积累知识经验，让孩子加深理解儿童诗内容。如《树叶》，在学习前，可以带孩子在校园内捡拾落叶，通过比较树叶的不同之处，发现其颜色、大小、形状的不同，引导孩子说说捡到的落叶像什么？从而引发他

们的发散性思维。

2. 形式多样，体验创编儿童诗的乐趣

优秀的儿童文学作品往往蕴含着意味无穷的艺术形式，因此，我们可以充分挖掘文学作品与其他艺术形式之间的联系，促进文学与艺术的有效融合，促使幼儿感受创编的乐趣，丰富幼儿的情感世界。如《树真好》，在深入把握诗歌结构，掌握诗歌韵律，理解诗歌内容后，让幼儿以绘画的形式来表达自己创编的内容，让他们在创编的过程中张开想象的翅膀，打开思维的通道，体验创编的乐趣。

（四）适时评论，在鼓励中乐于创编

实践中，我运用多种方式鼓励幼儿进行创编活动，给他们的创编活动提供物质环境和精神环境的支持。如：抓住幼儿的创造性语言，及时地给予肯定与表扬；适时地组织幼儿展开评论，让他们在讨论中互相交流、互相启发、互相促进、互相补充，从而促进幼儿的独创意识，激活求异思维。

引导大班幼儿创作儿童诗的实践研究

浦东新区顾路幼儿园　顾燕丽

大班语言教学目标中指出“让幼儿学习理解文学作品内容，初步感受其语言美及作品的情感脉络，依据文学作品提供的想象线索，联系个人已有经验扩展想象，并创造性地进行表述。”儿童诗语言精练，内容生动，想象丰富，具有优美的韵律和节奏，是幼儿最早接触的文学形式之一。儿童诗不仅可以丰富幼儿的想象力、创造力，儿童对于童诗的创作更是一个发现美、欣赏美、创造美的过程，它可以对一个人的情感、心态、价值观、生活方式等产生积极的影响。而且大班幼儿已经有了一定的理解语言，表达语言的基础，往往不满足于对一首诗歌的朗诵，他们有了表达创作的渴望。

然而，幼儿创作儿童诗的渴望要想付诸实践，有一定的困难。老师们在教学活动中往往会鼓励幼儿创编儿童诗，但是也往往设置了条条框框，使幼儿按照老师预设的结果去“创编”，限制了幼儿发散思维和想象能力的发展。有时幼儿虽有创编，但内容比较零散，教师也没有及时地帮幼儿梳理记录、交流分享，导致了幼儿创作积极性不高。诗歌创编活动在内容选择和教学形式上也比较单一，没有创新，没有突破，降低了幼儿创作的兴趣。

为此，我们通过多形式的儿童诗欣赏与创作活动，激发幼儿对儿童诗的喜爱和兴趣。并在实践的基础上梳理指导幼儿创作儿童诗的策略，提高教师的指导能力。

一、多渠道欣赏，丰富幼儿经验

《幼儿园教育指导纲要（试行）》指出“要引导幼儿接触优秀的儿童文学作品，使之感受语言的丰富和优美，并通过多种活动帮助幼儿加深对作品的体验和理解”。引导幼儿欣赏儿童诗，不仅能给幼儿以美的享受、思想感情的陶冶，还能让幼儿在学习儿童诗叙事、记人、状物或写景的独特方法中，提高语言表达能力、想象力、创造力等，激发他们创作儿童诗的意愿。因此，我创设了多种机会，帮助幼儿感受儿童诗的美，为创作儿童诗做铺垫。

（一）在集体活动中欣赏儿童诗

集体教学活动是引导幼儿欣赏儿童诗的最主要手段之一，在集体教学活动中，老师可以借助多媒体、情景创设、听赏等方式，帮助幼儿感受儿童诗的美。

《蒲公英》是一首充满儿童情趣的作品，它篇幅短小，结构层次清楚分明，以拟人的手法来写，使孩子们在领会诗歌之美时，从蒲公英这种微小的植物身上感受生命的美丽。形象而易于孩子了解的比喻手法，使整篇儿童诗优美而又富于生命的活力，增添了孩子们对大自然美好生活的热爱和憧憬，易于孩子们朗诵和仿编。结合季节特点，我在活动前带领孩子们去感受大自然，去接触和认识蒲公英，让幼儿懂得蒲公英“为他人着想，助人为乐”的美德。活动过程中我运用了自制的课件、背景乐和儿童诗录音、教师自身的朗诵，把孩子们带入一种美的意境，使孩子们深深感受了儿童诗的语言美，体验到了学习儿童诗的快乐。

（二）在个别化学习活动中欣赏诗歌

我在语言区为幼儿创设诗歌情境、提供多样的材料，让幼儿在听赏、感知、体验中，帮助幼儿不断积累诗歌经验。如《我家门前小池塘》这首诗歌的学习中，我在语言区投放了点读笔、IPAD等多媒体材料，帮助幼儿听赏诗歌。

我也创设了小池塘的场景，投放了诗歌中相关的图片，帮助幼儿在操作中理解小池塘的美，进一步熟悉诗歌内容。

（三）在日常生活中欣赏诗歌

除了集体教学活动、个别化学习活动，幼儿在园的一日生活都是进行诗歌欣赏的重要时机，我利用饭后散步、午睡悦听等环节，朗读诗歌或播放诗歌给孩子听，组织幼儿赏诗；每天离园时我也安排了的“诗歌欣赏会”，积极为孩子们营造一个听诗、读诗、赏诗的氛围。

如：诗歌《树叶》

梅花鹿捡起一片树叶，这是我的饼干，

小蚂蚁捡起一片树叶，这是我的渡船，

小老鼠捡起一片树叶，这是我的雨伞。

在学习诗歌前，我充分利用社区资源，带领孩子们捡拾落叶，让孩子比较树叶的不同之处，孩子发现树叶的颜色、大小、形状各不相同。我再引导孩子发散思维，想象每种叶子像什么？有的孩子说“叶子像葱、针”，有的说“叶子像孔雀的羽毛、海星、瓜子、眼泪”等，孩子的思维十分活跃，想象力非常丰富。

如散文诗《春天》中有这样一句话：小池塘笑了，酒窝圆又大；小朋友笑了，咧开小嘴巴。很显然，后一句属于白描，容易理解，前面一句把小池塘比作小朋友，把涟漪比作小朋友的酒窝，生动形象地描绘出小池塘的活泼可爱。但这个比拟手法对缺乏生活经验的幼儿来讲很难领会。因此，活动前我请家长带孩子去观察小池塘，和幼儿想办法制造出一些涟漪，这既增加了幼儿的感性经验，又进一步激发了他们对小池塘的喜爱之情，更有助于他们对作品的理解。

（四）在诗意环境中渗透诗歌

《纲要》中明确指出“儿童通过与环境的相互作用生成并开展活动”，环境是幼儿园的重要教育资源，它能让幼儿受到潜移默化的影响。因此，我把诗集放在孩子伸手可及的地方，营造一个自在、有趣、丰富、诗意的欣赏环境，孩子们可以在各个闲暇之余自由地取放诗集自主阅读。

总之，在组织和实施儿童诗欣赏活动时，教师要细细品味儿童诗诗意语言所赋予的关键经验，深层次地把握诗中蕴涵的核心价值，重视幼儿的生活经验和审美情趣，选择适宜的教育策略和指导方法，帮助幼儿充分地理解、体验和感受作品的内涵与意境。在幼儿充分感知儿童诗的语言美、结构美的基础上,启发幼儿创作儿童诗。

二、多方面积累创作素材,鼓励幼儿创作

著名儿童作家金波说,儿童是天生的诗人,他们的一举一动,无不洋溢着浓浓的诗意。在他们的眼里,火车的轰鸣声是爸爸的鼾声,河流是淘气的小弟弟,他们会同情整天待在天上的太阳,会担心小鱼夜里睡在哪里。孩子们的诗,常常是在用诗的语言和表达方式来说自己的发现和感受,当孩子们看到外在的物象有所感动产生心象时,“诗”便诞生了。为此,我围绕儿童诗创作的素材来源开展了实践研究,并从中梳理出了一些经验:

(一)生活中的趣事

孩子的世界,每一天都是丰富多彩的,孩子们会在一起谈论周围发生的有趣的事情,自然角里的植物、小蝌蚪们的变化、忙碌的蚂蚁们、在幼儿园里快乐的事情,都是孩子们津津乐道的。而这些恰恰就是孩子们创作诗歌的灵感来源。

当自然角里的大蒜开始发芽时,孩子们急切地希望它快快长大,此时他们会跟大蒜说一些悄悄话,我把这些记录了下来,而这些就是孩子们的诗。

大蒜大蒜,多喝点水,变得越来越好看。

大蒜大蒜,听听故事,让你长得更高大。

大蒜大蒜,我来陪你说说话,心情好了,你就会长得最高。

(二)季节的变化

春天来了,和孩子们一起散步的时候,我问:“孩子们,春天来了,万物复苏了,你们看我们幼儿园有什么变化吗?”孩子们会指着小草说:“春天来了,小草都醒来了。”他们也会说:“春天来了,天气变热了,像烤箱一样烤着我。阳光照在我们的心里,都感觉热烘烘的。”她们充满童趣的话语,也给我一些思考,当季节更替,孩子们周围的事物悄然发生变化,这些就是孩子们诗歌创作的素材。

(三)天气的奥秘

连续好几天的阴雨连绵,孩子们都不能去户外开展活动,在自由活动中大家就开始聊起喜不喜欢雨这个话题:

小洁：既喜欢又不喜欢下雨，因为雨就不能出去玩滑滑梯了，但是下雨后可以看见彩虹。

小乐：下雨的时候可以穿着雨衣在雨里玩打水仗的游戏。

小骏：下雨的时候我都能听到雨在唱不同的歌。

小宇：下雨的时候可以撑着雨伞跟雨一起聊天，听听小雨点说说快乐的事。

小浩：下雨天的时候能在湿的泥土里找到蠢萌蠢萌的蜗牛和摇摆的蚯蚓。

小凡：下雨的时候雨落在雨伞上，我把雨伞转起来，小雨滴就会飞得很远。

小然：下雨能给小苗苗水分，让它们快快长大。

也有小朋友表示不喜欢下雨。

小霖：不喜欢下雨，打着雨伞出门，风很大的话雨伞会像降落伞一样飘走。

小铭：不喜欢下雨，雨下得很大很大，很多地方会被雨水淹没。

……

孩子们围绕着喜不喜欢下雨展开了讨论，而孩子们的这些话语，带着他们特有的童稚，让我感受到的是如诗一般的雨天，我们把这些关于雨的讨论，编成了一首好听的诗。

生活中，从来都不缺少美，只是缺少发现美的眼睛，当孩子们在生活中发现了美时，离他们创作诗歌已经不远了。

三、多方法进行实践，提升幼儿创作能力

有了诗歌创作的素材，幼儿就有了表达、表现的内容。然而，想要把这些发现变成诗歌，还需要进一步提升幼儿诗歌创作的能力。幼儿的诗歌创作能力是要在一定的语言环境下，借助必要的环境、材料暗示，以及充分的想象空间，才能得到发挥和提升的。这时，需要的就是我们老师利用各种方法，去帮助幼儿用诗的形式，将这些美表达出来。

（一）梳理结构，仿编诗歌

大班幼儿记忆的有意性有了明显的发展，抽象逻辑思维开始萌芽，喜欢参加富有创造性的活动，理解能力不断增强，表达能力明显提高，因此诗歌的选择应注意意境优美，利于创造。这样可以引导孩子积极参与，观察思考，展开联想。教师还可以通过为孩子提供与诗歌相联系的图片画面，让孩子们根据自己的已有经验和诗歌框架创编、仿编诗歌的方法，使孩子成为一名小诗人。

如:《风在哪里》

风儿在哪里? 树儿说:当我的枝叶翩翩起舞,那是风在吹过。

风儿在哪里? 花儿说:当我的花朵频频点头,那是风在吹过。

风儿在哪里? 草儿说:当我的身体轻轻晃动,那是风在吹过。

我先让孩子们欣赏朗读诗歌,又为他们提供了刮风时的画面,不用我多说,孩子们就编出新诗来了:

风儿在哪里? 国旗说:"当我的身体轻轻摇动,那是风在吹过。"

风儿在哪里? 风车说:"当我的全身不停转动,那是风在吹过。"

风儿在哪里? 树叶说:"当我们一起玩捉迷藏,那是风在吹过。"

在仿编时应该充分尊重幼儿的意愿,为幼儿提供更多的相互学习交流的机会,使幼儿充分体验仿编诗歌的乐趣和成功感。

(二)图卡结合,创编诗歌

诗歌的特点是语言精炼,内容生动、想象丰富,给孩子以强烈的美的刺激,虽然是大班的孩子,但在创编诗歌时,孩子们仍会感到困难。于是,我尝试利用图卡结合的方法,提升幼儿创编的兴趣。图卡结合法就是借助一定的图卡进行诗歌仿编,在孩子们生活经验并不是很丰富的情况下,需要一个"支架"支持孩子主动地进行诗歌创编。幼儿的创编,分两步进行,首先我会给孩子一个模仿的机会,让孩子根据小图标创编,重点是让他们掌握诗歌的格式,降低创编的难度,激发他们创编的热情,为下面的创编做好铺垫。在此基础上,再让孩子自由创编诗歌。

如诗歌《云彩和风儿》,篇幅短小精悍,语言优美,生动形象地描绘出秋天云彩和风儿的多姿变化,前后的内容都是"天上的云彩真有趣,天上的风儿真能干"。中间三句描述了云彩的变化,句式为:云彩变成了什么,它是什么样子的,它在干什么?在孩子熟悉并理解诗歌的基础上,首先,我们运用小图标,引导孩子仿编:"天上的云彩真有趣,天上的风儿真能干,吹呀吹,云彩变成了什么?"(出示小花猫的小图标)根据"云彩变成了什么,它是什么样子的,它在干什么?"的结构句式引导孩子说出:"云彩变成小花猫。"同样方法出示小图标,都是孩子极感兴趣又熟悉的事物,激起孩子仿编的热情,在兴趣盎然中掌握了诗歌仿编的格式,为自由创编作了很好地铺垫。

（三）运用图片，助推创作

在创作儿童诗的过程中，一些图片的暗示，可以帮助幼儿架构诗歌主题和内容，更加有助于幼儿创作儿童诗。

开展“春夏秋冬”主题时，我在语言角投放了绘本“小树的四季”，有天我正在把打印好的绘本图片剪下来，小倪看了一会儿，来了一句“春天蜜蜂去采蜜，蝴蝶隐藏小花里”，我吃了一惊，心想怎么这么厉害，然后连忙将后面的几张图放到她面前。就这样在小伙伴们惊讶的目光中，小倪编了一首诗歌，还给它起了个名字，叫“四季诗”。

春天蜜蜂去采蜜，蝴蝶隐藏小花里。
夏天小鹿去喝水，瓢虫站在树叶上。
秋天树叶金灿灿，蘑菇真像小雨伞。
冬天雪花飘呀飘，松鼠洞里做美梦。

儿童诗的创作是儿童不断阅读童谣、童诗，积累儿童诗的语言格式，感悟儿童诗的语言魅力，感受儿童诗的情趣，浸润熏染的过程。幼儿的儿童诗创作能力不是一蹴而就的，在实践中，我们从仿编—创编—创作，一步步为幼儿建构儿童诗创作的经验，激发他们创作诗歌的兴趣。

（四）大班幼儿创作儿童诗的记录方式

当幼儿有了诗歌创作的兴趣、老师有了一定引导幼儿创作的方法与策略之后，幼儿创作的火花慢慢开始多起来。但是，由于大班幼儿的年龄特点限制，他们尚不能用文字把这些诗歌写出来，此时，如何记录孩子们的诗歌，成为了一个问题。在实践中，我对儿童诗的记录方式进行了梳理，大致可以采用以下几个方法：

（一）图文结合记录

大班幼儿能将自己的想法用绘画的形式进行表现，同时他们也能写一些简单的汉字，因此他们有时会用图文相结合的方式，将自己创作的诗歌进行记录。

如在诗歌创编活动《春天》中，欣赏诗歌后，我引导幼儿用喜欢的绘画方式做进一步的表达。幼儿们和同伴合作，按照诗歌意境，把“春天”做成一本本大图书，用画或撕纸粘贴的方式，进行创作表达。

（二）录音笔记录

录音笔作为幼儿园内一种常见的工具，被广泛使用。在诗歌创作的实践中，我也将录音笔记录诗歌作为一种重要的呈现形式。我在语言区投放了一定数量的录音笔，当幼儿将自己的诗歌用图文的形式进行记录之后，会继续用录音笔将自己创作的诗歌录进去，以此作为与他人交流诗歌的重要媒介。

如在《风在哪里》的诗歌教学后，幼儿依然对诗歌的创编感兴趣。于是在个别化学习互动中，我提供了“迎风飘动的国旗”“被吹走的小女孩的帽子”和“天空中的气球”等图片，供孩子进行创编，“风在哪里？当国旗在天空中飘啊飘，那是风在吹过。”……孩子们的思路仿佛一下子被打开了，他们你一句，我一句，说完了我提供的图片，又根据自己的生活经验进行创编。为了让孩子们创作的诗歌能够及时记录下来，我同步提供了录音笔，孩子们将自己的诗歌录了下来，让《风在哪里》这首儿童诗变得越来越长，越来越优美。

（三）教师用小图标进行记录

在诗歌创作活动中，我会根据幼儿的想象画出相关的一些小图标，直观呈现诗歌创作的结果，使幼儿看到自己的成果，便于同伴间相互交流，从而进一步丰富创作内容。

如在幼儿讨论喜不喜欢下雨时，小乐说：“下雨的时候可以穿着雨衣在雨里玩打水仗的游戏。”小骏说：“下雨的时候我都能听到雨在唱不同的歌。”我及时用“雨滴、雨衣、音符等”来记录孩子们的一些随机的诗句。

（四）家长用文字记录

孩子的诗性一旦被激发，他们会在跟爸爸妈妈散步时、外出时，突然间蹦出一些句子，此时，爸爸妈妈就成了这些儿童诗的记录者。在爸爸妈妈的协助下，孩子们的诗有了更加详细的记录，可以很好地帮助孩子回忆自己创作的诗歌，与同伴、老师、家长进行交流与分享。

如：幼儿在与父母一起散步时，创作的儿童诗《看到》

看着被风吹拂的麦浪，
我问：妈妈，那些小麦是在跳舞吗？
看到含苞待放的花朵，
我问：妈妈，小花是不是肚子里有小宝宝了？
看着哥哥被风吹散的头发，
我问：哥哥，你的头发是不是可以当小鸟的窝了？

在欣赏、创作诗歌的实践中，我们可以灵活运用各种方法，激发大班幼儿学习儿童诗的兴趣，帮助孩子进行创作和表达，在此过程中，我欣喜地发现孩子们的想象是丰富的，孩子们的潜能是无限的，他们的语言能力得到了发展，观察、比较、想象等诸方面能力也得以提升。

在孩子们的成长过程中，我们不仅要做他们奇思妙想的倾听者，更要做他们创造性思维的引领者，及时捕捉他们创作的火花，肯定他们的创造性语言，这样才能使孩子们创作诗歌的能力得到充分、切实的发展。

大班幼儿自主创编童话剧实践研究

浦东新区顾路幼儿园　钮慧艳

儿童故事一直都是孩子向往而又喜欢的，他们能给孩子带来美的享受、思想感情的陶冶，为孩子营造一个心醉神往、浮想联翩的意境，提供大班孩子无限可能的想像与幻想空间。童话剧在幼儿园教育活动中也越来越受推崇，它是一种综合艺术的表现形式，涉及文学、音乐、美术等多个领域。于是，为了引发大班孩子对童话故事的感受、理解，能够充分发挥的他们的想象进行创造性表演，我开始了大班幼儿自主创编童话剧的实践研究。

首先，我根据大班孩子的年龄特点确立了研究目标，希望能够通过研究增进孩子对童话剧的兴趣，提高孩子对作品的理解、想象能力，有效提升孩子对童话剧的创编能力，并引导孩子自主选择童话剧的素材，自主选择与分配角色，自主制作道具，充分发挥孩子的自主性。接着，我根据目标制定了研究内容：大班幼儿自主创编童话剧的素材；大班幼儿自主创编童话剧的角色选择与分配；大班幼儿自主创编童话剧的道具与情境制作。在孩子创编童话剧的过程中，老师的指导和介入的时机是比较难把握的，所以在研究中，我注重有效提升老师的指导策略以及掌握介入的适当时机，从而推动孩子的创编行为和表演情节的发展。通过这两年的实践研究，我积累了适合孩子表演的童话剧的剧本，提高了自身的观察、指导以及介入时机把握的能力，同时，也积累了诸多实践经验。

一、利用多种途径，进行童话剧素材的选择

要有好的表演，就要有好的剧本，于是我开始着手对不同的儿童故事进

行筛选，选择适合大班孩子创编的儿童故事的素材。

（一）利用网络、书籍收集相关童话故事的素材

在前期的研究中，我花费了较多的时间在网络以及不同类型、不同体裁的儿童故事书中收集适合孩子表演的童话剧素材，并根据对话的内容，故事情节的发展对素材进行筛选。

（二）根据孩子的喜爱程度、家长、老师的推荐，选择适合大班孩子创编的童话故事

1. 与大班老师共同探讨适合大班孩子创编的儿童故事素材。

2. 在孩子的表演中，观察受孩子喜爱的童话故事。

3. 发放家长问卷调查。

在大班孩子中，我进行了初步的调查，并根据家长的推荐，受孩子和家长喜欢的儿童故事有《金色的房子》《三只小猪造房子》《白雪公主》《灰姑娘》《小红帽》《小兔乖乖》《丑小鸭》《小蝌蚪找妈妈》《小熊请客》《三只蝴蝶》《狼和小羊》《孙悟空三打白骨精》《丑小鸭》《拔萝卜》等。

（三）根据故事的可创编性，选择适合大班孩子创编的童话故事

1. 从故事的情节进行筛选

在这些孩子喜欢的剧本中，《拔萝卜》的故事情节比较单一，有许多重复的情节，语言简单，可创造性较弱，不适合大班孩子表演。

2. 从故事的重复语言和动作进行筛选

在进一步对故事的筛选中，又删除了《小兔乖乖》的故事，因为故事本身的语言单一，又有很强的重复性，更适合小班、中班的孩子进行表演，不合适进行创造性的表演。

（四）根据故事情节、角色分配，整合童话故事的素材

1. 在表演中观察孩子对故事的理解情况

2. 在表演中观察孩子的语言、动作

3. 在表演中观察孩子的角色分配

选择好了童话故事，孩子根据这些故事进行表演，我进行观察，根据孩子的表演特点、角色分配、故事的内涵，我与孩子共同将故事中的旁白，融入整个剧本中，将它变成孩子表演性的语言，整合到童话剧的素材中，更好地推动孩子表演情节的发展。

二、利用原有的故事情节，引导孩子对童话故事进行创造性的表演

（一）自主创编童话剧的故事情节

1. 引导孩子对故事情节进行改编，为孩子提供创造性思维的空间

在孩子刚开始的表演中，他们基本都是按照故事的原有情节展开表演，我开始思考如何将创编的元素加入到孩子的表演游戏中，如何引导鼓励孩子有对童话故事进行创编的意识和意愿。于是，我在集体分享时，根据孩子对《灰姑娘》的表演设置悬念，引导、鼓励孩子创编新的故事情节。我问道："你可以大胆想象一下，如果灰姑娘并不美丽，又没有遇到王子，这个故事又可能怎样发展呢？"有的孩子说，"灰姑娘离开了继母家，和森林里的小动物住到了一起，因为她乐于助人，小动物都和她成为了好朋友。"有的孩子说，"灰姑娘有一双灵巧的手，她可以帮助客人做衣服。"还有的孩子甚至说，"最后因为灰姑娘的善良，后母和两个姐姐都喜欢她，最后她们成了好姐妹"……当孩子有好的想法时，我总会用语言、肢体动作来鼓励他们，当孩子受到了莫大的鼓舞，他们的想象力彻底被释放了，续编出了各种各样奇思妙想的结尾。

2. 鼓励孩子大胆进行情节创编，以同伴的身份加入孩子的游戏

我引导孩子开始了循序渐进的创编，当孩子有了创编意识时，为了鼓励他们在表演中对故事环节进行大胆创编，于是，在孩子表演《白雪公主》的故事中，我扮演了皇后的角色。在把白雪公主毒倒后，我又来到了七个小矮人工作的地方，想要用毒苹果将七个小矮人也毒死，我说道："红红的苹果、红红的苹果，谁来吃我的红苹果呀。"结果，小矮人一下子就识破了，他们说，我是邪恶的皇后假扮的，并拿起了手里的工具，商量着怎样把我赶出去。这样一个小小的片段，给孩子提供了无限遐想的空间，也为孩子的创编提供了借鉴。让我欣喜的是，在孩子的表演中也出现了这样类似的情节，邪恶的皇后再次来到了七个小矮人工作的地方，这次皇后将苹果换成了草莓，对小矮人说："你们想吃我的草莓吗"，结果小矮人又识破了皇后假扮的老婆婆，又一起把她赶了出去。

孩子在创造性表演的情节中乐此不疲，在接下来的表演中他们又产生了

新的故事情节，皇后这次经过了精心的打扮，把自己扮成了白雪公主，来到了小矮人工作的地方，这下可糟了，小矮人并没有认出假扮白雪公主的皇后，他们接过了皇后送来的食物，大口吃了起来，结果，没吃几口就被毒倒了。这时，正好王子路过了，赶跑了皇后，救了白雪公主和小矮人，又是一个皆大欢喜的结尾，我也被孩子的创造性表演所惊呆，他们是那么的富有想象力，仿佛将自己融入了故事的情节中。

3. 鼓励孩子对故事情节进行增加和删减，为孩子提供自主创编的空间

有了创编的经验，于是在《三只小猪造房子》故事的表演过程中，本来小猪是在烟囱下面放火把大灰狼赶跑了，这次，孩子把小红帽的故事情节融入其中，当大灰狼逃走时，三只小猪把要逃走的大灰狼抓了起来，把它打昏了，然后把它的肚子剪开来，在里面塞石头。他们删掉了三只小猪原来的结尾，还创编了这样的故事情节：

猪老大：我们快把大灰狼的肚子剪开。

猪老二：好了，剪好了，快把石头塞到大灰狼的肚子里。

猪老三：真是累死我了，终于塞满了，让我赶快把大灰狼的肚子缝起来。

大灰狼：怎么回事呀，肚子好像有点太重了，走一点，摔一跤。

最后，三只小猪很高兴，他们终于战胜大灰狼了。

（二）自主创编童话剧的角色与分配

1. 自主创编

为了引导孩子自主进行角色的选择和分配，我引导他们观看剧本中的童话故事，通过听一听、看一看、说一说、帮助孩子理解、分析故事中的角色特点。因为有了创编的经验，他们在《小红帽》的表演中增加了奶奶的宠物小兔子的角色，小兔子在奶奶生病的时候还会照顾她，会提醒她小心邪恶的大灰狼。他们是这样创编的：

小兔子：外婆，我来给你倒杯水吧，你生病了我来给你敲敲背吧。

大灰狼：咚咚咚，敲门声起来了，外婆，是我，我是小红帽，你快开开门。

小兔子：外婆，不能开门，可能是邪恶的大灰狼，我们要小心。

外婆：没关系，这是小红帽的声音。

小兔子：那我去开门吧。

最后，大灰狼的装扮骗过了小兔子，大灰狼把外婆和小兔子一起吃到了

肚子里。

2. 创编视频分享

我将孩子的创编情景及时的捕捉下来，拍成了视频，与孩子共同分享创编的环节，请孩子对这个环节进行评价。有的孩子说：“他们表演得很好，增加了小兔子的角色，”有的孩子说：“小兔子太笨了，居然没有认出大灰狼。”接着我又请孩子根据自己的经验创编故事的不同情节，有的孩子说：“小兔子认出了大灰狼，它打电话给猎人叔叔，让猎人叔叔把大灰狼赶跑。”有的孩子迁移到了《小兔乖乖的》的故事情节，让大灰狼把尾巴伸进来，夹住大灰狼的尾巴。就在孩子你一言我一句，畅所欲言的氛围中，孩子大胆表达、自我想象，充分展现了自主的创编意识，也让他们在创编故事的情节中意犹未尽。

3. 角色轮换的创编

当孩子表演完了小熊请客时，当他们再次进行表演时，他们不再满足对于童话故事的重新演绎，他们会自发地将小熊的角色换成小猫或者小狗，就变成了《小猫请客》《小狗请客》的故事了，到他们家里做客的小动物也发生了变化，孩子正在用自己的理解和对表演的热情演绎着属于他们的故事。

4. 对角色进行反串创编

当孩子的创编能力达到一定程度时，他们会产生更多的创编想法以及更多的创编挑战，男孩子会挑战女孩子的角色，女孩子又会挑战男孩子的角色。在《小红帽》的故事中，有个秀气的小男孩挑战了小红帽的角色，只见他戴了一顶小红帽，说话的时候故意捏着自己的嗓子，模仿着女孩子说话的语气，可爱极了。有的女孩子也来挑战扮演大灰狼的角色，在表演时特地把自己的嗓门变得粗粗的，表情也是很凶恶的。当他们在集体面前表演时把小观众们都高兴坏了，掌声是对他们最好的肯定和鼓励。

（三）自主创编童话剧表演的语言、肢体动作

1. 语言的创编

为了丰富孩子表演的肢体动作、语气、表情等，我引导孩子观看优秀的童话剧表演的视频，从模仿再到表演，从而提高孩子的表演技能。在集体分享时，我还引导孩子讨论、评价同伴在表演时的动作、语言等。渐渐地，孩子在表达方面的表演更出彩了，如在表演《小熊请客》时，孩子们惟妙惟肖的扮演了故事中人物的形象，有表情丰富、说话尖里尖气的狐狸，有可爱天真的小鸡，有说话粗粗憨厚的小熊，有甜甜声音的小猫。在《金色的房子》故事的结尾中，伙伴们围着金色的房子，又将《三只蝴蝶》的故事迁移到了结尾中，他们是这样唱的："红色的墙、绿色的窗，金色的房子亮堂堂，我们都是好朋友，相亲相爱不分手，要来一块来，要走一块走。"此时，当孩子们围在一起时，他们很有感触，也由衷地表达了同伴间美好的友情，他们把自己的情感用丰富的肢体动作、语言表达了出来，看到这里，我也被他们的真挚所打动，也许这就是童话故事的魅力所在吧。

2. 肢体动作创编

在表演《金色的房子》时，小姑娘会做出丰富的肢体动作，会有给花浇水，给花松土的动作，还会在房子里自主的唱歌，并加入了优美的舞蹈动作，当看到同伴在一起玩耍时，她是那么的难过，当同伴邀请她一起加入游戏时，她又是那么的开心。当小姑娘在房子里唱歌、跳舞的时候，其他扮演小动物的孩子，会自发地组合在一起跳起了属于他们的舞蹈，玩起了属于他们的游戏。在《三只小猪》的表演中，猪老大在捡稻草时也是弯着身体将稻草慢慢地搬运到了要造房子的地方，他会用手进行敲敲打打，然后造房子。猪老二因为搬的是木头，搬运时木头比较重，所以猪老二还加入了擦汗的动作，左边擦一下，右边擦一下，把小猪气喘吁吁的样子真实地展现在了大家的面前。轮到猪老三上场了，猪老三想了个好办法，把两手伸直，把它当作了小推车，并弯下腰将砖头一块拾起来，装在了小推车里，在造砖头房的时候，一只手摊开，一只手涂一涂，然后把砖头往下一盖，很快砖头房就造好了。三只小猪表演的动作生动又形象，真是一个个出色的小演员，为故事的表演增加了不少的亮点，孩子们也在表演中创造着丰富的肢体动作，相信他们还会有更多创造性的表演。

三、利用家长资源，引导家长、孩子自主创编童话剧的道具与情境制作

（一）根据情节需要，鼓励孩子自主合作制作道具

孩子的游戏情节每天都是不一样的，所以在游戏室里，我们还创设了自制道具的区域，为孩子的创造性表演提供支持。当孩子在表演《灰姑娘》的

故事时，为了对灰姑娘进行装扮，他们自发地来到了材料制作区，画上了眼睫毛，再将制作好的睫毛贴到了自己的眼皮上，戴上漂亮的发箍，再给自己选择一条漂亮的头巾，就这样，一位生动活泼的灰姑娘就展现在我们眼前了。道具制作区也总是很忙碌，孩子一旦有了不同情节的发展，这个小小的制作区就会给他们带来更多的支持和动力。

（二）根据故事情节发展，引导家长与孩子共同制作道具

当然，在孩子的表演和道具的制作中，家长也是不可缺少的助力，于是，我邀请家长与孩子共同来完成场景的布置以及道具的制作。在《小熊请客》的故事中，家长帮助孩子用漂亮的小盒子制作成礼物盒，用一根简单的红丝带将礼物包装一番，用包装精美的糖果纸制做成松果，用橡塑纸制作了小动物喜爱吃的食物，有骨头、小鱼，这些作品精致而美观。在《金色的房子》的故事中，我引导家长和孩子一起收集废旧材料，进行道具制作，家长也利用纸箱制作了金色的房子和小花园，以及用各种材料组合在一起的花篮等等。他们身体力行，用即时贴将整个纸箱包成了红色的墙、绿色的窗以及金色的屋顶，像极了金色的房子，有了家长的支持，孩子的创造性表演有了更多的选择性。

四、研究成效和反思

在研究中我结合了大班的表演游戏，引导孩子自主去创编儿童故事，孩子根据童话剧中的情节、内容和角色，通过语言、表情和动作进行表演，创造性地再现童话剧中人物的形象。并通过理解故事、对话练习、表演模仿、合作表演、角色的分配、合作制作表演的道具等形式，不但培养了他们良好的个性品质，他们的创造性思维也得到了很大的发展。在演绎故事中人物的过程中，孩子还会与之产生情感的共鸣，从而满足大班孩子社会性情感的发展。从孩子的表演中，我看到了孩子对故事中人物的语言、动作、特征的理解和解读，他们不但能够惟妙惟肖的模仿故事中的人物和动物的言行举止，还能根据情节的需要自己删减或增加故事的情节，把不同故事中的人物联系在一起，还会有一些创造性的想法。童话剧就是这样一个载体，让孩子在童话的艺术中萌发幼小的梦想，它对孩子的影响是不可磨灭的。在课题的研究中不但提高了孩子的想象、创编、创造的能力，也提高了我在游戏中的指导策略以及介入时机的把握。

当然,在研究中还得到了家长的支持,他们帮助孩子精心制作了各种道具、服装。在今后的表演中,我们还应充分的发掘家长资源,组建好童话剧表演亲子社团,鼓励更多的家长参与到孩子的表演中,带动孩子的积极性。相信有了更好的家园合作,孩子的创造性表演、自信心都会有所提高,孩子的明天一定会更精彩。

开展小班儿歌文学活动的尝试与探索

浦东新区顾路幼儿园 顾燕丽

儿歌是幼儿园语言教育中的重要内容之一,以其篇幅短小、内容浅显、节奏明快、朗朗上口等特点深受幼儿的喜爱,是儿童一生中接触到的最早的文学样式。作为教师,要充分认识儿歌独特的教育魅力,巧妙利用这一文学形式,通过多种活动,促进幼儿的发展。下面以儿歌《见面歌》为例来具体阐述小班文学活动的设计、组织与实践。

一、合理选材,满足幼儿当前的需要

教育活动的内容应根据教育目的,幼儿的实际水平和兴趣,以循序渐进为原则,有计划地选择和组织。因此,开展儿歌教学前,选材要适合幼儿的年龄特点,符合本班幼儿的实际水平和兴趣。此外,儿歌自身也要具有美感,或是有朗朗上口的节奏,或是有生动故事情节,或是有优美情景,或是与幼儿生活经验息息相关等。

幼儿刚从熟悉的家庭走向陌生的幼儿园,有的不愿意来幼儿园、有的对参加集体活动比较排斥、会游离于集体活动之外,有的不能主动与同伴或老师打招呼,教师十分希望能够缓解孩子这样的状态。《见面歌》是一首富有童趣的儿歌,儿歌内容形象、生动,整首儿歌中小动物们见面后用自己独特叫声来打招呼,十分童趣。内容浅显易懂,读起来朗朗上口,十分符合小班孩子的年龄特点,非常适合小班幼儿学习。因此,我借助这一首儿歌,通过游戏的形式,让孩子们喜欢和朋友们一起参加集体活动,喜欢上幼儿园。

二、情境导入，吸引幼儿活动的兴趣

活动一开始，我就出示动物幼儿园场景。

师：动物幼儿园开学了，长颈鹿老师一早就在幼儿园门口等着了。听！这是什么声音呀？

幼：是铃铛。

师：哦，可能是铃铛发出的声音。

幼：是按喇叭的声音。

师：呀，是小喇叭吹出的声音。

幼：是火车。

师：呀，你的耳朵可真灵，瞧，一列火车向我们开来了！

出示小火车，一列小火车开来了，小火车带着小动物们来上幼儿园了。

《见面歌》活动中，我运用了很多孩子们容易接受的教学方法，导入环节从幼儿园场景的出现开始，成功吸引了孩子们的目光，使他们对于活动产生了浓厚的兴趣，这种方法的引用符合小班孩子对事物直观形象认识的特点，把他们带到情境中来，为后面的学习做好铺垫。当小火车的声音响起来时，孩子们对这个声音也比较好奇，纷纷猜测是什么。当火车载着小动物们出现的时候，幼儿对于火车上的动物们兴趣更浓了。接下来的活动中，卡通动物的使用让孩子从角色的分辨中，了解整首儿歌所接触到的不同动物，孩子们在游戏情境中朗读儿歌，在玩中学，在学中玩，这一环节符合孩子的年龄发展特点。

三、情境表演，提供幼儿表达的机会

幼儿园课程要求“要为幼儿创设一个能使他们想说、敢说、喜欢说、有机会说并能得到积极应答的环境。”采用创设情境的方法来引导幼儿学习儿歌，可以使幼儿了解儿歌内容。

师：前面的车厢里是谁呀？

幼：是小鸡。

师：小鸡见到老师会说什么？

幼：它会说你好！

师：就像你早上和老师打招呼说你好一样是吗？小鸡呀还有个本领，我们来听听它会怎么说。（播放声音）

幼：它说叽叽叽。

师：哦，小鸡会用它自己特别的方法和老师打招呼的，小鸡见面，叽叽叽。（和幼儿互动打招呼，重复：小鸡见面，叽叽叽）

小结：宝贝们，你们发现了吗？小动物见面打招呼的方法有点特别，它们都是用自己的叫声打招呼的。小鸡见面，叽叽叽；小猫见面，喵喵喵；小狗见面，汪汪汪。真有趣！

在这里我运用情境表演的形式帮助幼儿理解儿歌内容，有意识地将儿歌语句穿插在情境表演中，让孩子们在情境表演中初步了解儿歌的内容，感受儿歌有趣的句式“××见面，×××”，并愿意跟念儿歌。

四、游戏环节，化解幼儿仿编的难点

小班孩子缺乏生活经验，参与活动时的注意力很容易分散，游戏是幼儿最感兴趣的活动。《上海市学前教育课程指南》中指出，教师要充分发挥教具、学具的作用，把教、学具的作用最大化，在这一环节的仿编活动中，我投放了许多毛绒玩具，把它们藏在树林的场景中。孩子们把藏起来的小动物送到幼儿园，这样的游戏让孩子们的兴趣充分得到满足。

师：还有几个小动物还没来幼儿园呢，就在旁边的小树林里，快去把他们请来吧。

幼儿分头去树林场景中，找动物，教师巡回指导幼儿说“××见面，×××”的句式。

师：你找到了谁？它见到老师会说什么？

幼：我找到了小鸭。

师：小鸭见到老师会说什么？

幼：小鸭会说嘎嘎嘎。

师：哦，小鸭见面，嘎嘎嘎，请你带着小鸭上幼儿园吧，记得要用好听的话，跟长颈鹿老师打招呼哦。

幼儿依次送小动物上幼儿园。

师：谢谢你们把小动物送到幼儿园，而且你们都会用好听的声音帮小动物打招呼，小鸭见面，嘎嘎嘎；小猪见面，噜噜噜；小羊见面，咩咩咩。

活动调动了孩子们已有的动物叫声的生活经验，尝试进行仿编活动，孩子们在送小动物去幼儿园的过程中边念着儿歌，边高兴地送小动物去幼儿园，体验了游戏的乐趣。这样的游戏式教学不仅能够发展幼儿模仿语言和运用语言的能力，更能促进幼儿积极动脑、调动多种感官参与到学习活动中，充分体验活动及学习儿歌的乐趣，促进情感、能力、知识等各方面在原有基础上得到发展和提高。

五、联系生活，提升小班幼儿的情感体验

组织开展小班幼儿集体活动，需要回归日常生活，与幼儿熟悉的生活联系在一起，才能唤起幼儿的经验，引导幼儿慢慢进入情境，根据已有经验来仿编小动物上幼儿园的情形，从而实现经验的提升和生长。

师：小动物们都会打招呼，我们小朋友会不会打招呼呀？

幼：会！

师：瞧，我把朋友们请来了，这是谁呀？我们一起跟他打个招呼吧！

幼：陈奕欣，你好……

师：你们打招呼的声音真好听，小朋友见面，你好，你好。

在活动中我引导孩子们和一些小动物交朋友，让他们大胆地仿编小动物上幼儿园的情形。在活动最后的环节，我安排了认一认、说一说的环节，在课件中插入了孩子们的照片，让孩子们从游戏转回到现实，通过和同伴打招呼的方式熟悉同伴的名字，愿意和同伴打招呼，懂得朋友见面时要有礼貌。这使幼儿与同伴之间增进了情感交流，消除了他们在园的陌生感，体验到了与同伴交往的快乐。

通过本次《见面歌》的教学实践，我初步探索出符合小班幼儿年龄特点的儿歌教学的方法，并加以应用，取得了较好的教学效果。幼儿在儿歌教学中能积极地参与其中，其在口语表达、交往等方面的能力也有明显提高。

幼儿园儿歌教学活动的开展具有非常重大的意义，儿歌的学习也是幼儿获得知识，认知世界的主要方式，更是幼儿最基本语言能力发展、词汇积累的重要方式。《幼儿园教育指导纲要（试行）》中语言教育的目标是：乐意与人交谈，说话有礼貌；注意倾听对方讲话，能理解日常用语；能清楚地说出自己

想说的事，等等。各领域的内容相互渗透，从不同角度促进幼儿情感、态度、能力、知识、技能等方面的发展。由此可以看出，在日趋整合的幼儿园教学中，学习儿歌并不是目的，而是教育的途径和手段，儿歌教学活动不仅要引导幼儿学习儿歌，更重要的是发展幼儿的语言能力、认知能力以及积极的情感、态度等。我也将在运用儿歌开展文学活动的实践中，不断积累新的方法，激发幼儿学习的兴趣。

教学案例

《云彩和风儿》(大班)

浦东新区顾路幼儿园 顾 丹

在“春夏和秋冬”主题活动中,孩子们对变幻莫测的气象较感兴趣,他们收集了一些关于气象知识的书籍,自制了简单的气象标记、气象统计图。来园时,他们主动在气象角记录天气情况,午间播报新闻时也乐意与同伴分享“今日气象”。有一次散步,我无意听到了孩子们的聊天:“你看,好厚的云啊,一团一团的。”“哇,好白好美啊,真像一条被子。”于是,基于孩子的学习兴趣,我设计了教学活动“云彩和风儿”,旨在通过欣赏散文诗,激起孩子创编的兴趣。

活动开始前,我利用家长收集的棉花等材料,创设了“云朵挂饰”为主题的语言欣赏环境,孩子们一下被这个环境吸引了。活动中,我利用电子白板课件,借助“聚光灯”“拖曳”等功能,鼓励孩子观察云朵的变化情况,并分段欣赏了散文诗。完整欣赏后,我利用动画效果播放了一组动态的云朵,孩子们小声交流着。于是,我借机提问:“天上的云朵像什么?”

熙熙兴奋地手舞足蹈:“我觉得像一块大棉花糖。”

“不对不对,你看它一会儿又变了,变成一只小熊了。”城城说道。

“我觉得那是因为风在吹,云朵就变了,小熊吹没了,变成一只气球了。”轩轩举手说。

文文说:“天上的云朵真调皮,它一会儿变成这个,一会儿变成那个,我们好喜欢呀。”

乐乐说:“没错,上次我们散步的时候就见过好多云朵,好美。”

“我还让妈妈拍了好多云朵的照片做手机背景呢,可美呢!”玥儿得意地说着。

在播放动态云朵的启发下,孩子们联想到了生活经验,绝大部分孩子都积极投入到联想、猜测的活动中。于是,我把握住了这个时机,出示了散文诗创编的卡片。我对他们说:“那你们想不想做一回小诗人,尝试创编散文诗呢?”

在我的鼓励下，孩子们的学习兴趣被激发了，创编散文诗的环节不再变成鸡肋。他们利用手中的画笔，将云朵的姿态记录下来，并轻声念着。

我的分析

在活动前，孩子对于天上的云朵有了一定的观察兴趣，基于对孩子认知现状了解的基础上，我认真分析了孩子的学情，通过电子白板交互式使用的功能，启发孩子对云朵的观察欲望。可以看到，孩子的创编兴趣可以通过一定的多媒体技术、环境渲染、现场讨论等方式激发。

现在的孩子越来越有自己的想法，这就对我们提出了新的挑战，即教师要在理解和尊重孩子的想法、创造机会倾听孩子想法的同时，又能随机应变、巧妙地引导孩子朝创新、创编的方向发展。这是这个文学作品带给孩子的宝贵财富，在儿童诗中感受“真、善、美”的文学内涵。

我的反思

创编是建立在孩子理解儿童诗内容，积累一定生活经验的基础上发展起来的。创编活动是一种具有积极意义的创造性语言活动，也是孩子自我发展、提高认知的过程。《3—6岁儿童学习与发展指南》中指出：“让幼儿学习理解文学作品的内容，初步感受其语言美及作品的情感脉络，依据文学作品提供的想象线索，联系个人已有经验扩展想象，并创造性地进行表述。”可见，文学创编活动对孩子的语言表达、想象力等方面的发展都有着积极向上的作用。

作为教师，要善于把握集体活动中提升价值的契机，鼓励孩子主动创编，体验创作的乐趣。我想，“云彩和风儿”的文学活动是真正基于孩子兴趣点出发设计的，这首儿童诗语言精练，内容生动，富有童趣，能让孩子感受到诗歌特有的韵律节奏。同时，诗歌内容来自孩子的生活经验，符合孩子的最近发展区，他们思维的跳跃点就在经验迁移上。

案例中，我遵循了两个原则，以“儿童立场”为抓手，牢牢锁定了孩子的兴趣点。第一，我营造了环境氛围烘托创编的愿望。《幼儿园教育指导纲要》指出：“环境是重要的教育资源，应通过环境的创设和利用，有效地促进幼儿的发展。”因此，我创设了隐含创编内容的环境，让孩子有一种“身临其境”的感觉，环境的烘托不再是外在的美化，而是孩子们自我表现、主动创编的纽带，是他们尽情想象与创造的平台。第二，我善于挖掘孩子的实际经验选择创编的内容。通常我们认为孩子的大脑主要以短时记忆为主，他们在活动中储存在脑海中的表象不多,前段时间刚刚观察过云朵的记忆还停留着。所以,我们要在活动中深度挖掘孩子的这一表象特征,通过多媒体课件等手段勾起孩子对云朵的经验回忆。

我的经验

在实际教学中,我们经常看到,大班孩子对创编活动有一定的表达表现的欲望,但不满足于对某一个作品的简单欣赏。他们有自己的想法,具有了一定的创编兴趣和欲望。但孩子的兴趣有时是短暂的,有时孩子的想象力发散使创编偏题,造成有始无终的现象,给创编活动造成了一定的困难。为了提高大班孩子的创编能力,可以从以下几个方面进行尝试和探索:

1. 儿童诗作品的选择

创编活动的开展可以选择孩子喜欢的话题导入。选择创编主题可以尝试就近原则,鼓励孩子谈论一些与主题经验相关的内容,选取一些主题绘本阅读,这样可以帮助孩子在集体活动中"有话可说"。比如,选择一些积极向上、热爱生活的儿童诗,渲染作品中的文学价值观,鼓励孩子感受文学作品。儿童诗中一些重复的结构、句式,容易帮助孩子理解作品的内涵,并进行创作。同时,引导孩子把握诗歌中的结构,感受简洁优美的语言,对仗工整的韵律,从而激发孩子喜欢上儿童诗。

2. 寻找符合创编的情境

我们都知道,生活赋予了孩子表达表现的机会。语言来自自身对生活最真实的感受。儿童诗的创编需要孩子们去贴近生活,感受生活中的点点滴滴。这些亲身体验的感受,能帮助孩子理解儿童诗想要表达的意境。孩子都喜欢接触大自然,可以说,大自然是激发孩子学习、创造的最佳方式。社区、学校和家庭都是孩子不断学习、习得知识的场所,应合理利用各种资源,鼓励孩子感受生活中的美,从侧面激发孩子对文学作品中不同事物的关注度,所谓的情境法就是帮助孩子去亲身经历,体验生活之美,感受文学既来自于生活又高于生活的内涵。

3. 探索适宜创编的媒介

(1) 摸索合适的载体

孩子的探索都需要实际的环境,创编需要一个真实的、轻松的环境进行烘托。创编活动的持续可以借助一定的材料。教师提供的道具、材料,可以帮助孩子在一定的范围内进行想象，增加注意稳定性的时间，让孩子成为创编的小主人。同时，借助我园“文学”课程，鼓励不同年龄段的孩子参加图书漂流、图书兑换节等活动，增加与文学作品的接触，耳濡目染中感受文学作品的优美。

（2）鼓励孩子与材料互动

一方面需要物质环境的牵引力。任何材料的提供、环境的烘托都基于与孩子的互动。如何让环境、材料真正意义上的活起来，发挥互动效果，是值得深思的问题。众所周知，外显与内隐的环境都是孩子重要的学习渠道。孩子是需要一定的环境烘托来达成学习的过程。如何为孩子提供一个丰富的物质环境以激发相匹配的创编欲望迫在眉睫。在日常活动中，我们通常会利用宽敞的教室设置舒适、轻松的图书角环境，通过立体空间的合理运用，鼓励孩子看一看、说一说、演一演等，激发对文学作品的热爱，培养创编的主动性与能力。

另一方面需要外界环境的互动力。在创设丰富、有层次的物质环境后，如何引导孩子与环境交互使用，是检验环境能否推动孩子创编能力的重要因素。利用各种文学活动的深入，给予孩子一个想说、敢说、能说、会说的环境。例如，在开展文学创编活动《家》时，孩子能跟着朗朗上口的句式尝试创编，这时就可以引导孩子将所想用绘画的形式记录下来，并用语言表达。“家是一个屋顶，爸爸和妈妈可以为我撑伞。”当孩子创编这些语句时，教师要及时加以表扬鼓励，并利用同伴榜样法、环境烘托法等，引导孩子不断深入创编，感受文学作品的语言美和意境美。当然，创编活动的延伸可以通过个别化学习的开展。这是孩子自我内化的过程，也是孩子提升创编的另一个机会。

著名的教育家陶行知先生曾说：“天天是创造之时，处处是创造之地，人人是创造之人”。幼儿园开展的文学创编活动，是激发孩子挖掘自身潜能和文学创编素养的重要活动。教师要具备“儿童立场”，做孩子最好的倾听者和引导者，引领孩子在文学创编的海洋里自由翱翔。

《夏天的荷花塘》（中班）

浦东新区顾路幼儿园　钮慧艳

众所周知，要想设计好一个集体活动，老师对孩子最近发展区的了解，对孩子的兴趣点和认知能力的了解都是非常重要的。如今，正值夏天，我们在开展《火辣辣的夏天》的主题活动，孩子对夏天的事物有了更多的经验和认识。他们带来了关于荷花塘的书籍，他们被美丽的荷花所吸引，对荷花产生了无限的遐想。为了满足孩子的兴趣，我结合文学欣赏活动，挑选了“夏天的荷花塘”这首儿歌和孩子们一起欣赏，这首儿歌充满了儿童情趣，读来朗朗上口，更描绘出了荷花塘的美丽景色，满足了孩子对荷花塘的遐想，为孩子们下一步的想象和创编提供了可能。

片段一

在活动中，我先请孩子观看了一段配有音乐的荷花塘视频，引导孩子去欣赏和感受夏天荷花塘的美，让孩子从视频中直观地看到荷花塘中的荷花和荷叶的具体形状，为儿歌的欣赏和创编做好铺垫。为了帮助孩子理解童谣中的内容，我分别出示了三张图片，引导孩子仔细观察图片中的画面，孩子们忍不住发出了“哇”“好美呀”的声音。

从孩子的表情和语言中，我看到了孩子对荷花塘的向往和赞美之情，我马上追问道：“看看，荷花塘里谁来啦？他们做了哪些事情？”小怡说：“我看到鱼儿在荷花塘里跳来跳去，真快乐！”，我对她竖起了大拇指，马上念出儿歌中的语句：“荷花塘、荷花香、鱼儿欢跳捉迷藏”。小雨说：“我看到小青蛙在荷叶上乘风凉，还唱着动听的歌曲”，我回应道：“你观察得真仔细，小青蛙正在唱歌的事情也被你发现了！”，接着，我马上用儿歌里的句子说道：“小青蛙，呱呱唱，坐上荷叶乘风凉”。苗苗说：“我还看到有一只漂亮的蜻蜓正拿着照相机来拍照”，我笑着对他点了点头，杨杨也想回答问题，不过说得有些吞吞吐吐，我也用微笑和言语鼓励他，最后他说“我也看到了花蜻蜓忙着在拍照”，我笑着摸了摸他的头，大家也将掌声送给了他，我马上说道：“花蜻蜓，来拍照，拍了很多真漂亮。”接着，我又问：“你最喜欢儿歌中的哪句话？”有的孩子说：“我最喜欢荷花塘，荷花香，我妈妈带我们去看过荷花的，就是这样香香的。”此时，我引导孩子一起闭上眼睛闻一闻荷花塘到底香不香，只见孩子们渐渐闭上了眼睛，放松了自己，用鼻子深深地吸一口气，仿佛真的已经闻到了荷花若隐若现的香气，画面是那么的美好。有的孩子说：“我最喜欢鱼儿欢跳捉迷藏，我很喜欢鱼儿欢跳的动作”，于是，在完整欣赏时，我还加入了不少的动作，鼓励孩子用动作对儿歌进行演绎，加深他们对儿歌的理解。

片段二

在孩子充分理解了儿歌的内容和句式后，我便开始引导孩子对儿歌的内容进行创编，可是孩子的脸上一片茫然。为了给孩子开拓思路，我追问："想想看，荷花塘里除了有蜻蜓、青蛙、小鱼还会有什么动物?" 有的孩子说："荷花塘里可能有海豚，" 我就追问道："你们同意吗?" 孩子纷纷表示不同意，他们都觉得海豚的家在大海里，最后，通过讨论，大家觉得小马、小兔、小蝌蚪、小鸟、小蜜蜂，可以和池塘关联。强强是这样创编的："小鸟、小鸟，飞到荷花塘，看到景色真美丽"，孩子虽然将小鸟创编到了儿歌中，但忽视了儿歌中的句式，我又引导孩子对"小青蛙，呱呱叫"的句式与孩子创编的句式做比较，孩子发现"小青蛙，呱呱叫"的句式是短短的，而孩子创编的句式是长长的。为了给孩子一些提示，我先来创编"小鸟呀，快快飞，看到景色真美丽"，孩子们的创编又开始了，丹丹是这样创编的："小蜜蜂，来采蜜，采了许多真高兴"，苗苗说："小白兔，蹦蹦跳，快来这里喝喝水，" 彤彤说"小蝴蝶，真美丽，飞来飞去真开心。"

分析与思考

作为教师我们首先要懂得观察孩子、解读孩子，这样才能及时捕捉来自孩子的信息，只有细心观察、用心解读、耐心分析、及时调整，才会让孩子快乐地玩、轻松地学、大胆地说。所以，在活动中，我特别注重聆听、观察孩子的反应，并根据孩子的反应做出相应的调整。

1. 根据孩子不同的反应用不同的肢体动作、眼神、语言进行鼓励

在一个活动中，老师的鼓励和赞许对孩子来说也是必不可少的，而鼓励的方式也有很多种，所以，当孩子回答完问题后，我会为孩子竖起大拇指，夸奖孩子观察的真仔细，会对孩子微笑着点点头，这样的肯定对孩子有着莫大的鼓舞，他们往往也会朝我笑一笑，听得更认真了，孩子的积极性就从这里开始被调动起来了。当孩子有回答意愿，但表达不清晰时，我会用微笑，走近孩子的身边，给孩子暗示、支持和鼓励，让我欣喜的是，孩子在我鼓励的目光下，慢慢将自己的想法清晰地表达了出来。相信通过这些互动，孩子的自信心会得到更多的提高。

2. 鼓励孩子有不同的想法，采用不同的支持策略

当我请孩子来说一说自己喜欢的句子时，有的孩子会联想到自己的生活

经验，有的孩子会喜欢儿歌中动物的动作。此时，我不但鼓励孩子根据自己对儿歌的理解，表达自己的想法，也用了不同的支持策略。我引导每个孩子加入到寻找荷花香的游戏中，孩子也真正的静下心来，感受到了荷花塘的美，儿歌的美，这样的过程往往能够引发他们对大自然的喜爱之情。我还根据孩子的回答，满足了他们对鱼儿动作喜爱的意愿，鼓励孩子加入动作的表演，在他们一边有节奏的吟唱儿歌的过程中，配上每个动物的动作，比如念到“鱼儿欢跳捉迷藏”的时候，就配有鱼儿在水里游来游去的动作，使得儿歌更富有情境性，通过念一念，做一做，不但加深了孩子对儿歌的理解，也为创编的环节打下了良好的基础。

3. 从孩子的表情、动作中感知提问的适宜性，调整提问的方式

当我请孩子来创编儿歌时，有的孩子在苦思冥想，从孩子的表情中我看到孩子还没有适应我的提问。于是，我加入了一个问题，引发孩子思考荷花塘里还会出现什么动物，为孩子的创编做好铺垫，但孩子的回应也出乎了我的意料，我首先想到的是孩子可能对海豚有一定的经验。此时，我并没有肯定，也没有否定孩子的回答，将问题巧妙的重新抛给了孩子，这样，孩子获得的经验是他们自发形成的，而不是老师直接给予的。

4. 从孩子的回应中了解孩子对句式的理解，以同伴语气进行适时的引导

在创编的过程中，孩子虽然能将大概的意思创编到儿歌中，但不符合儿歌的句式，显然，在创编时孩子想到了内容，却忽略了儿歌的句式，此时，我没有马上纠正孩子的句式，而是请孩子比较两个句式的不同，引发孩子自己的思考，这对孩子的学习品质的培养是很重重要的。在活动中，老师的正确引领也是很重要的，于是，我就想到增加一个由我来创编的环节，创编之前，我用了同伴的语气：“那我先来试一试，你们听一听我创编的好不好，等会儿，你们也来试一试吧”，在念儿歌的时候，我也有意识地用抑扬顿挫的语气将儿歌的句式分割开来。我始终认为作为老师我们是推动者，而不是决策者，我们应该要用平等的语气、动作，引发孩子的思考，找准孩子行为背后的原因以及孩子在活动中的发展程度，进行适时的引导，从而提高孩子创编儿歌的能力。让我欣喜的是，在我的引导下，孩子对儿歌的创编有了浓厚的兴趣，也有了更多的想法，他们将蜜蜂、兔子在荷花塘中忙碌的场景展现在了我的面前。

在集体活动中，我们始终应该将自己的位置靠后，将孩子推出来，解读他

们的回应和行为，让他们的思维进行碰撞，这也是孩子真正获得的东西，而不是我们强加给孩子的。

《晒太阳》(小班)

浦东新区顾路幼儿园 马莉梅

在小班开展文学活动时，我发现童谣很简单，有着很浓的游戏特点，幼儿很喜欢。在《不怕冷》主题活动下有一首儿歌《晒太阳》，儿歌内容所呈现的有趣与孩子的生活经验很相符，我想如果将它设计成一节文学活动，孩子们一定会很喜欢。其中“晒晒头，暖和了；晒晒手，暖和了……”语句重复，便于幼儿仿编，整首童谣洋溢着浓厚的生活气息。

实录一：

小班幼儿意志较薄弱，如果活动过程不能激发他们的兴趣，很难说服和强制他们真正全身心地投入到活动中去。因此，活动一开始，我就请配班刘老师装扮成“老公公”进场，对孩子们说：“今天我请来了一位老公公来做客，你们知道他是谁吗？”

大宝说：“圣诞老公公。”

没想到孩子们对不久前优优妈妈扮演的圣诞老公公念念不忘。于是我打趣道：“哈哈，还想着圣诞老人的礼物呀！告诉你们哦：这位老公公是住在天上的。”

涵涵马上回答：“是云公公吗？”

小宝：“太阳公公。”

哈哈：“星星公公。”

小轩：“月亮公公。”

我回应道：“是呀，他们都是住在天上的，不过，今天来的这位老公公呀，有个本领和别人不一样，他会发光，会发热，是谁呢？”

孩子们异口同声地说道：“太阳公公。”

我追问道：“太阳公公晒在我们身上会有什么感觉呢？”

小绮：“热热的。”

小莹："暖烘烘的。"

小悦："很暖和的。"

于是我们进入主题，让孩子欣赏起了童谣《晒太阳》。

实录二：

在念诵环节，我拿出小铃："你们听，谁来和我们一起念童谣了？"

"现在你们来听听小铃是怎样念童谣的？"我用小铃边打节奏边念童谣。

"小铃是用什么样的节奏来念的？你能学学吗？"我请个别孩子尝试。

"哎呀，虽然小铃会打节奏，但是他不会念童谣，怎么办呢？"接着我引导孩子与小铃合作。

"好，那我们来和小铃合作，跟着小铃一起来念，好吗？"孩子们跟着小铃有节奏地念起了儿歌。

实录三：

在完整欣赏并了解儿歌内容后，我尝试让孩子们进行仿编。

我问："晒完了头、小手、小脚，还想晒晒哪里呀？"

文文："膝盖。"

杨杨："小脚。"

优优："头发。"

"现在我们到外面去请太阳公公来帮我们晒晒吧！"我带领孩子们搬好小椅子坐到阳台上一边晒太阳一边仿编儿歌……

分析与对策

《指南》中指出，结合幼儿的生活需要，引导他们体会自然变化与人们的生活关系。《晒太阳》这首儿歌语言简单、重复较多，朗朗上口，适合小班幼儿学习。本活动引导幼儿多感官发现自然界万物和太阳的联系感知太阳对我们的重要性，以及晒过太阳后身体的变化。我通过生动示范朗诵儿歌、幼儿边运动边说儿歌，理解儿歌内容，最后，引导幼儿根据自己的感受和直接经验创编儿歌，激发幼儿观察周围事物的兴趣，培养幼儿的语言表达能力。

1. 童谣学习要有适当的情境

适当地创设与活动相符的情境，让这些情境来"说话"，让这些情境来帮助孩子观察、理解以及表达。在活动开始部分我创设"老公公"人物，既引发了孩子学习的兴趣，又诱发了孩子对已有相关经验与知识的回忆。接着，"是呀，他们都是住在天上的，不过，今天来的这位老公公呀，有个本领和别人不一样，他会发光，会发热，是谁呢？”这一回应让孩子对已知经验的回忆具有了方向性，避免了漫无边际的猜想。

2. 利用乐器引发感受童谣的美

有节奏地念童谣有益于引发孩子感受童谣的韵律美和节奏美，我一开始是边用乐器打节奏，边念童谣。后面采用了只打节奏，不念出童谣的声音，引导孩子先听听节奏型，然后再尝试跟着乐器的节奏来念童谣。在实施的过程中，我发现孩子对这种方法是很感兴趣的，孩子们找出听到的节奏型，然后尝试一句一句的配上童谣，充分感受到了童谣的音乐美，效果非常好。

3. 感官的体验，有助于幼儿对儿歌的理解

小班幼儿的思维方式正在由直觉行动性思维向具体形象思维过渡，他们的语言能力有限，还没有达到用语言来描述某一事物的能力。他们以无意记忆为主，观察比较片面，对事物缺乏系统的认识，同时语言表达能力有限，创编儿歌内容对孩子有一定的挑战。因此他们的学习必须是在具体的感性的活动中，通过多种感官进行。在仿编环节我利用了一个大晴天的自然情境的形式来仿编儿歌，可以使幼儿容易了解作品的内容，体验角色的情感特征，他们会配上动作，弓起自己的背、撅起自己的屁股、拍拍自己的肚皮等动作一起来念诵儿歌，儿歌的内容他们很容易就理解了。同时用语言提问：你们身上还有哪些地方被太阳晒到了，请你们将身体被太阳晒到的地方编到儿歌里，孩子们发言踊跃，有的说：晒晒屁股，暖和了；有的说：晒晒肚子，暖和了；有的说：晒晒背，暖和了。在情境中孩子们通过直观的感觉和体验进行仿编，积极性很强，大胆表达自己的想法，获得了成功的体验。

《大熊山的故事》(小班)

浦东新区顾路幼儿园　孙艳婷

课堂教学目标的设计关系到课堂教学的方向和定位，决定幼儿发展的重要指标就是课堂教学目标的达成度，教学目标达成度直接影响着教学效率的提高，影响着幼儿基础知识的掌握，影响着幼儿基本技能的提升，影响着课

堂教学质量的提高，所以，怎样提高课堂教学目标的达成度，是教学关注的焦点。

《大熊山的故事》是一个可爱童趣的简短故事，把近大远小的原理以一种通俗易懂的方式生动地呈现出来。“近大远小”这样抽象的概念对于小班幼儿存在一定的挑战，很难被理解。关于动物的故事一直是幼儿们比较喜欢的，但是对于小班的幼儿来说，枯燥地听老师讲故事，是不太感兴趣的。该怎么样才能让幼儿爱听故事，又能很好地理解故事里的知识点呢？

第一次教学：利用师幼互动达成教学目标

师：一只小老鼠出来玩了，它走呀走呀，看见前面很远很远的地方好像有一团东西。那会是什么东西呢？

幼：石头。

师：圆圆的形状可能是石头。

幼：泥土。

师：嗯，褐色的颜色真的和泥土挺像的。

……

师：远远看上去好像是一座小山嘛，小老鼠会怎么做呢？小老鼠说“我要去爬小山”，小老鼠走呀走，它越走越近！

师：看呀，小山怎样了？小山怎么会变成大山的呢？

幼：走过去了就知道了。

幼：不知道。

幼：那是一只熊。

幼：因为走过去了呀，看见了呀。

师：原来距离远近不同看到的东西大小也不同。走得越近，越能看得清楚。

分析与思考：

在本次集体活动的设计上，我把活动目标设定为：愿意想象并表述小老鼠与大熊有趣的故事情节。初步感受物体远近、大小的对比，在游戏中体验与同伴友好相处共同活动的快乐。幼儿感受物体的远近和大小的对比，是这节活动的重点以及难点，从上述的片段中可以看出，其实幼儿对于这个知识点，是基本上不理解的，有的可能有这个意思，但是也是表达不出来的，有的甚至是直接看出了是只熊，也失去了这个故事的有趣性。所以我想是不是在之前给幼儿铺垫一下近大远小的经验，并且让幼儿能够模仿小老鼠去爬“大山”和“小山”，增加趣味性呢。

第二次教学：事先铺垫达到教学目标

在教学前，事先给幼儿铺垫好了物体远近、大小的特点。

师：一只小老鼠出来玩了，它走呀走呀，看见前面很远很远的地方好像有一团东西。那会是什么东西呢？

幼：石头。

师：圆圆的形状可能是石头。

幼：泥土。

师：嗯，褐色的颜色真的和泥土挺像的。

……

师：远远看上去好像是一座小山嘛，小老鼠会怎么做？小老鼠说“我要去爬小山”，“来，我们一起跟着小老鼠去爬小山坡吧。”小老鼠走呀走，它越走越近！

师：看呀，小山怎样了？小山怎么会变成大山的呢？

幼：因为走进了，走进了就变大了。

幼：我知道，近大远小。

幼：是这样的，远远的就很小的，近了就大了。

师：原来距离远近不同看到的东西大小也不同。走得越近，越能看得清楚。

师：这可真有趣，小老鼠原来是想去爬小山的，现在发现是座大山，小老鼠非常激动地说：“我要爬大山咯！我要爬大山咯！”

师：你听到小老鼠是怎么说的？（幼儿集体模仿小老鼠兴奋的说话声）

师：你觉得小老鼠能爬上大山吗？（猜测）

幼：能。

师：为什么呢？

幼：……

幼：不能。

师：为什么你觉得小老鼠爬不上去呢？

幼：……

分析与思考：

从前面两次的活动中可以看出，当让幼儿去模仿小老鼠爬山坡的时候，

"我要去爬小山坡""我要去爬大山坡",当幼儿用这种兴奋的开心的口气来说的时候,气氛是很好的,幼儿们也很喜欢,因为这是符合幼儿的年龄特点的。但是这个故事最开心的地方,应该是小老鼠把大熊当做一座山,因为滑稽,有趣,所以吸引幼儿。那怎么会把大熊当作山的呢?是因为很远,看上去像山,走近了才知道不是山,是大熊。那为什么大熊远看会像山呢?大熊身上什么地方像山呢?是因为它的背拱起来了,很像一座大山,而小老鼠是非常小的,在远远的地方又看不清楚,就以为是大山了。这个活动应该突出两点,一是小老鼠的小和大熊的大,二是远近。这两个知识点在目标中都有写入,但是目标的达成度是不高的,幼儿理解更多是因为前期老师的铺垫,是老师给他们的,而不是他们真正理解的,所以幼儿的回答是机械的。怎么样才能让幼儿在感兴趣的前提下,自然地去理解呢?

在大熊出现之前的猜测环节,我发现对目标达成度是没有帮助的,在集体活动中还是要多注意问题的适切性,凭空的猜测其实是不需要的,这样的猜测和讨论的东西都不是幼儿感兴趣的。

第三次教学:游戏化教学达到教学目标

师:这只笑眯眯的小老鼠好高兴,今天它要出去玩了,小老鼠高高兴兴地走在草地上,可是它走呀走呀,突然看见前面很远很远的地方好像有一团东西。那会是什么东西呢?

幼:石头。

师:圆圆的形状可能是石头。

幼:泥土。

师:嗯,褐色的颜色真的和泥土挺像的。

……

师:那我们来听听小老鼠的想法,看看它是怎么说的?你听到小老鼠是怎么说的?(幼儿集体模仿小老鼠兴奋的说话声)

师:小山坡怎么样啦?变大的小山坡像什么呀?

师:为什么小山坡会变大?走近了就会变大么?那我们一起来玩一个"走近走近"的游戏吧。

(走近走近游戏:老师把小老鼠的图片握紧藏在手心里,让幼儿们都到远远的地方去,然后拉出一点点小老鼠,问看到了吗?幼儿们说没有。然后让幼儿们再走近一步，老师偷偷再拉出一点小老鼠，再问。直到幼儿们走到身前，老师就拉出整只小老鼠。）

师：哎哟，这下看清是谁了么？原来就是故事里的小老鼠呀，远远的时候太小了，你们看不清楚，你们走近了，变得大大的，就看清楚了。

师：这只小老鼠看到了变大的大山坡，它觉得好开心哦，我们来听听小老鼠是怎么说的？（幼儿集体模仿小老鼠兴奋的说话声）小老鼠越来越近越来越近，那么到底看到的是什么呢？我们一起和小老鼠走近了去看一看好吗？

分析与思考：

喜欢做游戏是幼儿的天性，当我把知识点与游戏紧密结合，互相渗透，使幼儿在玩中学、学中玩，在游戏中体验、感受、获得经验，幼儿真正投入了。在这次的活动中，我穿插了一个游戏用来让幼儿体验，当我问到“小山怎么会变大的?”之后，我就自然而然地插入了“走近走近”的游戏，让幼儿来亲自试试从远走近，幼儿发现当走近了之后，老鼠就变大了。做游戏的时候，幼儿们的情绪是高涨的，投入的，当他们发现原来那个在远远的地方看不清楚的东西就是故事里的小老鼠的时候，开心得都跳了起来，当我说远远的时候太小了，你们看不清楚，你们走近了，变得大大的，就看清楚了的时候，不用怎么样去引导，孩子通过自己亲身体验，一下子就理解了这个知识点。

此外，考虑到小班幼儿的年龄特点，不适宜长时间坐在电脑前看PPT，有效专注的时间较短，所以在最后的完整欣赏环节，我就拿出小指偶进行演示，既有趣，又能通过手偶的距离变化，让幼儿进一步感受到远近的变化和物体大小之间的关系，另外也能很自然而然的把这些手偶作为延伸活动，供幼儿在休息的时候去摆弄，去说一说。

通过三次的教学以及改进后，我发现游戏化的教学对于幼儿来说特别重要，特别是对小班的幼儿。从一开始的完全不理解近大远小的含义，到第二次我事先进行铺垫后强加给他们的近大远小的含义，到最后一次用游戏的方法让他们自己感受，幼儿接收到的是完全不一样的经验，幼儿的兴趣、参与度、目标的达成度也是完全不一样的。当运用了游戏的方法以后，幼儿在集体活动中是自由的、愉悦的，他们可以通过直接感知、亲身体验去获取经验。所以在进行教学活动的时候，我们老师一定要避免以教师讲授为主的模式，而应该用各种方式来激发幼儿学习的主动性，才能提高教学目标的达成度。

教学设计

超级擂台赛

年龄阶段：大班

重点领域：科学/数

活动目标：

1. 通过观察、比较、记录、统计的形式，帮助山羊公公选择合适的守卫。

2. 体验山羊公公选择守卫过程的趣味性，对获胜者的机智勇敢有认同感。

经验准备：有初步的统计能力。

物资准备：PPT课件、统计表。

活动过程：

一、故事导入（目的：引出话题，了解山羊公公招聘守卫的原因）

重点提问：

1. 山上有谁？山羊遇到了什么麻烦？

2. 山羊在干什么？为什么要招聘守卫？

过渡：山羊公公要聘请什么样的卫士呢？让我们一起来看一看、听一听。（播放音频）

小结：原来山羊公公要聘请一个高大、强壮、聪明、反应又快的守卫来保护自己的家族。

二、举办超级擂台赛（目的：通过观察、比较、统计等方式选择合适的守卫）

1. 引出“超级擂台赛”

重点提问：

（1）让我们来看看都来了谁？

（2）小动物们都想应聘这个工作，可是山羊公公只选一名守卫，这可怎么办？你有什么好办法？

过渡：你们想的办法真多，那我们看看山羊公公是用什么办法选守卫的呢？（课件第5页）原来山羊公公决定要让他们来一场“超级擂台赛”。什么是超级擂台赛？

小结：超级擂台赛就是小动物们进行比赛，谁获胜了，谁就能成为守卫。

2. 学做小裁判

重点提问：看看山羊公公准备几个比赛？（课件第6页）可是裁判只有山羊公公一个人怎么来得及呢，所以它想请我们小朋友一起来做裁判，愿意吗？

过渡：现在你们都是小裁判了。作为一名合格的裁判，要仔细地观看每场比赛哦。

（1）PK1——接飞盘比赛

提问：接飞盘的比赛要求是什么？

小结：山羊公公真高兴，帮他找到了狐狸、老虎、猎狗、猩猩这么多反应灵敏的动物。

（2）PK2——举重比赛

重点提问：

这次比的是什么呢？举了多少？为什么举那么重的东西，比的又是什么？为什么要比力量？

小结：只有强大的动物才能做守卫，保护小羊。

重点提问：这次比赛哪些动物赢了？你从哪里看出来的？

小结：谢谢你们帮助山羊公公找到力大无比的动物。

（3）PK3——身高比赛

重点提问：看看现在比的是什么？

小结：你们小眼睛真亮，为山羊公公找到了高大的动物。

重点提问：现在哪些动物可以做守卫？

小结：你们真聪明，帮助山羊公公找到了3位高大、强壮又灵敏的动物。

三、“超级擂台赛”冠军（目的：对获胜者的机智、勇敢有认同感）

重点提问：如果你是山羊公公，你会选谁？可羊村只聘请一名守卫，那该怎么办？

过渡：瞧，山羊公公又想出了一个办法，请老虎、猩猩和猎狗分别带小羊们上山，让山羊们投票决定。

重点提问：看看小羊的投票结果，谁获胜了？猎狗为什么最后会获胜？

小结：最后聪明的猎狗得到了最多票数，成为了羊村的守卫。

重点提问：山羊公公一共选了几次？用了哪些方法？

小结：猎狗虽然不如老虎勇猛，也不比大猩猩灵活，也不比熊力气大，但是它会动脑筋，所以才会通过了一关关的比赛，最终获得胜利。

四、完整欣赏故事（目的：巩固幼儿对故事情节的理解）

磁铁小姐找新郎

年龄阶段：中班

重点领域：科学/探

活动目标：

1. 在操作中感知磁铁具有吸附铁质品，同时具有吸力传递的现象。

2. 在故事的情境中体验玩磁铁的乐趣。

经验准备：幼儿能分辨木头、玻璃、塑料、铁、泡沫等常见物品的材质。

物资准备：课件、马蹄形磁铁、条形磁铁、回形针、硬币、长尾夹、钥匙、铁盖子、积木、弹珠、泡沫球、塑料玩具等。

活动过程：

一、磁铁小姐来了——（目的：激发兴趣，了解探究任务）

提问：这是谁？她今天要来干什么？

小结：原来这个弯弯的一半红色一半蓝色的朋友是“马蹄形磁铁小姐”，她今天要来找一个她中意的伙伴成为她的新郎。

二、新郎淘汰赛——（目的：感知磁铁能吸住铁制品，而木质、玻璃、塑料等材料不能被磁铁吸住）

提问：知道磁铁小姐到来的目的，来了好多朋友都想要成为她的新郎，但是磁铁小姐想要找一个怎样的新郎？

操作要求：她想找一个能和她吸在一起的新郎，请你帮她在这么多伙伴中找出能和她吸在一起的朋友。

幼儿操作（一）

分享：说说你们的发现。（课件梳理）

小结： 原来硬币、钥匙、啤酒瓶盖子、回形针这些硬硬的铁制品可以跟磁铁小姐吸在一起，看来新郎要从这些朋友中选择了，而像积木、弹珠、泡沫球、塑料玩具这些东西是不能被磁铁吸住的，只能先淘汰了。

三、中意的朋友——（目的：感知磁铁吸力的传递）

提问： 在这么多能被磁铁小姐吸住的朋友中她发现了一个有趣的朋友是谁呀？哪里有趣？

过渡： 原来回形针兄弟被磁铁小姐吸住以后会把磁铁小姐的吸引力传给自己，自己也能吸住其他回形针，于是磁铁小姐想看看那个回形针吸力最大，能吸住最多的回形针兄弟，我们来帮她一起选吧。

操作要求：请你去试一试，让一个回形针和磁铁小姐连起来，看看他能吸住几个回形针兄弟。

幼儿操作（二）

分享：有什么发现？回形针能不能成为磁铁小姐的新郎呢？

小结： 虽然回形针很有趣，但是他的吸力是磁铁小姐传给他的，一旦离开了磁铁小姐就失去吸力了，并不能成为磁铁小姐可以依靠的新郎。

四、新郎的悬念——（目的：活动延伸，激发进一步探究磁铁的兴趣）

提问： 猜猜这两位是谁？你觉得他们能成为马蹄形磁铁小姐的新郎吗？

留疑：究竟谁能成为新郎？让我们把这个有趣的故事带回教室，和同伴们一起看一看，再一起玩一玩磁铁吧。

孙悟空打妖怪

年龄阶段： 中班

重点领域： 艺术/美术

活动目标：

1. 熟悉手的结构，能够表现出五指山的各种形态，并尝试剪出五指山。
2. 发现病毒会藏在手的各处，学会把手洗干净的好方法。

物资准备：裁成扑克牌2倍尺寸的纸；蜡笔、剪刀、背景板。

经验准备：幼儿已经学会《孙悟空打妖怪》的儿歌，初步了解手的结构和病毒给人们生活带来的危害。

活动过程：

一、导入情景，引出五指山

还记得我们学过的《孙悟空打妖怪》的儿歌吗？我们一起来跟着节奏念一遍吧。

过渡：妖怪变成了老妖婆，被孙悟空的火眼金睛发现了，狡猾的妖怪为了躲避孙悟空的火眼金睛，它又变身成了……妖怪变成病毒钻进了人们的五指山里。

提问：什么是五指山？你们的五指山在哪里？

小结：五指山就是我们的一双手，一个左来一个右，五个手指五座峰，人人都有五指山。

二、说说做做，尝试表现五指山

1. 做一做比一比

指导语：这里有三座五指山，看看它们一样吗？谁能说说怎么变的？接下来我们玩个小游戏吧！我来指，你来做！

除了这三种样子的五指山，你们还能做出不一样的五指山吗？

小结：手指打开合拢，藏一藏弯一弯，小手可以做出各种各样的五指山。

过渡语：那你们想不想把五指山变出来呢！那接下来我们一起来剪一剪五指山吧！

2. 画一画剪一剪

（1）演示对折

提问：有什么办法可以一下子剪出2座五指山呢？

指导语：那我们试试看吧。

（2）说说画画

提问：怎样在纸上画出一座最大的五指山？

指导语：高高的山峰顶着天，弯弯的山路撑着边，这是一座大大的五指山！

（3）剪出轮廓

过渡语：刚才你们告诉我把纸对折就能剪出两座五指山了，我们现在来看看，开始剪咯！

指导语：沿着山路慢慢走，山路转弯要小心，对折画好剪下来，一下子变成……两座山！

三、创造表现

1. 幼儿操作

过渡语：那接下来你们想不想变一座特别的五指山，让病毒没办法藏进去？想好了就请你们去桌子边上去试试吧。

2. 指导语：还记得怎么样变成大大的五指山吗？

准备剪——火眼金睛走山路，一高一低看清楚

沿线剪——沿着山路慢慢走，山路转弯要小心

剪弧线——山路弯道有很多，一弯接着一弯走，大转弯时要减速

四、分享交流

1. 藏一藏玩一玩

过渡：哇！这里这么多的五指山呀。不过妖怪太狡猾了，这么特别的五指山还能藏进去，真是狡猾的病毒。不过再狡猾也躲不过孙悟空的火眼金睛。

2. 洗手游戏

过渡：你们来做孙悟空，找找病毒在哪里？哇，看来病毒真的逃不过你们的火眼金睛。

小结：病毒真是太狡猾了，它会藏在我们五指山的各个地方，我们平时一定要注意多洗手，这样病毒不管藏在哪里都能被消灭光。

小人儿帮手

年龄阶段：中班

重点领域：语言

设计思路：

《小人儿帮手》虽是以工程车作为主体，但它不局限于一般的启蒙认知绘

本，它非常具有启发、引导性。绘本中列举了很多工程车，却没任何对工程车的介绍。正是这样的设计，才让老师在阅读绘本时不仅能不露痕迹地引导他们去思考每种工程车的现实用途，还能激发孩子想象力，拓展思维。如果用工程车做蛋糕的话，会怎样呢？

并且，这本图书有很多小细节，常读常新，越读越有趣。比如，几乎每一页都有一个戴绿帽子、穿红上衣、绿鞋子的小人摔在地上……在阅读的过程中可以带领孩子去探索这样的细节，非常有趣。所以每次读这本书都会有新的发现，对孩子们有所启发。与此同时，不仅可以知识科普工程车，而且对孩子的思维能力、想象力的培养也有所提升。

活动目标：

1. 乐意细致地阅读，感受工程车的多样性。

2. 能较概括地说出一些工程车的功能。

经验准备： 幼儿有对故事内容的大致了解。

物资准备：《小人儿帮手》PPT，数字贴，绘本书，各种工程车图片。

活动过程：

一、绘本回顾——（目的：相互分享自主阅读看到的内容、角色、事件）

提问：

- 朋友们，昨天让你们去翻看了这本书，不知道你有哪些发现，有哪位朋友愿意来说说吗？
- 谁来说说你看到什么车子在做哪些事情？
- 谁做出来的？蛋糕做给谁吃的呀？

过渡： 看来，你们真的看明白了，不仅看明白了书里面有谁，有什么车，还看明白了小人儿帮手们在做什么事情。今天，我们再利用一点时间，仔细来看看这本书里面的这些车，而且要请你找一找书里面正在工作的那些工程车。

二、寻找工程车——（目的：试试能找到几种工程车，并且说出它在做什么工作）

1. 幼儿2人一本书进行自主阅读，并且用数字贴做标记。

看看你是否可以找到一种工程车并说出他在做什么，然后请将爱心贴在他的身上。

2. 幼儿下去操作，教师巡视。

（提示：要找到正在工作的工程车哦，停在这里的不算哦。）

3. 交流分享，幼儿回到座位上。

提问：

- 你们找到了几辆工程车？
- 介绍一下你找到的工程车，先说说在第几页，再说是什么车，有什么用？

小结：今天朋友们已经从小人儿帮手里找到了许多工程车，他们有的会夹，有的会挖，有的会搅拌、运输等各种工作。

三、活动延伸——（目的：讲讲新发现，感受或提出问题）

提问：

- 除了工程车，你还在书里有哪些发现？有谁来说说看？

小结：在这本书里面，小人人帮手他们开着各种各样的车完成了一件对他们来说很难的超级厉害的事情，就是做出了一个要比他们身体要大百倍的蛋糕。

结束语：今天的本领学到这里，课下你也可以和朋友们交流分享一下你看到了哪些车子，或者谈一谈你的感受，我们交流一下。

蚂蚁和西瓜

年龄阶段：小班

重点领域：艺术/音

活动目标：

1. 在有趣的音乐故事中，愿意用响板表现音乐的节奏。

2. 体验用响板表现小蚂蚁行走的快乐。

经验准备：幼儿熟悉《蚂蚁进行曲》的音乐旋律。

物资准备：小蚂蚁教具一只、响板若干、PPT课件。

活动过程：

一、手指游戏，小蚂蚁爬呀爬（引出主角，感受小蚂蚁爬行一步一下的节奏感）

1. 手指游戏：小蚂蚁爬呀爬。

（1）今天老师要给你们介绍一位新朋友。这个动物很小很小，看看，它是

谁？（小蚂蚁）

（2）小蚂蚁很想和你们一起玩游戏，不过呀，它要先请你们看看游戏是怎么玩的。

2. 听着音乐做律动小游戏“小蚂蚁爬呀爬”。

——那现在我们也来试一试，伸出小手来，手指弯一弯，弹起小钢琴，变成小蚂蚁！

——小蚂蚁爬的时候你们发现了吗？它是怎么爬呀？

小结：小蚂蚁是听着音乐，一步一步往前爬的，不快也不慢，孩子们，跟上咯。

过渡：小蚂蚁今天和你们玩游戏真开心，现在它们有点肚子饿了，要去公园找东西吃了。

二、拍拍玩玩：出门找食物（故事情境中用响板表现音乐的节奏）

1. 听辨蚂蚁的脚步声。幼儿听听说说。

——听？这是谁的脚步声？为什么？

小结：原来响板的声音和小蚂蚁的脚步声有点像，小小的，轻轻的。

——今天小蚂蚁穿了一双鞋子，蚂蚁妈妈说：“小蚂蚁，你出门找吃的，别迷路。”所以蚂蚁妈妈给小蚂蚁准备了一双会唱歌的鞋子。小蚂蚁穿上这双会响的鞋子以后在公园里走路，走一步，响一下，走一步，响一下。妈妈就知道它们在哪儿了，它们就不会迷路了，你们听！（播放音乐）

2. 继续讲述故事，幼儿在情境中听辨上行和下行的音乐，并使用响板听着音乐表现蚂蚁快快慢慢的脚步声。

（1）幼儿使用响板表现蚂蚁行进的脚步声（快）

——小蚂蚁们穿上这双鞋可高兴了，今天妈妈给每个蚂蚁宝宝都带来了一只“小鞋子”，请你们待会儿穿的时候让它稳稳地停在手心，另外一只小脚一步一步往上走。

——小鞋子都穿好了吗？我们一起来走走看。（合乐演奏）

——看来你们都准备好了，一起听着音乐整整齐齐的向前走。（合乐演奏）

（2）幼儿使用响板表现蚂蚁爬树的脚步声（慢）

——小蚂蚁发现什么啦？它们在干吗？（1234567爬到西瓜上面去了）

——我们也来穿上小鞋子听着音乐一起爬一爬大西瓜。爬到最上面了吗？我们再上去一点。

——它们是慢慢爬的还是快快爬的？

小结：是呀，西瓜那么大，那么高，爬上去的时候一定要小心，一步一步，慢慢爬。

（3）哎呀，终于爬上来了，大西瓜可真诱人，小蚂蚁们忍不住大口大口地吃了起来。西瓜，好甜好好吃啊！这么好吃的西瓜，一定要带回家，和朋友们一起分享。猜猜看它们会怎么做？

——是呀，蚂蚁宝宝们，鞋子穿好，我们要下去搬西瓜咯，千万要小心哦，一步一步慢慢走，从这么高的地方摔下去可是很危险的。（7654321）

三、齐心协力运西瓜（在故事情境中愿意用响板演奏，感受小蚂蚁搬西瓜的快乐）

1. 一只蚂蚁用力推，哎呦哎呦推不动，两只蚂蚁用力抬，哎呦哎呦抬不动，三只蚂蚁用力顶，哎呦哎呦顶不动，蚂蚁蚂蚁累坏了。

提问：你们有什么好办法吗？快来帮帮小蚂蚁。

——是呀，人多力量大，好朋友一起来帮忙一定能将大西瓜搬回家。

2. 听辨

——一只蚂蚁来帮忙，两只蚂蚁来帮忙，许多蚂蚁来帮忙，蚂蚁越多，它们搬西瓜的速度就越快。

3. 再次和幼儿一起探索使用响板由快到慢的演奏方法，团结合力将西瓜运回家。

四、活动延伸

——蚂蚁搬西瓜这件事情就藏在这本书里，我们回去一起和好朋友看看，还会发生什么有趣的故事呢。

第三部分 小露珠文学·个别化学习活动

○ 经验总结

○ 教学案例

○ 教学设计

个别化学习活动是教师根据教育目标（包括“主题核心经验”）和幼儿发展水平，有目的地创设活动环境，投放活动材料，让幼儿按照自己的意愿和能力，以操作摆弄的方式为主，进行的自主学习活动。个别化学习活动通常以区域活动的方式呈现。幼儿文学的个别化学习主要在语言区开展，以幼儿自主阅读为主要形式，辅以各种游戏形式开展。在语言区开展幼儿文学个别化学习中，重在合理布局、材料投放或游戏设计，在激发幼儿“听听”“看看”“说说”“演演”提高幼儿阅读能力和语言表达能力。

一是创设自由、宽松的语言交往环境。在环境创设时，既要考虑互不干扰，在同一区域内的孩子间互不干扰，营造一个较为独立的个体语言表达空间，也要考虑有利于互相交流和交流的空间。

二是吸引幼儿有趣地“听”。设置故事屋区域，提供主题图书、有声图书，结合智能笔，让幼儿听、读、思结合，激发孩子倾听兴趣，感受文学作品的美。

三是引发幼儿有趣地“说”。创设有利于引发幼儿“说”的小场景，故事小剧场、电话吧、盒子里的故事等激发幼儿说的兴趣，通过设计骰子翻翻乐、大转盘、“猜猜我是谁”等游戏，引导幼儿在与同伴玩的过程中积极说。

四是诱导幼儿有趣地“演”。创设幼儿故事表演的小天地，鼓励幼儿借助一定的道具，通过语言、动作、表情，比较全面地反映作品的内容、人物、情节以及主题。

五是阅读分享会让幼儿自主阅读。我们的实施步骤：一是投放，投放时教师在全体幼儿面前介绍要投放的图书，约定让幼儿先去看一看，一星期后我们再找时间来一起聊一聊；二是观察记录，教师每日提醒幼儿阅读，并进行观察和记录；三是组织阅读分享会。这一方式旨在鼓励幼儿按照自己的兴趣和意愿进行自主阅读，激发幼儿的阅读兴趣与阅读能力，从而引导幼儿品味文学，理解文学，实现以文学滋养童心，让阅读启迪智慧，让书香筑梦未来。

经验总结

投放多元材料激活小班语言区

浦东新区顾路幼儿园　刘　怡

《3—6岁儿童学习与发展指南》中强调幼儿语言发展对于全面发展的意义。幼儿的语言能力是在交流和运用的过程中发展起来的，教师应为幼儿创设自由、宽松的语言交往环境，鼓励和支持幼儿与成人、同伴交流，让幼儿想说、敢说、喜欢说并能得到积极回应。针对小班幼儿的年龄特点，小班语言区的布置要让孩子感觉这个区域又温馨又休闲，可以在旁边围一些卡通点的布、放上小圆桌小圆凳，或者直接投放几个可爱的靠垫，这样让孩子在里面看书觉得很休闲。如何投放材料让小班语言区“活”起来？提供的材料如何体现多元？这些是值得我们深思的问题，以下谈谈个人的想法和做法。

一、投放多样的材料

1. 图书、图片

在图书的选择方面，小班孩子还是比较喜欢看一些画面简单的书，如动物类、水果类、车子类这样的书籍，在语言区如果就张贴几张图片小班的孩子是绝对不愿意去说的，一定要选择一些他们熟悉的有生活经验的内容，他们才愿意去看看说说，图片他们越熟悉越好。比如：可以投放一些孩子自己的照片或者是爸爸妈妈的照片，或者是孩子了解的一些风景照；还可以投放一些自制的卡片，让孩子说说玩玩等；还可以投放一些简单的拼图，鱼、花、房子等，让孩子拼出后说说

是什么。但是小班的孩子往往是动手不动嘴，只顾动手了，嘴巴上就不会说了，这时教师就要去引导孩子表达。幼儿通过自由阅读图书、图片等，培养了良好的阅读习惯，提高了阅读兴趣。

2. 故事板、手偶、棍偶

在故事教学中接触多种操作材料，孩子可以初步获得多元表达的基础。如果只是单纯地放一些故事图片，孩子们往往不是安安静静地看图片讲故事，而是喜欢自言自语或和身边伙伴玩弄图片。因此，可以根据孩子们感兴趣的故事投放故事板、手偶、棍偶等材料。如：在日常听幼儿讲故事时我发现，孩子们很喜欢《小兔乖乖》《小猫钓鱼》等熟悉的故事。于是，我从这两个故事入手制作了两个故事板。孩子们看到以后很感兴趣，之前空空的语言区瞬间“活”了起来。然然说：“我会讲小猪的故事，”平时不爱说话的墨墨也主动来到然然身边，全神贯注地听然然讲故事。孩子们喜欢的故事五花八门多种多样，看到故事板的成功，我又有了继续制作故事棍偶的欲望。到底哪一种材料孩子们更喜欢呢？我抱着好奇的心情制作了故事“小猫钓鱼”“小红帽”棍偶。游戏时孩子们围着我问：“老师，这个怎么玩呀？你来给我们讲一讲吧！”。于是，我边示范边讲故事，乐乐、泡泡高兴地坐在了小椅子上专心地倾听。每天语言区都会聚集着很多孩子，其他区域的孩子也会侧耳倾听，连平时不爱说话的乐乐也主动尝试拿着棍偶讲上两句。语言区的材料不再单一，平时不爱说的孩子也得到了发展，提升了自信。

3. 设置可操作的故事墙

通过投放材料故事板、手偶、棍偶，我认识到了，幼儿在运用语言进行交流的同时，也发展了人际交往能力。《纲要》指出，应“支持、鼓励、吸引幼儿与教师、同伴或其他人交谈，体验语言交流的乐趣……”在设计材料时，教师一定要关注幼儿语言学习的特点，对材料加以调整，让幼儿在游戏中可以更好地理解学习内容，帮助幼儿自主适宜地学习。

《好饿的毛毛虫》这本书非常适合小班幼儿阅读。于是，我为孩子们进行了学习前的准备，制作了毛毛虫手指偶。孩子了解完整故事后，我把图书投放到了语言区中，但是这样还不够，我需要用材料帮助孩子加深对故事的理解。孩子们对于毛毛虫长大了变成蝴蝶很感兴趣，于是我抓住幼儿的兴趣点，在了解故事的基础上，制作了能够移动的墙饰内容“毛毛虫长大了”。刚开始孩子们对材料“又爱又恨”，不知道怎么玩，有些孩子直接把移动的果子取下，放到了娃娃家的盘子里。我并没有过多地干涉孩子们：“我们多吃点苹果长得就像蝴蝶了。”看着孩子们吃的有滋有味，我知道了，孩子们的游戏可比老师们想象的要更加丰富有趣。

就这样，我在语言区观察孩子们的游戏，发现墙饰上可移动的材料毛毛虫、果子、蝴蝶。“你看，星期一吃了一个苹果，星期二吃了两个梨……”。康

康边说边移动手里的水果粘贴在墙上了，这些材料真的"活"了起来。

4. 设计排图、摸箱、转盘等可玩性材料

为了提高语言区的趣味性、游戏性和可操作性，真正实现"孩子的学习出于指尖"，让孩子在与材料的玩玩、说说的互动中提高语言讲述能力，我们可以投放摸箱、转盘等语言区的玩具材料。例如：《谁藏起来了》这本图书中有很多不同的小动物，为了丰富孩子动物词汇，我将图书中的小动物角色制作成一张一张立体的卡片，并利用录音笔提前将卡片上的动物录音好，便于孩子在说说念念中验证正确与否。我将制作好的卡片放在自制摸箱内，孩子们可以合作轮流游戏从摸箱内摸出图卡，学习念念、说说上面的小动物名称和数量、颜色等。又比如：我将小动物的卡片贴在转盘上，当孩子转到哪个动物卡片上，就学学这个小动物的动作、叫声等，孩子们在学学玩玩中认识了各种不同的动物。这些图文并茂，形象生动的材料，不仅唤起了这些刚开始阅读的孩子的兴趣和情感，也提高了孩子的"想说"的愿望，锻炼了"会说"的能力。

5. "小舞台"、录音笔、话筒

投放服装道具、各类头饰、面具、仙女棒、小皇冠、漂亮话筒、录音笔等材料到"小舞台"，让孩子进入角色自由地进行表演活动，孩子可以故事表演、角色扮演、同伴间合作表演故事。"小舞台"给孩子提供了自主的语言环境，孩子的语言能力大大提高。表演时孩子们最需要教师帮助的是角色的分配和台词的提示，因为小班的孩子合作意识差，没有教师的指导就会自己顾自己。孩子表演时，教师可以适当地给孩子一些动作、台词的提示，这样孩子们肯定会表演的兴致勃勃。如：我制作了"茧"、蝴

蝶翅膀等表演区的道具。我向孩子提问:“蝴蝶翅膀长什么样？它像什么？”有的孩子说像扇子,有的说像大象的耳朵,还有的孩子说像芭蕉扇。小班幼儿很难画出两边完全对称的翅膀图案,所以我选择了拓印的美工方法完成翅膀的涂色。在表演时,翅膀需要随着孩子的动作扇起来,还要便于孩子在表演区及时背上,我选择了大型购物袋制作翅膀,将袋子剪成蝴蝶翅膀的样子,纸袋提手部分可以让孩子直接背在背上,这样制作的翅膀既结实实用,又能在表演区中突出动感。

6. 设置电话吧

电话吧的功能是打电话,这个区域是孩子熟悉且感兴趣的。我事先在电话吧投放了几只废旧的电话机,提供了一些电话号码。活动时引导幼儿先拨号码,再通话,聊天,这样不但巩固了幼儿对数字的认识,而且可以很好地发展幼儿的口语。小超市、美发厅、餐饮店这些社会性交往的区域,只要投放丰富的仿真材料,引导孩子在模仿中交流,在交流中发展。

二、投放形式多样的材料

语言区的材料需要数量多,且种类多,才能满足孩子在游戏中学习的需要。从哪些途径获取这些材料呢？我想到了利用家长资源。如在进行主题《学本领》时,我就发动家长,为孩子准备一本关于动物的书放到语言区与同伴互相交换阅读。第二天,很多小朋友就带着关于动物的书来园了,一进教室,宝宝马上举起手中的书说:“我带的是《动物世界》,谁跟我一起到语言区来看,很好看的噢!”马上有几个小朋友跟着宝宝来到语言区,几人围在一起开始认真看起来,还时不时对书本内容进行交流讨论。这种形式,既可以引发幼儿多阅读,使主题活动得到更好的开展,又培养了孩子的分享意识,一举两得。语言区域的活动不限于阅读,还可以加上跳的、唱的、画的、写的活动。有的孩子喜欢画画,就可以听故事、画图画,把录音机里面听到的故事画下来;有的孩子喜欢唱、跳,可以在语言区内设计一个小舞台,供孩子对故事内容进行表演。

总之,多元材料提供包括两方面,一是材料的多样化,二是投放形式多样化。经过实践我发现,投放语言区的材料需要我们花心思善观察,从孩子的兴趣需要出发,制作的材料要具有互动性、趣味性、操作性、变通性和游戏性,让孩子在操作、游戏的过程中，通过和同伴、成人的交往，通过听、看、模仿，不断地提高自身的语言水平，在玩中学，在学中玩，激发其“想说”的欲望，从“我想说”到“我敢说”，丰富其语言表达能力，不断培养其阅读兴趣和良好的阅读习惯。

语言区中提升幼儿语言精准性的研究

浦东新区顾路幼儿园 何丹凤

幼儿期是语言发展的关键期。幼儿的语音、词汇、语法以及言语交际和言语调节能力等均处于“整蓄待发”的阶段，如何把握时机使幼儿的语言能力通过不同途径得到迅速提高成了大家关注与研究的问题。

乔姆斯基认为，儿童拥有一套天赋的“语言习得装置”，儿童通过这一天赋的语言习得装置，对最初接触的语言资料进行加工，从中生成出一套能够编造新语句的句法、语义和语音规则来。我们通过对儿童语言及行为的观察，了解到除了日常生活中幼儿的交谈、交往的过程，我们还应在个别化中创设良好的语言环境来发展幼儿的语言能力。

我园开展了语言区组织实施幼儿文学活动的实践研究，我尝试根据幼儿的年龄特点、幼儿的兴趣需要以及有价值性的主题来充分挖掘文学绘本素材，投放于语言区中，然后对可玩性的材料投放，幼儿的需求、幼儿的语言能力的掌握情况等进行了进一步地研究，通过着重对幼儿语言表达能力的培养，给孩子创设“想说、爱说、敢说、会说”的环境，使孩子的语言能力得到锻炼，形成规范语言。

一、创设宽松的语言环境，激发幼儿表达的兴趣

我们班孩子刚入小班的时候，语言表达方面的差异性较为明显，他们绝大部分非本地段孩子，常见的现象是：地区方言较重、吐字不清晰、胆怯于表达，针对这些现象，我采用了以下的方式：

（一）投放可玩性材料，激发表达欲望

在孩子与其他材料的互动中，我了解到不是每一种材料都符合孩子的兴

趣需要，也观察到有些孩子在表达简单的词或句子时，怯于表达、不够自信。于是我根据孩子的年龄特点、发展需求，增添了可玩性的材料——《黑脸小白羊摩天轮》，幼儿可以转动摩天轮，转到哪一幅画面即讲述这一个画面的内容，经过一段时间的玩耍，就连不太乐意表达的孩子也开始与材料、同伴间互动，并能大胆模仿故事对话、角色形象等。

（二）适时观察与引导，鼓励表达清晰

孩子之间的语言发展情况不同，在讲述画面故事时，有的孩子受知识经验、语言能力的限制，很难根据故事画面进行讲述，会在讲述过程中出现中断的现象，这时候教师可以适当地进行引导，比如从小动物的特征、小动物的爱好等方面进行提示，引导孩子去回忆并能尝试清晰地表述。

（三）开启操作与验证，感知语言吐字特点

随着《动物花花衣》主题的开展，我以故事“黑脸小白羊”的素材点设计了可玩性的材料。孩子在学习的过程中积极、主动去与同伴互动：什么动物是黑白花纹的？为了使孩子的吐字变得清晰，我在创设的动物插图后放入了录音文件，孩子在验证的过程中也会认识与感知语言吐字的特点。录音笔的使用，能让孩子自主地去学习与探究，锻炼语言的精准性。

二、利用丰富的教育资源，促进积极使用语言

孩子升入中班后，虽语音语貌得到较大发展，但词汇量的使用不够丰富，

幼儿掌握的词汇常常落后于思维的发展，为此，我们做了以下的思考：

（一）充分挖掘素材，创设“听、说、玩、演”的语言环境

故事《方脸公公和圆脸婆婆》里有许多方圆不同的物品，这样的故事能促进孩子对生活物品的更多认识，我选取了此素材点并投放了“听、说、玩、演”的不同材料，来满足幼儿掌握更多的词汇，大胆使用不同的词、句。

1. 听一听

在欣赏故事视频的过程中，孩子对物体形状的特点及描述掌握清楚，对方脸公公和圆脸婆婆之间的故事情节，人物之间的情绪变化也随之了解，通过欣赏，为后续的说、玩、演打下了基础。

2. 说一说

我在语言区创设了有方脸公公和圆脸婆婆人物形象的故事墙，并用不同的管子区分呈现，引导孩子边操作边说“桌子是圆的，圆的东西归我，椅子是方的，方的东西归我。”然而在操作的过程中，我发现有个孩子看到了镜子以后说“这是一把镜子”，另一个孩子说“这是一面镜子”，孩子们初步对量词产生了好奇与质疑。在孩子的商讨后，形成了新的学习规则：描述东西的时候要说出量词，比如这张桌子是方的，方的东西归我；这个钟是圆的，圆的东西归我等等，这样一来语言区的个别化学习具有了新的挑战，孩子的兴趣又得到提高。对于幼儿在活动中产生的疑问，我们通过交流分享或把问题抛给孩子，促使幼儿主动动脑筋思考问题，解决问题。

3. 玩一玩

以叠叠乐的游戏来呈现故事的内容，将木条以垒高的形式来搭建，孩子们从中抽取木条，并根据木条上的图片来讲述相应情节的画面，在边玩边说下，孩子对图片的观察，对故事的理解更进一步，通过表达故事情节，孩子会对语句的完整性，语词的丰富性略为注意。

4. 演一演

幼儿完全熟悉故事内容后，我又在语言区投放演一演材料。孩子们对于故事表演有一定的经验，知道在表演中要把握语音、表情变化、肢体动作等，我们鼓励孩子在讲述故事的过程或创编故事中可以渗入其他的词或用意思相同的词代替，提高了孩子对语词使用的把握。

（二）引发思考与互动，丰富词汇量的使用

到了大班，我们开展了主题《动物大世界》。在个别化中投放了《动物猜猜乐》的材料，玩法是：一个孩子自主的选择动物图片，根据一定的特征或动物的习性来描述，借用管子来传声，另一个孩子来猜相应的动物。在互动学习的过程，语言能力强的孩子会带动其他孩子，从动物的一些习性着手让其他孩子猜测，比如：有一只动物它是百兽之王；有一只动物它活蹦乱跳；它奔跑起来的速度快；这只动物很灵敏；它长得非常滑稽等等，一问一答的过程中，孩子通过同伴的影响习得了更多词汇，我们也发现有些孩子用词不够丰富，就需要老师进行引导，可以这样描述鸟：什么动物喜欢鸣叫或者啼鸣或者飞翔？描述猫可以用，温顺、灵敏、柔软等词汇，我们将这些引导内容整理后放入了录音文件中，让孩子去听一听，学会合理地使用。我们向家长们收集一些便利贴，投放于孩子的百宝箱中，孩子们会自主地在学习的过程中将一些有意思的画面，动物形象记录下来，也会让同伴来猜一猜这个动物可能表达的意思，说一说优美的词句来表达对画面的认识与理解，在这个过程孩子们的语言表达突飞猛进，也锻炼了孩子们的自信。

幼儿的语言表达需要社会经验的支持，如何在语言区的游戏与幼儿一日生活活动之间建立更为密切的关系，为幼儿营造真实的、多元的、互动性的交际交往情境对发展幼儿语言表达能力非常重要，语言区的游戏对幼儿语言能力的发展有着不可替代的价值。因此，结合个别化学习中的语言区，要提供各种不同的素材，满足幼儿的语言表达欲望，从中了解孩子的语言发展水平，及时

地调整材料，使得幼儿语言的发展得到进一步地提升。作为教师，不仅要为幼儿创设美的富有教育价值的语言环境，还要有效地利用语言环境，让幼儿积极、主动地与环境相互融合，提升幼儿语言表达能力，促进幼儿身心和谐、全面发展。教师在语言区活动开展中，积极关注幼儿与材料互动的情况，及时调整游戏玩法，拓展材料功能，从而吸引幼儿，促进幼儿语言发展。

通过三个不同年龄段幼儿在语言区中的语言发展研究，我们发现了挖掘合适的素材点、创设良好的语言环境都是对幼儿语言的发展都有着积极的促动作用。进一步了解如何提升幼儿的语言能力，语言的环境能激发幼儿的兴趣，材料的丰富性能提升幼儿的语言表达。因此，作为教师不仅要为幼儿创设美的富有教育价值的语言环境，还要有效地利用语言环境，让幼儿积极、主动地与环境相互融合，从而提升幼儿语言的精准性。

语言区中提供有趣的材料，促进中班幼儿完整表达

浦东新区顾路幼儿园 吴蓓虹 孙艳婷

《3—6岁儿童学习与发展指南》中指出，幼儿的语言能力是在交流和运用的过程中发展起来的，应为幼儿创设自由、宽松的语言交往环境，提高幼儿的语言交往能力。中班是幼儿语言学习的关键期，但有些幼儿在集体面前不太愿意发言，或者本身的词汇量积累的不够，造成孩子表达时不够大胆、完整。为此，我们在语言区中创设相应的环境，投放一些有趣、好玩、耐玩的材料，让语言区“火”起来，让幼儿自己有想说的欲望，喜欢说的内容，逐步提高幼儿语言表达的完整性。

一、多元化的语言区材料，让幼儿想要说

多元化的语言环境和多元化的语言活动材料，能促使幼儿由被动学习转化为主动学习，也能激发幼儿表达的兴趣和积极性，使幼儿有想要表达的愿望。

（一）多元化呈现材料

中班幼儿注意力持续时间短，为了吸引住幼儿，我们将材料进行多元化的呈现。

1. 图书—语音结合呈现

在日常活动中,我们发现幼儿如果只是单纯看书或者听录音故事,持久性都不是很长。于是,我们将书中的故事进行录音,把书中的故事内容与语音相结合,孩子们能使用点读笔点读相应的故事内容,跟随故事录音进行模仿,慢慢学会讲述书中的故事。过了一段时间,看到孩子们兴趣逐渐减弱,我们又把故事录音改成了一些提问,如在听故事《空中小屋》时会问道:小朋友,请你看看封面上有什么?他们在干什么?故事的名字是什么?当幼儿一页一页随着录音翻看故事,会不时出现提问来和幼儿互动:谁想找房子?小兔的主意好吗?后来小狐狸怎样做了?等等,孩子们也会随着互动一起沉浸在故事中,在倾听的过程中也表达着自己对故事的理解和感受。

2. 多媒体呈现

为了引发幼儿表达的兴趣,我们在个别化的语言区中会投放点读笔、Ipad、电子图书,让幼儿自由选择自己想听的童话故事,激发幼儿倾听兴趣,促进幼儿的表达。孩子们除了可以倾听故事,复习学过的故事、儿歌、儿童诗等,还能自由选择自己所感兴趣的内容,满足不同能力、不同层次幼儿需要,加深他们对文学作品的体验和理解,增强他们想要表达的兴趣。

3. 表演式呈现

角色扮演是幼儿最喜欢的游戏之一,他们会扮演自己喜欢的故事角色。因此,我们在语言区里增加了图书式小剧场,幼儿自主选择自制图书、纸偶、手偶道具,语言讲述和指偶操作相互呼应,在边讲边表演中进一步理解故事内容。小剧场既引起了幼儿参与的兴趣,又培养了幼儿的交往能力和语言表达能力。

(二)投放可玩性材料

1. 材料设计要新颖,好玩

要让语言区吸引幼儿,提供丰富而且有趣的材料是十分重要的。材料是否有趣、好玩,决定了孩子的喜爱程度和兴趣的持久性,同时也能让幼儿在与材料的互动中,学会表达。我们在语言区创设了小汽车情境,两名幼儿轮流转动车轮,对选中的图片进行说量词的游戏,说对了就能将图片取出,最后谁赢得的图片多谁为胜者。在熟悉了故事中的量词后,幼儿可以打开车门利用道具表演故事。这样单一的看图说量词就变成了转一转、说一说、答对了、赢图片的玩法，激起了孩子参与活动的兴趣。这一设计在引发孩子玩兴的同时，也让孩子们在“玩”的过程中体验到了快乐。此外，在玩的过程中，孩子们也熟悉了故事中出现的量词，为下面的表演故事打下了基础。同时，轮子中的图片以及车门后的故事背景图也可以随着主题的开展进行替换，换成形容词、方位词等不同的练说内容，让孩子在轻松、自由、有趣的氛围中发展语言表达能力。

2. 材料设计要有多变性

幼儿对某一个活动的兴趣有一个发生、发展、减退的过程，因此要想保持幼儿对一个活动的兴趣，材料上还要考虑到多变性。以中班“好吃的食物”主题为例，在开展主题的过程中，通过和孩子们的谈话，我发现孩子们表述一些食物时，对于量词的使用很不规范。比如：一根黄瓜，孩子会说：一个黄瓜；一颗草莓，孩子会说：一个草莓等。中班的孩子对量词运用还不是很恰当，这也是幼儿语言发展中的常见现象。他们习惯用“个”来表示任何事物的量。我在语言区中创设的“说量词”的学习内容，能让幼儿巩固学到的量词，并会在实际生活中运用。于是，我在语言区里投放了一些常见的食物图片、摸箱。幼儿两人合作游戏，幼儿甲从箱子中任意取一张图片，让幼儿乙说是什么？如：一个苹果、一瓶牛奶、一袋糖等。两人轮流，说对的幼儿将卡片放在自己身边，看谁赢的卡片多，谁就胜利。

在这个“说量词”活动中，虽然投放的材料好像可以通过摸一摸、看一看、说一说的方式来引导孩子进行讲述，但我发现孩子较感兴趣的是将卡片从摸箱里拿出来的过程，至于说的正确不正确没有检测的过程。而且，孩子的能力差异不一样，个别能力强的一会儿就赢到了很多，大部分孩子不能获得成功，孩子们渐渐也就失去了玩的兴趣。

就其现象分析，我认为主要原因为：一是投放材料的缺少可变性和可玩性，孩子们看了几次后，既玩不起来，也不太知道如何玩，当然不再愿意去；二是没能根据幼儿的个体差异性进行材料投放，每个孩子的学习能力、接受能力等等方面都不一样，孩子们既没有借鉴学习的地方，也没有验证的地方，玩得对不对都不知道，孩子只能瞎玩。

为了增加幼儿对量词的兴趣，让孩子在学习过程不感到枯燥，我尝试将材料设计的新颖、有趣、好玩。我结合飞镖的材料，将图片放置在靶子上，可以几个孩子一起玩，对准“靶子”投“飞镖”。“飞镖”投到哪一张图片上，幼儿就要说出投中的目标是什么。如：一件衣服、一双筷子等。

另外，还可以与其它主题结合起来，在“我爱我家”时可以投放表示餐具的量词、表示家庭用品的量词；“身体的秘密”时，投放与身体器官有关的量词等，使这个内容一直能玩。而且，为了便于检测，我又投放了电子书，将正确的量词念法录在电子书里，孩子可以自行检测。这个内容既可以一个人玩，也可以两个人以比赛的形式来开展。

其实，孩子对某一个活动的兴趣有一个发生、发展、减退的过程，因此我们在投放语言区的材料时，会考虑其多样性和可变性。如，制作幼儿能理解的图加文形式的小书，让他们边看图片边理解故事内容；或采用灵活的图片，孩子边插图片边讲故事；或制作立体的背景，故事里的角色也是可以活动的，让孩子边操作边讲述故事；或者在玩具柜上贴上磁性墙，提供可擦洗的粉笔，孩子们可以自己在墙面上创编、绘画故事。每一种材料都能让幼儿有不同的感受，他们可以边说、边画、边操作，在与材料充分的互动中，愿意说、主动说。

二、丰富语言区形式和内容，让幼儿喜欢说

(一) 调整语言区

在以往语言区中我们的组织形式也比较多样化，有故事、儿歌、诗歌、谈话活动、看图讲述、绘本教学等，内容也可谓丰富多彩，但幼儿在讲述表达式没有系统性和完整性。因此，我们将语言区按照听一听、看一看、说一说、演一演、玩一玩进行了重新划分，引导孩子自主欣赏和讲述。在每个区域中能发展幼儿阅读能力、看图讲述能力、续编等不同的语言能力，同时其倾听习惯、表达能力、合作能力、表演能力等都能得到发展。孩子们在语言区中能够玩得更有兴趣，也喜欢在语言区中进行讲述和表达。

(二) 选择有趣的内容

随着幼儿年龄的增长，知识面扩大了，语言能力也有所提高。我们在为幼儿选择语言区中的内容时，会立足于儿童立场，提供贴近幼儿生活的童谣、故事和诗歌等不同体裁的儿童文学作品，鼓励他们自主选择。我们用孩子的眼睛去看，用孩子的耳朵去听，用孩子的大脑去想，用心地选择捕捉贴近孩子经验的具有有趣形象的阅读内容。比如：《你好》学会和朋友打招呼；《好饿的毛毛虫》样样都爱吃的毛毛虫；《我的幸运一天》里最幸运的小猪；《搬过去

搬过来》里两个互相迁就的朋友。故事中的小动物是孩子特别熟悉和喜爱的形象，故事的内容与孩子好奇、好探究的心理吻合。因此，对于投放的图书，我们会选择有一定情节，故事内容有启发性的，画面的要求是生动活泼，主客体分明，背景不要太复杂的图书，适合幼儿在语言区中自主阅读。

三、注重语言区的游戏性，让幼儿爱说

（一）借助传统游戏

著名教育家陈鹤琴先生说过："小孩子生来是好动的，是以游戏为生命。"游戏是幼儿生活的组成部分，是幼儿最基本、最喜欢的活动。根据这一特点，在教学中我借助一些传统的游戏来激发孩子们主动地学习的兴趣。如在语言区中，我将"十二月花名歌"这首儿歌与传统的"跳房子"游戏结合，让幼儿根据掷出骰子点数，单脚跳到相应的点数格子里，并说出这个月份的花名。如幼儿掷到的点数为八，就跳至写有数字八的房间格子里，并说出"八月桂花满枝香"，随后用点读笔点在这个数字上进行验证，说对了就可以得到一朵花，看谁先集满十二个月的花朵。

还有，我们民间游戏《笃笃笃，卖糖粥》，用上海方言对念琅琅上口的歌谣："笃笃笃，卖糖粥，三斤蒲桃四斤壳，吃侬格肉，还侬格壳，张家老伯伯问侬讨只小花狗。汪汪汪！"。当念到"笃，笃，笃"这句话时，孩子利用小木鱼一边敲打节奏，一边念，自然地体现出敲门的动作。我还在投放的小花狗身上画上不同的标记，如蝴蝶结、铃铛等，并将最后一句话进行改编，将原来的一句话改成"张家老伯伯问侬讨只戴蝴蝶结格小花狗""张家老伯伯问侬讨只有蓝颜色铃铛格小花狗"……幼儿需仔细倾听，寻找相应的小花狗。幼儿边玩边学念童谣。然后，角色交换，游戏重复。因为是用自己的方言来玩此游戏，所以孩子们都非常感兴趣，他们表现得很开心，渐渐地由被动的学习变得主动起来。由于以游戏贯穿始终，所以孩子们兴趣倍增，持续的时间也较长。

（二）自发游戏

到了中班下学期，幼儿自我意识不断发展，开始表现出一些自己的喜好和想法，同伴之间逐渐出现一些自发的游戏，我们班中班时期有一阶段，孩子们非常喜欢卡通片里一个叫"小马宝莉"的卡通形象，最初是在晨间活动时他们很喜欢用玩具搭许多炫迪，搭好之后相互之间还会玩，嘴里念念有词，

"小马宝莉来了，紫悦变身……"后来，有人带来了小马宝莉的玩偶，午饭后的自由活动时间，孩子们最喜欢围在一起讨论各自的小马宝莉，就连平时几乎不怎么发言的几个孩子，也都非常愉快地参与讨论，我突然想到，既然那么喜欢，何不将对炫迪的谈论转变为一种讲述活动。于是，我与孩子们商量将小马宝莉的卡片和玩偶、搭建的玩具放到语言区，为丰富幼儿讲述内容，我找来一些废旧材料，引导幼儿可以为小马宝莉建一个农场，将各种故事中的角色图片也投放进去，孩子们玩起了属于他们的"小马宝莉故事"。将孩子们喜欢的动画故事演变成游戏，创编成新的故事，孩子们的能力不仅仅局限于老师提供的已经学过的故事内容中了，他们有了更大的表达表现的空间。这个过程中，孩子们倾听能力、语言表达能力以及同伴交往能力都得到发展。

孩子们语言表达能力的提高，除了材料在其中发挥了较大的作用，也离不开老师的引导和支持。我们会根据投放的材料，采取一些策略来引导孩子进行讲述和表达。

1. 影音引导法：提供一些耳熟能详的，有显著特点的一些音像资料，让幼儿倾听感受和模仿不同角色的语言和语貌，丰富幼儿语言表达的形式。如：大灰狼恶狠狠的声音、小乌龟慢吞吞的声音、大象粗重的声音等。

2. 材料引导法：多提供一些比较常用的场景，如公园、森林、游乐园、动物园等和一些常见的人物和动物剪影，为幼儿的故事讲述起到导向和隐形指导的作用，使幼儿在讲述时，内容会变得丰富些，表达的内容也会增多。

3. 改编引导法：在幼儿已经很熟悉原有故事的情况下，通过改变一些情节，变成一个新的故事，既激发幼儿的想象力，又能拓展幼儿表达的内容。

总之，只有为幼儿创造趣味性、开放性、发展性、自由宽松的多元语言区环境，投放具有趣味性、可玩性的材料，才会让幼儿想说、敢说、喜欢说，从而发展幼儿的语言表达能力。

精心设计语言区　激发小班幼儿积极表达

浦东新区顾路幼儿园　冯　岚　李　琳

语言是交流和思维的工具，幼儿期是语言发展的一个关键时期。语言不仅是幼儿学习的对象，更是学习与生活的工具。《3—6岁儿童学习与发展指南》中指出：教师要培养幼儿正确的运用语言交往的能力，而3—6岁是幼儿语言获得的敏感期，具有学习语言的巨大潜能，在这期间幼儿学习语言的量和速度是惊人的。特别是3—4岁，幼儿的发音机制开始定形，具备了语言学习最佳的生理基础，是掌握语音、词汇和语法最为迅速的时期。所以，在幼儿期，尤其是小班阶段加强对幼儿语言表力的培养具有至关重要的意义。在个别化学习中，语言区是发展幼儿语言的一个重要场所，但是很多小班的孩子面对老师提供的材料，喜欢摆弄，但是不愿去说，老师该如何创设语言区的环境，提供什么样的材料，如何引导孩子在语言区中愿说、积极交流，学会恰当表达，我们进行了研究探讨。

语言区是个别化学习中必有的基本区域之一。在语言区，我们发现这样的场景：图书架上陈列着若干图文并茂的幼儿图书、指偶等等，这样的布置维持一段时间后，幼儿从一开始的感到新鲜到后来选择到语言区去的次数越来越少。语言区到底应该怎样来设置，投放相关材料，以满足不同层次幼儿的发展需求，如何让幼儿对语言活动感兴趣，让语言区“活”起来呢？为此，我们结合主题活动，利用各个主题中的故事，对语言区进行了相应的环境创设。在语言区中，将孩子学过的主题活动中的故事与个别化学习有机地融合起来，并且提供丰富有趣的材料和辅助工具，可以帮助幼儿感知和理解故事中的角色及情节，发展孩子的语言能力。通过探索一系列行之有效的环境创设方法和策略，语言区内容得以丰富，形式得以拓展，环境得以改善，材料更具有“可玩性”，进一步促使幼儿积极主动地与环境材料互动，使孩子在操作中愿意表达，积极表达，语言能力和思维能力得到更好地发展。

一、合理划分区域，为幼儿营造舒适的心理环境

(一) 创设独立的个体表达空间

语言区是一个为幼儿提供安静、舒适以及激发语言表达欲望的环境，但是孩子语言表达能力发展是各不相同的。因此，在环境创设时，要让同一区域内的孩子间互不干扰，营造一个较为独立的个体语言表达空间。比如，可以将自制的主题相关的大图书投放在阅读区，配上移动影音播放器或者智能笔，孩子坐在单人的沙发上可以听听讲讲故事，不被打扰。

（二）创设互动的群体交流场所

随着能力水平的不断发展，孩子不再满足于自言自语，他们更渴望与同伴进行合作与交流。因此，在创设环境时，要创设有利于孩子互相交流、互相合作的空间。我们将手偶、指偶等材料投放在了较低的窗台或柜面上，孩子们在互动交流讲故事时，就能够方便地取放材料。

二、精心投放材料，为幼儿提供良好的物质环境

（一）语言区材料的特点

材料是幼儿开展个别化学习活动的媒介，幼儿通过操作材料能够获得多种感官的体验。材料具有“可玩性”才能使幼儿产生兴趣，愿意玩，在与材料的有效互动中，孩子就会更加愿意说一说，表达自己的想法，语言能力会得到好的发展。因此，在个别化学习中，材料的提供非常重要。

1. 投放材料应具有操作性强、趣味性强的特点

有趣味性、操作性强的材料，能引发幼儿动手、动脑，支持幼儿与活动材料的积极互动，使幼儿在语言区活动中不感到乏味。如在“猜猜谁来送大乌龟回家”这一活动中，孩子们看影子猜一猜是哪个小动物，激发了孩子活动的兴趣。把小动物送到背景板中，情境引发孩子主动表达“××送大乌龟回家”这个句子，既锻炼了语言表达能力，也让孩子感受了帮助他人的快乐。在猜对后给自己插一面小红旗，既是一种对自己肯定的评价，也让孩子感受到了积极的情感体验。材料符合孩子好奇、好动的心理特点，在猜猜、说说、做做的过程中，与材料产生积极的互动，既锻炼了幼儿的观察力，又发展了语言表达能力。

2. 投放材料应具有层次性

每个幼儿的认知水平、经验和能力不同，因此我们提供的可玩性材料要有层次性。对不同能力的幼儿有不同要求的玩法，更好地做到因材施教，促进幼儿在原有水平上不同程度的提高。在设计、投放材料时要凸显它的层次性，充分考虑不同层次幼儿的水平，在他们各自的“最近发展区”内都能获得相应的发展。如“听故事找图片／书”，所投放的材料可满足活动的三个层次要求。第一层是找熟悉的书，并按要求打开相应页码。第二层是找熟悉的故事或诗歌，如“找找看儿歌《小苹果》在哪本书上，找到后，边看书边跟着我

朗诵”。第三层是找不熟悉的书，即欣赏完不熟悉的故事或儿歌，根据内容找出相应的图书。满足了各种能力水平的孩子需求，他们就会更愿意在玩的过程中去说一说，参与表达。

3. 投放材料的形式具有多样性

对于同一个故事，教师可以设计不同形式的玩法，让孩子自主选择，增加乐趣。在开展“学本领”主题活动时，我们根据《送大乌龟回家》的故事，投放了多种形式的材料，比如“指偶讲故事”和自制大图书，我们还投放了一个新的辅助材料——智能笔。在幼儿进行指偶表演故事时，可以利用智能笔点击指偶上的标记，边听边互动。大图书上同样结合了智能笔，设计了问题，如：“大乌龟四脚朝天爬不起来，你有什么好方法来帮帮它吗？”等问题，可以让孩子在听故事时，点击画面，按照提示动起脑筋，根据听到的提问来说一说。这样，孩子就可以在看一看、听一听的同时，锻炼思维和语言表达能力。

（二）语言区材料的投放方法

语言区的材料投放方法影响着孩子与材料之间的互动。投放时，教师要考虑到材料对于幼儿是否可玩，要能进一步促进孩子表达表现，提升语言能力。

1. 角色体验法

故事是孩子喜爱的文学形式，通过扮演故事角色，让孩子投入到故事中，去说一说，演一演。比如《送大乌龟回家》的内容浅显易懂，易于孩子接受理解，符合小班幼儿的年龄特点。孩子们对于故事非常感兴趣，喜欢模仿。我在区域中投放了故事中角色的指偶，如蚱蜢、小老鼠、小刺猬、小白兔等，孩子们很乐意模仿故事中的小动物对话，体验着讲讲演演带来的快乐。除此之外，还可以投放头饰、服装等角色装扮道具，帮助孩子体验扮演角色的乐趣，更愿意去说。

2. 情境烘托法

在语言区中可以为孩子创设关于故事的情境背景，更容易引起幼儿的兴趣。在窗台边或者柜面上，可以创设青草地或者小河等的故事背景，为孩子讲讲演演提供了背景，就像一个表演小舞台，营造了浓郁的故事氛围。

3. 游戏操作法

每个孩子都喜爱游戏，将故事以游戏操作的方式呈现会提升孩子对于绘本故事的兴趣，更助于他们去表达，在玩的同时乐意说一说。比如，将故事《迪迪医生》用吸铁石操作摆弄的游戏方式提供给孩子，让他们可以用吸铁石把乌龟爷爷、小猴子等小动物在操作板上用磁铁的磁力吸到迪迪医生的诊所，请迪迪医生来看病，在这样有趣的互动操作中，可以激发孩子表达的意愿，在拖动小动物去看病时，可以说“给乌龟爷爷打针”“一声不吭”“给小猴子喂药”等语句，在游戏情景中自然而然地边做边说。利用各种游戏操作的方式，孩子们对绘本故事会更加感兴趣，满足了孩子摆弄的同时，让他们主动开口，表达自己对于故事的想法。

以上是我们对于小班语言区如何创设才能引导孩子积极表达的一点认识和简单看法，如何更好地投放语言区中的材料，让材料变得可玩，是我们一直要探索思考的问题，有待我们在实践中不断挖掘和讨论。在之后的教学中，我们将继续为之不懈努力，探索如何更好地让幼儿在玩中学，在学中玩，培养幼儿“想说”“愿说”的欲望，提高他们语言表达的能力，促进幼儿全面发展。

教学案例

故事小剧场(中班)

浦东新区顾路幼儿园 刘 怡

在对我班孩子较长时间的观察中，我发现在个别化学习活动中，语言区由于材料缺少新意，更换频率低，常会出现被“剩下”的情况。《3—6岁儿童学习与发展指南》中明确提出：“要为幼儿创设一个良好的语言学习环境，提高语言的表达能力及运用能力。”为了改变上述现象，提高语言区的趣味性、游戏性和可操作性，真正实现“孩子的学习出于指尖”，让孩子在与材料的玩玩、说说的互动中提高语言讲述能力，我对语言区的玩具材料进行了一番创新，设计制作了个别化学习活动材料——“故事小剧场”。

今天在故事剧场讲述故事的是涵宇、北北、可馨，三个好朋友一来到语言区就兴趣盎然地在纸杯内寻找起小动物来。北北说：“我们讲《小羊和狼》的故事吧。”“好啊，等会我们再讲《熊猫百货商店》的故事。”三个好朋友将纸杯内的小羊、狼、小猫、白马、小狗等几个动物角色拿到垫子上讲了起来。可馨着急地说：“我来做小羊，我先说——一只小羊在小河边喝水，一只大灰狼来了……”一旁的北北将大灰狼拿在手里，说：“大灰狼来了，我要吃掉你——”说着，把大灰狼的图片举起压在了小羊的图片上面，可馨忙用手把大灰狼推开，说：“小羊没有被大灰狼吃掉啊。”涵宇也连忙说：“对啊，大灰狼没有吃小羊，他说晚上回来吃小羊，小羊回家了。”听涵宇这么一说，可馨继续讲了起来：“小羊回到了家，就坐在门口哭了起来，小猫走过来问小羊为什么哭啊?”涵宇忙把小猫拿在手里，放在了垫子上：“小猫来了，小猫来了——小羊你为什么哭啊?”在一边很久没有插上嘴的北北说:“你做小猫,那等一会我做小狗。”涵宇说:“不行,不行,你已经做大灰狼了,不能再做小狗了。”北北说:“那谁来做小狗?你也已经做了小猫了呀。”可馨不耐烦地说:“你们俩吵得我都不能讲故事了。”……三个好朋友为争抢故事的角色闹得不开心了,故事没有办法继续讲下去了。

见此情景,我轻轻走了过来,故意问道:“啊呀,你们的故事刚才讲得真好听,怎么不讲了呢?”可馨和涵宇嘟着嘴巴说:“都怪北北,他一会要做大灰狼,一会要做小狗,我们没法讲故事了。”北北也不甘示弱地大声说:“又不怪我咯,你们也都做了小羊和小猫了,那小狗谁来做?”我笑了笑:“看来你们还没有商量好怎样一起讲这个故事呢,没关系的,想一想用什么好办法能一起把这个故事讲得好听呢?”听我这么一说,三个好朋友相互望了望,可馨说:“那我们先把小动物重新分一下,重新讲故事吧。”北北和涵宇不约而同地点着头说:“好。”就这样,三个好朋友把故事的角色分配好后,又重新讲起了故事,这一次他们把故事完整的讲述了一遍,故事角色也井然有序地上场,还吸引了其他的小伙伴来做小观众了呢。

分析与思考:

到了中班我们班级的孩子在语言发展方面有很大的进步,他们喜欢听不同的故事,尤其喜爱有关不同小动物的童话故事。为了能进一步激发孩子们讲述故事的兴趣,我将小剧场设计成为“纸杯故事”,将5—7个纸杯连成一朵花型,一个杯子内可以放置一个故事角色,一朵纸杯花内放置一个故事的所有角色(纸杯花放置处有颜色之分),剧场内一共有四个纸杯花,可以随主题的需要替换故事,更换故事的角色图片。

另外,我用四个纸杯连在一起,设计成灵活的可插放式,可以随故事情节需要进行调整的故事背景图片,这样一来,孩子对故事的选择性会更大。从孩子们的表现来看,这个材料还是能有力激发起孩子们主动讲述故事的兴趣的,他们自由选择动物角色,在背景图前边摆放边讲述,可讲给自己听,还可以相互讲述,氛围显得宽松自在。同时,孩子们在对每个故事角色的操作、选择、讲述过程中,不仅锻炼了语言讲述的水平,更能培养解决问题的能力,促进与同伴积极的互动、合作。

这个材料刚投入不久,孩子们在与材料的互动中,常会出现不同的问题,比如:在上述案例中三个孩子因为故事角色的分配发生了争执,导致故事讲述无法正常进行下去。我在认真观察发现问题后，选择介入，适时提出问题，引导孩子们尝试自己解决问题，最终促使活动顺利进行下去。可见，教师在引导过程中要多给孩子自己动口、动手、动脑学习的机会，根据孩子能力的个别差异进行启发引导，这样的方法才是适宜的。

围绕《3—6岁儿童学习与发展指南》语言领域目标的框架，我既关注了幼儿语言学习发展的整体性，又有重点进行口头语言和书面语言的目标培养。因此，语言区域材料的可操作性显得尤为重要，要真正体现出材料的能玩、好玩、耐玩，让孩子们敢想、敢说、多说。

反思与总结：

我对“故事小剧场”的设计正是出于这些因素的考虑，孩子们自主选择故事，语言讲述和角色操作相互呼应，在边讲边表演中进一步理解故事内容。从投放到具体实施的情况来看，这份材料可以体现以下几方面特点：

1. 激发了孩子学习的兴趣。

“故事小剧场”能较快地引来孩子的关注，并且在没有任何经验的基础上放开手脚大胆尝试，在探索学习中习得经验。

2. 发挥了孩子的自主性。

“故事小剧场”内创设符合不同幼儿需要的操作材料（故事情节简单与复杂），发挥孩子学习的主动性，尊重孩子个体差异性。

3. 提高了孩子解决问题的能力。

孩子们在与同伴合作讲述故事时，碰到问题和困难，能尝试自己去寻求解决的方法，有时也会求助于同伴的帮助。

4. 发展了孩子的创造力。

“故事小剧场”的故事角色和背景的灵活更换，可以鼓励孩子在操作时同中求异，发挥想象进行故事改编，进行初步的创造。

另外，在设计制作语言区个别化材料的过程中，我自身的个别化学习活动的创设与组织能力也得到了提高，通过对个别化学习材料投放的策略研究，我在组织班级个别化学习材料过程中更加有的放矢，方法多样。总而言之，教师不管对于语言区还是其他各区域的材料投放和环境创设，没有统一固定的模式也没有一劳永逸的方法，需要我们每一位教师遵循《指南》理念，心中有目标，眼中有孩子，发挥自身的智慧，深入观察有效指导，让每一位幼儿获得良好的身心发展!

熊猫百货商店(中班)

浦东新区顾路幼儿园　孙艳婷

《熊猫百货商店》是中班“在动物园里”主题背景下的一个语言活动,为了让幼儿更好地表演讲述故事,理解故事内容,模仿故事中的对话,在集体活动上了这一内容,幼儿熟悉故事的基本内容后,我把这一材料投入到了语言角里。我把《熊猫百货商店》投放在了墙面上,布置了一个百货商店的场景:熊猫、长颈鹿、鳄鱼和河马的剪影以及相应可以插入的塑封膜。

阶段一:

材料的投放,很快吸引了许多幼儿的注意,菲菲和雯雯最先进入语言角,他们并没有像我想象的一边讲故事,一边把相应的小动物插入塑封膜,而是直接地很快把四个小动物的剪影插入了塑封膜里,然后就好像完成了任务一样走开了,我看到后,提醒他们,你们有讲故事吗?他们看了看我,就走回了语言角,然后对着墙上固定的场景开始讲述故事内容,不一会儿就兴趣索然,没多久就到别处玩了。接下来的几天,我一直观察,发现大多数的幼儿表现的基本也是如此,兴趣很大的进来,插好了剪影,一会就索然无趣的走开了,《熊猫百货商店》从刚开始的人丁兴旺,到无人问津只有四天时间。

注意到这一现象后,我进行了思考,为了增加活动的趣味性,吸引孩子们玩的积极性,我对材料进行了修改。这次,我把《熊猫百货商店》做在了盒子里,在盒盖上做了一个百货商店的背景,把熊猫、长颈鹿、鳄鱼和河马四个小动物用积木做成了立体的剪影。

阶段二:

在改进了材料后,康康首先进入了语言角,他打开盒子,马上被形象的背景吸引了,于是他一边摆弄着立体剪影,一边开始讲述故事,兴趣非常的高,这时候,堂堂来到了康康的身边,他看着康康说“我能和你一起玩么?”康康马上同意了,于是他们一人扮演熊猫,另一个人扮演其他小动物来买东西,两个人玩得很开心。在改进了材料后,《熊猫百货商店》又开始人丁兴旺了,成为大家都喜欢去的热门区域了。

一段时间过后，孩子们对于《熊猫百货商店》这个故事已经很熟悉了，这个个别化材料又开始有些冷清了，这时候我想，这个材料如何还能再利用呢？于是我把背景做成了可插入式替换的，可以插入百货商店的背景，也可以插入其他故事的背景，如新学的故事《小乌龟开店》的背景，还做了许多其他故事中的人物立体剪影放于盒子边上。

阶段三：

很快，有些小朋友就发现了语言角里的秘密，他们看着那些多出来的材料，跃跃欲试，欣怡来到语言角后，先插好《熊猫百货商店》的背景，开始讲述故事，一会又换成了另一个故事的场景，讲起了另一个故事……这个区域又开始热门了起来，甚至有的幼儿会把不同故事的场景和立体剪影互换，自己来创编一个新的故事……

分析与反思：

很多时候，我们在进行个别化环境创设的时候，会太在意它的教育功能，忽视了个别化学习活动所特有的游戏性、情境性和趣味性，使幼儿渐渐地觉得枯燥之味，失去了原有的兴趣和热情，反而降低了幼儿的参与度和实效性。特别是在语言区里，一味地让幼儿坐着一动不动的看书，或者讲述故事，幼儿肯定是没有兴趣的，注意力很快就会转移，失去了学习的积极性。只有让语言区好玩起来、材料“活”起来，才能让幼儿自主地参与到语言区的游戏中，边玩边学。

从案例中也可以证明，三次操作，更“活”更好玩的环境材料更适合幼儿，更能吸引幼儿积极地投入到游戏中来，表现在：

1. 更有兴趣了。通过三次的操作可以看出，幼儿一次比一次感兴趣，第一次传统的平面材料，显得枯燥、单调，很少考虑到幼儿的兴趣。第二次改用立体的操作材料后，让幼儿可以边摆弄边讲述，符合幼儿爱动爱玩的特点，并且立体的形象更好地为故事内容做了隐性的提示，而可移动的立体剪影，也方便幼儿可以互相合作来讲述故事，幼儿的兴趣明显得到了提高，并且讲述故事也更起劲了。而第三次，在做了可替换的背景后，孩子们不仅可以讲好几个故事，还可以根据自己的喜好来进行创作，材料的可玩性得到了进一步的提高。

2. 注意力更集中了。在第一次的操作中，因为平面的材料比较乏味，可玩性不强，幼儿在插入四个动物后，玩了一会就不愿意再玩下去了，注意力很容易就转移了。而第二次，立体的可移动的操作材料，增加了趣味性，幼儿可以一边摆弄一边讲述，并且还可以两个、三个甚至四个朋友一起合作来讲述故事，分角色进行扮演，有静有动，让孩子能不知不觉地投入其中。而第三次的操作，材料更自主了，孩子可以根据自己的兴趣随意的摆放场景道具，在讲述故事、合作的基础上更增加了创作，让孩子欲罢不能，整个活动期间都能专注地投入其中，很多孩子在活动结束后还会来跟我说，“老师，我下次想讲个××的故事。”

3. 表达表现更强了。在第一次操作时，因为材料的局限性，孩子们表现的机会也被限制得很死，固定的场景，平面的剪影，孩子只能对着一幅几乎固定的图画讲述故事，能力较弱的孩子，可能根本就无法把这个故事讲述出来，孩子的表现被局限了。而第二次操作，因为材料变得灵活了立体了，在激发他们讲述兴趣的基础上，机会也多了，而且还提供了合作的机会，角色扮演的机会，有些能力比较弱的孩子，还可以倾听能力强的同伴的讲述，得到同伴的帮助，并且自己也有表现的机会，体会到了合作和成功的快乐。第三次操作材料更灵活了，有了可替换道具，孩子们不仅兴趣更增加了，而且给他们提供了创作的平台，让这个材料能够一直玩下去，孩子们表现的机会就更多了。

由此可见，灵活的可玩的材料更能激发幼儿的兴趣，让幼儿的注意力更集中，表现的机会更多，语言区也就自然而然的活了起来。

在第三阶段的后期，有些孩子已经会用各种背景和人物混搭，组合成新的故事进行创编了，但是因为缺少了一定的经验，所以在想象力、语言等方面还存在着一定的欠缺，我觉得作为教师可以及时的引导孩子们发挥想象，也可以让孩子们从电影、动画、故事书等中寻找灵感，创编成新的故事，这样，孩子们的能力就不会仅仅局限于老师提供的已经学过的故事内容中了，他们有了更大的表达表现的空间。我觉得可以采取一些策略来引导孩子的想象力，如：

1. 影音引导法：提供幼儿一些耳熟能详的，有显著特点的一些音像资料，让幼儿倾听感受和模仿不同角色的语言和语貌。如：大灰狼恶狠狠的声音、小乌龟慢吞吞的声音、大象粗重的声音等。

2. 材料引导法：再多提供一些比较常用的场景，如公园、森林、游乐园、动物园等和一些常见的人物和动物剪影，为幼儿的故事讲述起到导向和隐形指导的作用。

3. 改编引导法：在幼儿已经很熟悉原有故事的情况下，通过改变一些原有故事的情节，变成一个新的故事，激发幼儿的创作性。

谁来了（小班）

浦东新区顾路幼儿园　李　琳

《幼儿园教育指导纲要》中指出：语言能力是在运用的过程中发展起来的，发展语言的关键是创设一个能使他们想说、喜欢说、有机会说，并能得到积极应答的环境。语言区正是提供给幼儿这样一个运用语言的场所，语言区活动可以培养幼儿主动学习语言的积极态度，在促进幼儿语言能力的发展中起到积极的作用。最近，我们在开展《好朋友》的主题活动，在开展《谁来了》的学习活动时，孩子们学习兴趣很高，所以我们在语言区创设了“谁来了”的故事盒、卷轴画操作材料。

个别化活动开始了，可馨和子龙来到语言区拿出“谁来了”的材料操作起来。可馨边卷边看，从第一幅卷到最后一幅，然后又从最后一幅卷到第一幅，但是没有说一句话。子龙拿起故事盒里的小兔子，一边玩一边说“小兔子”，然后拿起长颈鹿，小象在盒子里玩来玩去，高兴的时候会说小动物的名字。玩了一会儿，两个孩子就离开了语言区。

分析：

1. 材料缺乏引导性

小班的孩子很大程度上认识依赖于行动，那么语言的发展边玩边说更能吸引孩子，效果也更好。针对小班孩子的年龄特点，卷轴画上的每一幅画应该标数字或点数，让孩子知道画面的先后顺序，而这个卷轴画上没有，所以孩子不知道到底故事从哪里开始，没有明确的指向性。故事盒里仅仅提供了小动物的图片，孩子们只能操作摆弄，当孩子们讲述的时候无法验证答案。因为这些材料缺乏引导性，所以孩子不能获得语言的习得练习。

2. 材料缺乏互动性

虽然我们根据小班幼儿的认知特点精心选择了这个故事内容，做成了故事卷轴，但是幼儿的学习兴趣却不大。小班幼儿的年龄特点决定了他们对操作性弱、情境性不强的游戏材料没有太大兴趣。他们只会随意地翻几下、瞥几眼，然后把注意力转移到别的游戏材料中去。这与幼儿的思维外显有关，他们习惯把自己的所做所想用语言表达出来。面对这些静止的故事，幼儿的思维停止了，语言表达就难以启动。即使这个故事是他们熟悉的，他们也只会对着自己感兴趣的画面看一会儿，自言自语地讲一讲。我们在语言区设计了成人看来精致的材料，故事卷轴，故事盒想吸引幼儿进区活动，但幼儿往往只是摆弄几下学具，或是看一看，这些材料缺少同伴间的交往、交流和互动，激发不起幼儿持续操作学习的兴趣。

3. 教师缺乏指导策略

小班语言区的开展比较难，老师要一直在语言区指导，引导幼儿“说”，而教师一离开语言区，幼儿也就没有了“说”的愿望，渐渐的语言区里也就没人“光顾”了。可见教师如何帮助幼儿自主学习，对自己在语言区中的角色定位还把握得不够准确。

分析上述原因，依据皮亚杰的“知识是在主体与客体之间的相互作用中发生的”以及周兢教授和余珍有博士在《幼儿园语言教育》中提出的“幼儿语言教育的活动观具体体现在教育过程之中，要求教师更多地提供充分操作语言的机会，鼓励儿童以多种方式操作语言和发展儿童在操作语言过程中的主动性”等理论，借鉴蒙台梭利的语言教育，针对小班幼儿的现有语言发展水平，从语言区的材料投放入手进行探索和实践，让幼儿在语言区“玩”起来，使语言区更好地发挥应有的效应。

反思：

语言区之所以不能持续地吸引幼儿，其原因主要在于材料的操作性不够以及操作的形式过于单一。儿童发展是靠他自己与外界环境相互作用而建构起来的。儿童的语言发展也是通过儿童个体与外界环境中与各种语言和非语言材料交互作用得以逐步获得的。儿童的活动往往与游戏、摆弄等具体形式分不开，用活动的形式来帮助幼儿学习语言，可以使儿童学得更活，学得更有趣，也学得更深入。因此我们从三方面考虑来投放适宜的材料，丰富幼儿的语言区域内容。

1. 从活动内容上考虑材料的多样性。

我们根据小班幼儿思维特点，从儿童认识和生活经验出发，变化与丰富活动区内容。如，提供《谁来了》移动影院，让孩子们观看，熟悉故事内容。提供《谁来了》图书，每一页上用录音笔录上故事内容，让孩子自主选择看还是听，让孩子熟悉故事内容，进而学说故事中的对话，提高语言表达能力。

2. 从活动形式上考虑材料的互动性、层次性。

语言区的活动形式应体现“以人为本”。教师应通过多样化的活动形式，促进幼儿语言的发展，使语言区“活”起来。

（1）言语刺激、非言语反应。它是指幼儿受到言语刺激，用非言语手段：动作、行为、绘画、表演等反应对语言的理解。幼儿先观看移动影院的故事视频，进行言语刺激。在熟悉故事内容后，根据幼儿喜欢游戏的特点，做一块背景板，在小动物图片背面放磁铁贴，然后幼儿用小磁铁图钉吸住图片边操作边说故事内容，在多次欣赏和操作中幼儿自然而然地模仿着生动的语调进行讲述，提高了幼儿语言表达的感染力。

（2）交流表演式。孩子们在熟悉了故事内容后，可以在故事盒里选择一个喜欢的动物，和同伴边玩边讲述。故事盒里的故事背景要制作得精致、形象，富有童趣和美感，给幼儿很强的视觉刺激。幼儿可以根据故事画面上的提示操作游戏材料进行讲述，也可以增加其他常见的动物来丰富故事内容，丰富的故事场景可以迁移幼儿的生活经验，刺激幼儿的思维，引发了个性化的语言。在个别化语言游戏中创设具有吸引力和趣味性的情节和情境能够引发幼儿自主表达语言。幼儿也可以戴上喜欢的动物头饰到小舞台上表演，孩子们除了用语言，也可以用动作、表情表现出来，生生之间产生互动，在模仿，表演中提供语言表达能力。

（3）随机式。选取故事里的一些图片，做成故事骰子，孩子们随机抛，抛到哪个画面，就讲述图片上的内容，具有可玩性，也有随机性。也可以将故事内容制作一列故事列车，把故事图片打印出来制成卡片，让幼儿在熟悉故事内容后，根据故事发展的先后顺序将卡片依次插入列车车厢中(共六节车厢)。用排图的方式讲述故事，比较符合小班幼儿边操作边思维的年龄特点，考虑到小班幼儿的逻辑思维能力很弱，很难在没有任何辅助的情况下完成这个语言游戏，我们将故事图片录音，并在故事中设置了提示操作的语言，如“你找到了吗”“真棒”，将幼儿带入游戏情境，幼儿便能很好地参与游戏了。这类材料很有趣味性、随机性和挑战性，能很好地激起幼儿操作的兴趣。

3. 以“言”设境，推动幼儿语言游戏的进程

在幼儿游戏发生困难或需要帮助时，教师往往会用语言指导幼儿正确地操作。在个别化的语言游戏中，教师可以把语言纳入情境，与幼儿在游戏中对话。有时孩子简单地摆弄几下操作材料后，便不知如何玩下去了，这可能是幼儿经验不足造成的，也可能是环境的情境性不强造成的。为了让游戏继续下去，激发幼儿潜在的语言能力，老师可以及时扮演故事中的角色，用语言引导幼儿进入情境。情境化的语言提示可以让幼儿感受到游戏的趣味，推动游戏的进程。教师在进行语言引导时，直接的语言介入可能会对幼儿造成一定的压力，多运用间接的暗示推动游戏进程。

经过这段时间的探索和实践，我们深深地感到语言区并不是那么难以开展。只要我们肯花心思，善于观察，根据幼儿的年龄特点，从幼儿的兴趣需要出发，制作投放具有互动性、趣味性、操作性、变通性和游戏性的语言操作材料，就可以让幼儿在操作、游戏的过程中，通过和同伴、成人的交往，通过听、看、模仿，不断地提高自身的语言水平，在玩中学，在学中玩，培养其“想说”的欲望，从内心发出“我想说”“我敢说”。当然发挥好语言区的应有效应，促进幼儿语言能力的发展，不仅要为语言区投放适宜的材料，更要为语言区创设支持幼儿语言学习的环境，提高教师的指导策略，更加有效地发挥语言区的应有作用。

小胖熊送气球(小班)

浦东新区顾路幼儿园　刘　怡

这个月我班开展的主题活动是“熊的故事”，主题中有一个学习素材

点——故事《胖熊吹气球》,孩子们对此很感兴趣,时常会与小伙伴一起讲讲、演演。基于孩子们的兴趣,我结合故事内容设计了一个益智类学习活动——小胖熊送气球,自制了骰子、棋谱、展板等材料,设计的玩法是这样的:两位幼儿轮流掷骰子,根据骰子上面的小动物,在棋谱上帮助该小动物寻找相对应颜色的气球(幼儿在棋谱上随着小脚印跳至气球跟前),并将相应颜色的气球送给小动物(放在展板上),最后比一比哪个小动物的气球数量最多。通过此活动,孩子们在与同伴玩玩、数数的过程中,不仅对不同颜色进行认知,掌握了比较多与少的方法,更能体验与同伴合作与分享的快乐!

观察实录

场景(一)

今天,小睿和小萱两位小朋友来到了"胖熊送气球"活动区,两个孩子轮流掷起了骰子,轮到小睿时,他掷到了"小猪",他仔细看看展板上的提示,小嘴里嘟哝着:"我要给小猪去找蓝色的气球。"一边说着,一边来到棋谱的起点(小花标记处),开始顺着小脚印往前跳。只见他小心翼翼地数着小脚印上的数字,(根据脚印上的数字跳)一步一步向前蹦跳着,生怕多跳或者少跳了一步,旁边的小萱不断地催促着:"你快点呀,这里要跳两下的……"在同伴的催促中,小睿显得有些着急了,在写着数字"2"的脚印上没有站稳,一下往前冲在了毯子上,等他好不容易跳到蓝色的气球上时,

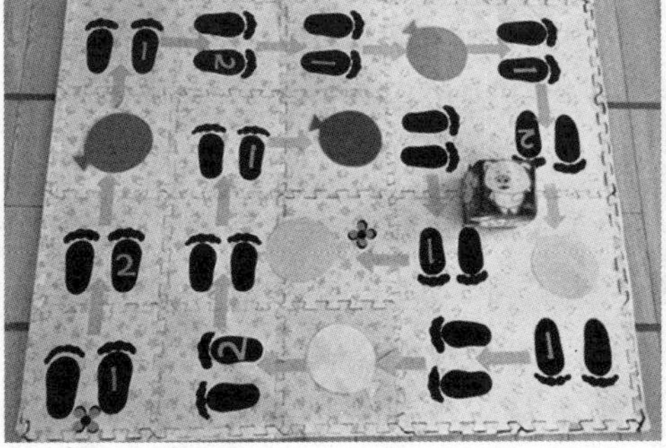

一旁的小萱似乎已经等得没有了兴致，没精打采地坐在一旁的小沙发上玩着骰子。

小睿小朋友是个聪明的孩子，平时做事仔细认真，胆子偏小，在我们班级中属于能力中等的孩子，我想：他需要这么长的时间才能完成游戏，说明这个游戏的材料存在些问题，需要进行下调整。经过反复思考，我将小脚印上的数字去除掉，并对小脚印的位置进行了重新的贴放：分别以垫子的四个角作为“起点”，小朋友在玩的时候，可以从垫子的四个方向开始向前跳，根据箭头方向指示较快速度地帮助小动物找到气球，这样节省了游戏的时间，减少等待时间，更能激发孩子游戏的积极性。此外，为了让孩子们在玩的时候不仅得到对颜色的认知，多与少的比较，更可以提高语言的表达能力，我还提供了录音笔，让孩子们在帮小动物送气球的时候，说一说自己送的气球颜色、数量等，最后在游戏结束的时候和同伴一起来验证，争取胜利的“小红旗”。

场景（二）

今天个别化学习活动刚开始，小萱便拉着好朋友小辰一起玩起了“胖熊送气球”。两个好朋友在经过2次猜拳后，小辰赢得了先玩的机会，只见她很快来到了垫子的一角，看了下垫子上不同颜色的气球，小手指着紫色的气球：“我要给小猪送那个紫色的气球。”说着，便开始从“起点”跳起来，1、2、3……她一边沿着箭头所提示的方向在小脚印上跳，一边在小嘴巴里数了起来。眼看着离紫色的气球越来越近，就在这时，小辰突然站在小脚印上不动了，小眼睛滴溜溜转个不停。一旁的小萱对小辰说：“你怎么不跳了呀？”小辰指着脚下的小脚印，有点难为情地说：“这是第几个呀，我忘记了……”小萱笑了起来：“你刚才不是在数嘛。”听了好朋友的话，小辰似乎更加难为情了，小脸变得有点通红：“我光想着马上要跳到气球那了……”小萱转动着大眼睛，对小辰说：“你别动，我帮你数一下。”听了好朋友的话，小辰乖乖地站在小脚印上一动不动，“1、2、3、4、5……”小萱一边用小手指着小辰身后的小脚印，一边认真地数起来，当数到5后，她顿了顿一下停了下来，用小手抓着小脑袋，嘴巴里嘟囔着：“后面是几啊？”小辰站那里看着小萱问道：“怎么不数了？”“我不会数了。”小萱调皮地吐着舌头，“那我俩一起数吧！”小辰对小萱说。“好啊！我们一起数。”两个好朋友一起用小手指着垫子上的小脚印数了起来：“1、2、3、4、5、6……”，很快，小辰就顺利地跳到了紫色气球身上，“一共7个小脚印，哈哈，我们快给小猪送气球吧！”小辰和小萱拉着小手一起来到了展板前，开心地取下一个紫色气球插入了小猪一栏，拿起录音笔一起录起音来……

解读与对策

对小班幼儿来说，只有当提供的材料具有较强的可玩性时，幼儿才能进行较长时间的操作、探索，并保持较高的探索欲望。我们教师要了解小班幼儿在个别化学习活动中的特点，这样在创设环境、提供材料时，才能吸引小班幼儿的学习兴趣，满足小班幼儿的发展需求，让他们自发、自主地进行个别化学习。在活动开始时，我观察发现，由于游戏材料提供的问题，导致孩子等待的时间过长，失去了游戏的兴趣。因此，我马上调整了游戏材料，将垫子棋谱上的小脚印重新贴放，并去掉了上面的数字，这样一来给孩子们留有足够与同伴互动的时间，大大增加了孩子玩的兴趣。将这个游戏材料进行调整后，我再去观察孩子们，发觉孩子们的兴趣度明显提高，来这个个别化区域玩的孩子也更加多了。

此外，即使同年龄段的幼儿，发展的速度也是有差异的，因此在投放活动材料时，需要根据材料的难易循序渐进地分步投放，既要考虑发展快的幼儿，也要考虑发展慢的幼儿，有时还要兼顾有特殊需要的幼儿，使每个幼儿都能在适宜的环境中获得发展。在这个游戏材料中我增加了“录音笔”后，能力较强的孩子能将自己为小动物取得的气球颜色和数量讲述得很清楚，如：“我为小猪取得了4个蓝色的气球，我为小猫取得2个黄色的气球……”，能力较弱的孩子也愿意跟随能力较强的孩子一起说一说，无形中形成了相互学习、合作的良好游戏氛围，增强了孩子的自信心和成功感。

分析与思考

情境创设犹如小班个别化学习活动中的“助推器”，将个别化学习融入情境，可以让幼儿获得游戏体验，呈现趣味性和互动性的学习过程，这样才会显示学习的活力和魅力，学习才能被幼儿喜爱和接受，从而让幼儿获得知识和发展能力。“小胖熊送气球”就是基于以幼儿扮演“小胖熊”这个角色身份上设计的个别化学习活动，可爱的动物形象、颜色多彩的气球，孩子们根据故事情节帮助小胖熊送气球，故事化的学习情境以其生动性、情节性将幼儿带入一种较真实的情境中，使幼儿在情景中进行学习。

《3—6岁儿童学习与发展指南》中指出：作为幼儿活动支持者的教师，必须要注意观察幼儿的活动行为，了解幼儿行为背后的意图、互动表现和行为得失。个别化学习活动的材料投放不是一成不变的，材料的调整要体现对幼儿的观察，只有通过观察教师才能知道材料投放是否恰当？能不能更好地符合幼儿的发展需求？幼儿的兴趣点是什么？幼儿在与材料的互动中面临了什么困难？等等。然后，教师才能决定材料的调整方式，给予幼儿怎样及时的帮助和指导，让幼儿在和材料的不断互动中积累起新的经验。

在这一案例中，我更加深刻体会到观察的重要性，也进一步了解到观察的方法：首先，观察的面要"广"，即关注班内每一个孩子，知道他们在哪玩？玩什么？怎么玩？产生了哪些价值点？其次，教师的观察要有一定的"深"度，不要简单地只看到活动行为的表面，而应看到孩子出现的行为背后所蕴涵的发展意义；再次，教师还需要具备观察的敏感性和延续性，善于捕捉孩子在活动中的兴趣点和所出现的矛盾焦点。当我发现"胖熊送气球"的材料出现问题导致孩子等待的时间过长时，我及时进行了调整和后续观察，推进了此活动的顺利深入开展。

可见，材料投放是有效开展个别化学习活动的前提和基础，它背后蕴涵着教师对幼儿发展目标、价值取向、核心经验等多方面的思考。只有基于幼儿发展、围绕主题目标和核心经验，有目的、有计划地投放适宜的操作材料，才能为幼儿创设自主探索、自由发展的空间，充分发挥个别化学习活动的教育功能！

太阳出来了（小班）

浦东新区顾路幼儿园　冯　岚

语言区作为区域活动的重要组成部分，对幼儿语言习得和发展具有重要价值和意义。由于小班幼儿年龄特点，在语言区中易出现注意力转移情况，所以，需要教师在材料投放和玩法上进行适宜指导，激发小班幼儿对语言区的兴趣，使幼儿得到个性化的语言学习与发展。最近我们小班开展了主题《白天和黑夜》，根据教材中的儿歌《太阳出来了》，我设计了个别化材料投放在语言角中。我投放了KT板制作的背景，让幼儿一边寻找背景中的黑影对应的图片（小鸟、小树、小朋友、小花等），一边念儿歌，区分白天和黑夜，练习语言的表达。

下午的个别化学习活动开始了，小贝来到了语言角挑选了“太阳出来了”的材料玩了起来。太阳已经插在了背景板上，但上面的小动物、人和花草都还是黑影。小贝看到了一旁的小篮筐里摆放着许多图片，便从里面挑出一张，嘴里嘀咕着：“小花在哪里，呀，在这里。”说完就欣喜地把小花的图片放在了对应的影子上。我上前来到小贝身边问道：“现在是白天还是黑夜呢？”小贝立马回答：“是白天。”“你怎么知道的？”小贝指着图说：“我看到了太阳。”我继续追问：“太阳出来了，谁醒来了？”小贝很快反应过来：“太阳出来了，小花醒来了。”我摸摸她的头，称赞说：“你说的很棒，可以继续说这么好听的话来接着玩下去吗？”小贝笑着点起头：“可以！”于是，小贝接着摸索寻找其他影子对应的图片，嘴里念念有词，学讲着儿歌中的句子。

所有的影子都找到了，小贝就开始随意摆弄，东张西望，我就提醒：“白天真热闹，但是太阳要下班了，谁会出来？”小贝连忙说：“月亮！”我用手指着旁边的月亮图片示意她：“那就请月亮出来吧。”小贝高兴地拿起月亮图片，取下太阳交换了位置。“月亮出来了，小狗睡着了，还有谁睡着了呢？”我一边说着，一边取下小狗图片，又重新变成黑影。小贝抓起小朋友的图片笑着说：“月亮出来了，小朋友睡着了。”于是便重新有了兴趣往下玩。

分析与反思：

小班幼儿正处于语言习得和发展的重要阶段，在语言区中可以通过营造温馨、自由的环境氛围，提供多样化的材料和活动形式有利于满足幼儿不同层次的发展需求，幼儿在语言区可以自主地选择喜爱的活动，多渠道地感受语言魅力，在实际操作、亲身体验中不断发展语言能力。

可玩性材料是我们这学期研究的重点，为了能让幼儿在个别化学习活动中更积极主动地动脑思考，我设计了用太阳和月亮代表白天和黑夜交替的方式，引导幼儿在有趣的材料中试着用儿歌的话来说一说白天和黑夜的不同，让幼儿与材料能积极互动。在投放材料后我发现，在操作寻找影子对应的图片中，小贝一直充满兴致，非常投入。这份材料的玩法简明易懂，能让小班幼儿“玩”得起来，引发玩兴，并且在找影子和白天黑夜交替的操作摆弄中体验到快乐。通过与这份材料的互动，能够启发幼儿的玩智，启发幼儿的玩性。但是，对于这份材料，幼儿更愿意去玩而缺少了语言表达。由于小班幼儿受到年龄特征和发展水平的限制，对于语言的倾听、表达等方面都处于弱势，这时就需要教师的指导，教师的参与和支持对于小班幼儿语言的学习和发展必不可少。因此，我需要用儿歌引导、提醒幼儿，让她能够尝试去说一说，培养语言表达能力。

在投入材料后发现，孩子能玩、爱玩，但是投放的材料似乎不够耐玩。在玩了几次后，孩子便少了持续探索的兴致。因此，我对于这份材料的玩法形式上进行了思考。首先，对于小班幼儿，个别化学习活动的材料美观有趣更能吸引他们去玩。这份材料相对而言都是平面呈现的，可以加以改进，把背景做得有立体感，比如把平面的房子换成盒子做的立体房子，开扇小门能开关的，这样的材料更能吸引小班年龄的幼儿去探索玩一玩。另外，重复单一的游戏玩法会让孩子产生厌倦。这份材料还需要适当改变游戏玩法，可以添加点读笔等多媒体工具，录制儿歌内容，或者设置一些互动性的问题，让孩子可以利用点读笔点击问题听一听，玩一玩，这样更能激发孩子的表达兴趣，增加活动材料的耐玩性。至于材料玩法的多变性方面，还需要再思考探究，进一步推进游戏。

后续支持：

通过观察，小班幼儿在语言区的活动是需要教师适宜的参与和支持，通过教师有效的引导，语言区能够更好地吸引幼儿的注意力，激发幼儿交流的兴趣，逐渐发挥其潜在价值，因此，我们可以从以下几个方面优化教师在语言区的指导策略，推进教师专业的发展。

1. 创设适宜的环境，巧妙投放材料

教师的指导策略要依据小班幼儿在语言区活动的行为表现，以及相对应的物质环境。在语言区，可以通过布置一些小型的花卉盆栽、可爱的装饰物、颜色温馨的地垫等，为幼儿营造温馨、舒适的环境。我们要通过关注幼儿的兴趣和当下正在开展的主题活动等，对语言区内的环境适时地进行调整，这不但可以锻炼幼儿内心对于新事物变化的适应力，也可以丰富幼儿语言学习的环境。对于正在开展的主题活动中学的故事、儿歌等，我们可以巧妙地利用幼儿熟悉的这些内容，真正地将学习活动延续拓展落实到语言区中，提供与之相对应的一系列具有操作性的活动材料，就像“太阳出来了”这一个别化学习活动，就是生成于《白天与黑夜》这一主题中。根据幼儿的操作情况，我们可以在之后对材料层层推进，注重材料的多元化，做到材料之间环环相扣，逐步增加游戏难度，在玩一玩中激发孩子的表达欲望，发展孩子的语言表达能力。

2. 利用多媒体设备，调动幼儿兴趣

在语言区中，材料对于孩子的兴趣起着重要的作用。将投放的语言区材料与多媒体结合，可以更好地调动激发孩子去探索玩的兴趣。比如将点读笔、影音播放器、iPad等投放到语言区中，可以为孩子创设声情并茂的情境，通过多媒体吸引孩子注意力的同时，调动幼儿的视、听觉感官，激发小班幼儿对于语言区活动的兴趣，支持幼儿口头语言的发展。多媒体设备通过声音、画面等相互融合，为孩子营造出良好的语言学习氛围。教师可以在利用多媒体设备丰富语言区指导的形式，如：教师将孩子学过的儿歌、故事放到ipad中，或者利用点读笔录制声音，如在“太阳出来了”这份材料中，通过点读笔等创设一些互动问题，让孩子在玩材料的同时，不忘发展孩子的语言表达，在互动中激发孩子去说一说儿歌，活跃孩子的思维，增加孩子表达的兴趣。另外，我们还可以将语言区新增游戏的活动步骤利用视频呈现，引导孩子跟着视频进行活动，适当减轻教师的重复指导频率，使我们可以有更多的精力投身于与幼儿的互动中。

3. 调整指导角色的定位，提高指导的有效性

当孩子在语言区中活动时，作为老师，我们更多的是去观察孩子，如果要介入到游戏中，我们可以扮演参与者，以间接的方式进行指导。我们作为伙伴可以与孩子互动，也可以独自在一旁为小班幼儿提供模仿的对象。比如在观察孩子玩“太阳出来了”这一材料时，当孩子只顾着操作摆弄而没有想说的意愿时，我就以玩伴的方式参与其中，在陪同互动中，调动孩子去表达说一说儿歌语句。通过这样的指导方式，引导孩子大胆表达自己的想法，积极思考，主动建构新经验，从而获得语言习得的实践体验。其实，我们更多的就是做个旁观者，让孩子按照自己的意愿、独立地去进行语言活动。作为旁观者，经过观察，我们可以更好地收集到幼儿活动的反馈信息，为调整指导策略提供实践依据。无论教师处于何种角色，我们都需要关注介入时机，在指导过程中，也要及时退出。总之，教师要在适宜的时机，对孩子进行及时指导，让他们能够在与材料的互动中，乐意说一说，激发孩子表达的欲望，锻炼孩子的语言表达能力。

教学设计

《大卫上学去》

年龄阶段：大班

重点领域：语言

任务一：听赏故事

材料：电子书、移动影院、耳麦

玩法：

根据书上的编号，按与编号相应的数字键，然后一页一页听赏欣赏故事。

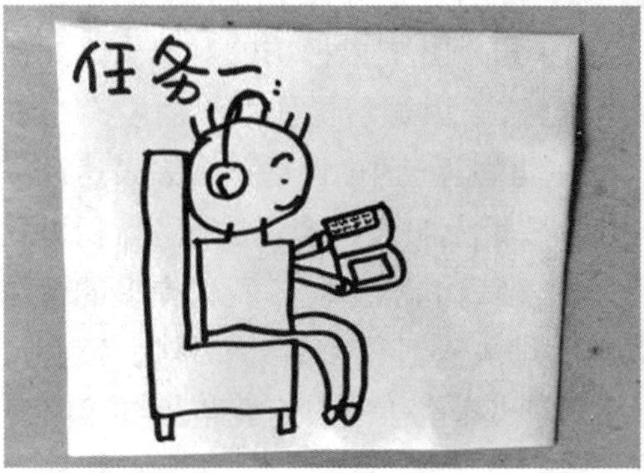

观察要点：

1. 电子书的使用情况。

2. 幼儿对故事内容的熟悉情况。

任务二：看图排序、复述故事

材料：故事插图、火车形状底板。

玩法：

根据绘本故事内容，对故事插图进行排序，并根据画面复述故事。

观察重点：

1. 幼儿对故事插图的排序情况。

2. 幼儿对故事的熟悉程度以及完整讲述的情况。

任务三：寻找答案

材料：创设答案墙、绘画材料。

玩法：在反复阅读后，找到故事中的答案，通过绘画的形式展示在答案墙上。

观察要点：幼儿找到的答案是否贴切。

任务四：大卫你真棒

材料：火车形状底板、绘画材料。

玩法：1. 在理解故事含义，了解了上小学要遵守的规则后，创编故事《大卫你真棒》。

2. 把创编的故事用绘画的形式表现出来，插入火车底板。

观察要点：

1. 幼儿了解了哪些上小学要遵守的规则。

2. 幼儿创编故事的情况。

任务五：游戏1——纸袋上的故事

材料：装饰有背景的纸袋、图片若干。

玩法：从纸袋中选取天气、人物等图片，贴于纸袋上，并根据画面内容创编故事。

观察重点：幼儿是否能根据画面内容，创编出比较连贯的故事情节。

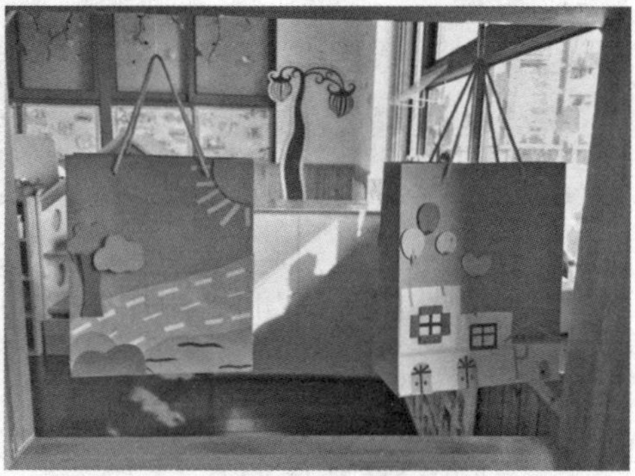

任务五：游戏2——故事小火车

材料：小火车、图片卡（时间、人物、地点）。

玩法：1. 分别在不同的小火车车厢中随意摸出图片卡插在火车上。

2. 根据提供的有关时间、人物、地点的图卡线索创编故事。

观察要点：

1. 幼儿是否能按照提供的线索创编故事。

2. 幼儿创编的故事情节是否丰富、合理。

任务六：辩论书

材料：辩论书、创设幼儿园、小学的场景，辩论书放置的纸盒。

玩法：

1. 幼儿分成两组（一组觉得幼儿园好，一组觉得小学好），然后进行辩论，分别说出“好”的理由。

2. 将说出的喜欢的理由用绘画的方式表现出来，并放置于相应内容下方的纸盒中。

观察重点：

1. 幼儿辩论的情况。

2. 幼儿说出的理由是否合理。

《老鸭的店丢了吗》

年龄阶段：中班

重点领域：语言

一、名称：听一听

材料：电子书、故事录音、故事图片。

玩法：幼儿通过倾听或观察自己感兴趣的故事或信息内容，了解和熟悉故事内容。

观察重点：幼儿欣赏故事的习惯，倾听或理解故事、信息的能力如何。

二、名称：说一说

材料：故事背景、故事角色图片。

玩法：幼儿根据故事内容，边操作边讲述故事。

观察重点：幼儿在讲述故事时的专注程度，以及画面与语言结合的程度。

三、名称：演一演

材料：故事头饰、操作小玩偶、故事场景。

玩法：幼儿尝试和同伴一起进行各种关于故事的表演活动。

观察重点：幼儿怎样为自己或同伴准备表演材料，表演过程中怎样和同伴协商以及解决问题的方式和效果，如分配角色、节目顺序等。

四、名称：换一换

材料：故事角色图片、场景创设。

玩法：两名幼儿玩，其中一名幼儿将眼蒙住，另一名幼儿将场景中的动物图片进行调换，随后请蒙眼的幼儿张开眼睛，说说什么换了地方。如：原来鸭妈妈在小蛇的左边，现在换到小蛇的下面去了。

观察重点：关注幼儿对图片观察的细致性，以及方位的认知、表述情况。

五、名称：玩一玩

材料：筛子、人物图片、各种场景的图片；飞镖、靶子、各种食物图片、电子书。

玩法：

1. 幼儿将骰子扔出，根据骰子上的人物和场景说一句话。（如：妈妈今天感冒了，要到医院去看病）

2. 幼儿用飞镖投掷，投到哪张图片，加上量词来表述图片。（如：一根棒棒糖、一把葱等）

观察重点：关注幼儿创编句子的情况和水平，以及量词运用的恰当性。

六、名称：猜一猜、看一看

材料：绘本、图片信息。

玩法：幼儿根据图片提示信息，翻阅图书，了解故事内容。

观察重点：关注幼儿在欣赏阅读的过程中，翻阅图书的习惯；是否能从封面图画了解图书的名称；是否能根据图片提示在图书中寻找答案；是否了解图画所表达的意思，并能关注每一页之间的联系，讲述故事的大意。

《三只小猪造房子》

年龄阶段：中班

重点领域：语言

一、名称：好书推荐——《三只小猪造房子》

材料：背景框、图片、提示语。

玩法：根据图片上的提示语寻找线索、讲述故事等。

观察重点：能否根据提示语在讲述故事中寻找到答案，并进行讲述。

亮点：图片可替换。

二、名称：讲述——自编故事

材料：立体房子、立体动物角色、自制图书等

玩法：在看看说说中边操作边讲述故事，并进行简单的仿编故事。

观察重点：在讲讲、演演中，讲述、仿编或进行表演故事的情况如何。

亮点：柜面式立体小场景，方便摆弄操作。

三、名称：游戏——快乐走马灯（可变换成：旋转剧场）

材料：剧场式走马灯、数字转轴、图片转轴（数字、图片均可替换）

玩法：1. 一人游戏时，根据数字和物品用较连贯的语言说一说。

2. 两人游戏时，可以一人转动数字和图片轴，听另一人讲得如何，正确的话，由对方转动数字和图片轴，让自己说，以此类推。

观察重点：借助有趣的游戏说一说，对量词的运用情况如何。

亮点：1. 具有游戏的随机性。

2. 此材料可调节，将转轴调节到外挡，里面可以替换成滚动式连环画，就像看电影一样看滚动的图书，增加趣味性。

四、名称：表演——《三只小猪造房子》

材料：角色挂饰、立体场景道具。

玩法：幼儿合作表演故事。

观察重点：1. 表演时对角色的理解如何？

2. 能否模仿角色，进行简单的对话？

五、名称：迷你木偶剧场——《三只小猪造房子》

材料：角色指偶、立体场景。

玩法：幼儿合作表演故事。

观察重点：1. 表演时对角色的理解如何？

2. 能否借助指偶进行表演，并简单的对话？

亮点：1. 有随时可增加的场景，进行故事改编和创造性表演。

2. 根据不同的主题内容和故事，可以增添可变场景，及指偶。

第四部分 小露珠文学·表演游戏

○ 经验总结

○ 教学案例

表演游戏是幼儿园自主游戏的一种，是幼儿根据文学作品中的情节、内容和角色，通过语言、表情和动作进行自主、自由表现的一种游戏。

表演游戏是幼儿文学园本课程的重要形式。表演游戏融想象创造于一体，有利于幼儿语言表达能力、创造能力、人际交往能力、集体观念的发展和幼儿良好个性品质的形成，是再现文学作品的过程，又是开放式的自主想象过程，深受幼儿的喜爱。幼儿表演游戏的组织与开展要注意以下各方面：

一是表演游戏兼具"游戏性"和"表演性"，以符合游戏本质特点的方法开展活动，以幼儿自身为媒介，以"故事"为依据，运用语言、表情、动作姿势等在内的手段来再现特定故事的过程。

二是在表演游戏中教师要担当好组织者和支持者的角色。教师要在一日活动中敏锐发现幼儿的学习兴趣和需要，在游戏中扫描式观察幼儿的表情、言行，判断孩子的活动状态，判断空间材料是否适合幼儿活动需要，借此提供指导和支持。教师要给幼儿充分的时间和空间去协商磨合，鼓励和支持幼儿主动地探索和交往。

三是要充分认识"道具"制作意义。在表演游戏中不能仅仅把材料当作"道具"，也无需都由教师精心准备。让幼儿自制道具是一件非常有意义的事情，制作道具过程是一个可以给幼儿带来快乐、蕴含着丰富学习机会的一种活动，是一个不可省略的环节。

四是要重视小组讨论与互相评议在表演游戏中的作用。在表演游戏前的协商体现在编剧上，如：绘画记录小剧本等；在表演游戏中的协商一般体现在表演上，如：出现导演等角色；在表演游戏结束环节体现在分享评议上，如：视频回放、回顾欣赏、同伴评比、交流问题、协商方法等。这一过程既可以培养幼儿解决问题的能力，也可以让幼儿从内心深处学会真诚的接纳同伴、欣赏同伴、接受同伴建议，从而形成良好的评价观。

总之，表演游戏作为孩子喜闻乐见的活动形式，其对幼儿的发展价值和内含的教学潜质对于幼儿成长具有重要意义。

经验总结

表演游戏中提升大班幼儿协商解决问题的能力

浦东新区顾路幼儿园 冯燕雯

表演游戏是一种深爱幼儿喜爱的活动方式，是幼儿根据文艺作品中的情节、内容和角色，通过语言、表情和动作进行表现的一种游戏，是幼儿喜爱的游戏之一。幼儿的表演游戏融想象、创造于一体，对幼儿创造能力的培养与发展起着不可低估的作用，表演游戏还能锻炼幼儿的人际交往能力，促进幼儿集体观念的发展和幼儿良好个性品质的形成。

进入大班后，幼儿在表演游戏中的语言更加丰富，动作更加娴熟，合作意识逐步增强，他们正处于合作学习的“最近发展区”。但在组织大班幼儿表演游戏时，时常会遇到这样的情况：

1. 当正式游戏时，同一组中的幼儿会对其他幼儿表演的情节有不同的想法，于是，时常会去提醒他们，“你应该怎么样出来”“我觉得你应该可以……”等话语，要注意幼儿可能会无理打断同伴的表演和想法，引起其他幼儿的反感和不满。于是，当幼儿对故事内容有了不同的想法时，在什么时候提出和如何提出成了需要解决的问题。

2. 在游戏中，时常会出现一个角色多人争，反面角色无人选的局面。幼儿都坚持自己的想法，谁也不肯退让。僵持之下，游戏无法进行。

3. 在游戏时，一组同伴的不配合、不专注，造成了游戏的中断。

4. 游戏时，时常会出现组内人员太多，个别幼儿无角色可演，从而阻碍了游戏的正常开展。

针对以上在表演游戏中出现的问题，我就如何在表演游戏中引导幼儿协商解决问题的能力作了实践研究。

一、游戏开展时的增设与互换，解决角色分配难题

在表演游戏中，时常会出现同一组内的成员太多，以致有些幼儿就无角

色可演，甚至有时还要争论不休，因此导致一组的幼儿无法正常游戏。

如：一次，表演游戏开始了，美美跟着好朋友乐乐加入了一组的表演，大家商量后决定表演《小羊和狼》，可是故事里有六个角色：大灰狼、小羊、小猫、小狗、小马和大象。于是，有的小伙伴就建议没有角色的美美去参加其他一组的游戏，可美美就是要和好朋友乐乐一起参加这一组，就这样僵持不下……

确实，一开始，幼儿不懂得如何协商分配，只会争抢角色或者互相争执，于是为了解决角色分配的问题，我们也想出了一定的策略，为幼儿的表演提供支撑。

1. 通过协商，大家一致赞同增设表演故事以外的角色，如：太阳、月亮和小河的角色，既充实了角色，也丰富了故事情节，而且每个幼儿都有表演机会。

2. 通过分享环节，与幼儿协商解决，大家可以轮流扮演角色，合作做游戏。第一次轮不到的幼儿，可以先做导演、组长或者观众，在台下观演。等第一遍表演结束后，大家互换角色。在这样的轮流扮演角色中，幼儿能在观摩同伴的表演时习得经验，也没有失去游戏的机会，合作游戏能力也逐渐提高。

确实，幼儿从一次次游戏中获得了协商分配角色的经验之后，在今后的表演游戏中，我们也就不再重复强调角色的分配，增加角色或者表演完，同伴间就很自然地进行角色互换，这样，也不再出现争抢角色、无角色可演的现象，自然而然角色的分配问题解决了。

二、游戏分享时的讨论与夸奖，解决反面角色争议

在表演游戏中，角色分配时幼儿最容易产生矛盾。有时，好几位幼儿争着要扮演同一个角色，有时谁都不肯扮演像大灰狼、狐狸一类的反面角色，此时需要幼儿相互协商，互相谦让。

如：在《金鸡冠的公鸡》那里，幼儿在分配角色，可是谁都不愿意演狡猾的狐狸角色，有的说“狐狸太坏了，我不要演”，有的说“我看到狐狸就觉得讨厌，我才不演呢”……就这样，在孩子的争论声中，始终寻找不到狐狸的最佳人选，于是，就这样，发生了游戏无法进行的情况。

又如：在表演《三打白骨精》时，唐僧、孙悟空、沙僧和猪八戒这四个人物角色很快就被四名幼儿选走了，而“白骨精”这个妖娆、不讨好的角色就无人去选择，他们总是不太愿意去扮演，觉得她也是一个“坏”人，因此总是有些

抗拒。另外，在《白雪公主》的扮演中，“坏皇后”这个角色也会时常出现无人问津的现象，以致组内成员都喜欢扮演“七个小矮人”“王子”等类似比较讨好的角色。

于是，根据上述案例的情况，我们也努力与幼儿一同寻找分配角色、商量角色的办法，以及在分享交流时表扬鼓励那些能够扮演、尝试“坏”角色的幼儿，以此起到辐射作用。

1. 在分享交流时，我们通过提问，让幼儿讨论扮演的“坏”角色是不是代表本人，是不是就演了之后自己就是个“坏”孩子，帮幼儿了解我们扮演的只是一个角色，参与的一个游戏而已，此外，也可以鼓励进行创编，将故事中不好的角色转变成为“好人”，这样他们再也不会为争抢角色而争吵了。

2. 利用分享交流的时间，表扬鼓励平时会演反面角色的幼儿，让他们在大家面前现场表演，以榜样示范的形式夸奖这些孩子，并让其他同伴寻找这些孩子身上的优点——眼神、表情和肢体动作等，“你的眼睛骨碌碌转起来特别机灵，你扮演的狐狸会让大家很开心的……”在大家你一言我一语的赞美中，越来越多的幼儿愿意扮演这些不讨好的角色，游戏自然开展得很顺利。因此，游戏结束后，在意犹未尽之时，我们鼓励孩子们用一句话互相赞美，有的赞美同伴碰到困难能大家一起想办法，有的赞美同伴特别有耐心，还有的赞美同伴能谦让。

可见，分享交流时的鼓励表扬对幼儿而言显得尤为重要。他们被肯定之后，也会显得更自信。在解决问题的同时，幼儿不仅学着创编角色，更重要的是学会欣赏同伴。

三、游戏表演前的准备与后议，解决游戏中断问题

在表演游戏中，不管是角色设置、分配还是角色的表演，都需要同伴间的合作。可由于幼儿知识经验缺乏，思维水平有限，解决问题的能力较弱，因此在表演游戏时往往表现出的行为比较直接，对同伴提出建议时，打断了同伴的表演，从而阻断了游戏的进行。如果每次这样就很容易以失败而告终，从而影响他们合作的信心。所以，在表演游戏中，支持他们寻求解决问题的方法，巧妙地与同伴沟通，积累协商的经验是十分重要的。

如：今天，墨墨、菲菲、阳阳、馨馨、磊磊和晨晨几个幼儿组成了一组，拉

成圆圈商量后决定表演《三只蝴蝶》。他们分组行动，准备围栏、雨天、太阳的指示牌以及服饰，在布置好场景、装扮好之后，他们的表演开始了。馨馨、磊磊和晨晨戴着红黄白花的头饰，蹲在围栏后，红蝴蝶墨墨、黄蝴蝶菲菲、白蝴蝶阳阳展翅飞来了，飞到了红花那里，墨墨挥动她的翅膀，柔美地对红花说“红花姐姐，红花姐姐，大雨把我们的翅膀打湿了，大雨把我们淋得发冷了，让我们到你的叶子底下避避雨吧！”就当红花姐姐想说台词的时候，墨墨打断了她，“阳阳，你不对，蝴蝶飞起来是踮起脚尖，摆动翅膀的，你怎么像小鸟”，可阳阳貌似不听墨墨的建议，仍是坚持自己，就这样，游戏就在他俩的争吵中停滞了……

又如：表演游戏的时间到了，几个孩子围在一起，商量着表演什么故事，最后大家达成一致，表演“金鸡冠的公鸡”。就这样，在大家分配好角色后，“金鸡冠的公鸡”上演了。首先，出场的是童童扮演的公鸡，她埋着头，在家里转悠，接着“猫”和“画眉鸟”出场，他们边叮嘱，“公鸡”会时不时地望望她们，点点头，默契十足。这时，“狐狸”出现了，阳阳刚开口“公鸡呀公鸡，金鸡冠的公鸡，你的脑袋油光光，你的胡须丝一样”……只说到一半，就被扮演“公鸡”的悦悦打住了，“阳阳，你说的一点都不像狐狸，应该说得声音尖一点！”就这样，被悦悦的这句话打断了孩子们表演的兴致……

于是根据这些情况，我们尝试通过引导，帮助孩子学习互相谦让、友好协商等，从而促进游戏更顺利地开展。最后，大家达成一致，从而及时改进，为下一次的表演做好充分的准备。

1. 游戏前的绘画记录，为开展游戏做好准备

在表演游戏前，鼓励幼儿将要表演的故事以绘画的形式记录下来，并制作成图书，随后与同伴一起商量故事的情节、故事的动作与语言等，让同伴之间形成统一，这样演出就更为顺利。此外，需要创编故事情节的话，也可以将其大致的内容绘制出来，夹在图书的最后一页，如果其他同伴有更好的想法，随时可以增加或替换。

2. 表演后进行讨论，商讨游戏中的不足

大班幼儿的好胜心较强，舞台上直接打断他们，他们可能无法接受。于是，在与幼儿商讨之后，形成了协商的好方法：表演结束后，大家围坐在一起交流刚才的角色对话和表演动作。幼儿学着用“如果你……那就更好了”的语气受到了同伴的认可,同伴们也比较容易接受。

确实,组内成员通过交流为合作伙伴传递经验,联络感情,增进相互间的理解,达到心理默契,从而进行自我调整或相互调整,使合作得以顺利进行。在这种小范围的交流中,他们相互调整、相互改进,每个组员的合作行为将会不断受到来自伙伴的提醒和建议而提高,从而逐渐掌握合作的技巧,完成共同的目标。表演情况的评价、建议,能使幼儿不断获得小组合作游戏的经验,提高合作能力,更为培养他们的协商能力提供一个适宜的平台。

3. 在表演游戏中,加入导演的角色

在分享环节中,幼儿讨论时各自发表意见,最后大家认为可以选出导演的方法也是值得尝试的,有了导演的掌控,他们在表演过程中若是出现表演不到位时,被导演喊停,重新再来一遍,他们也相当配合,没有牢骚和怨言。他们通过协商与导演合作导、演的过程中,体验到了表演带来的成功,有了愉快的情绪,对表演游戏越发喜欢。从而,再次提高他们有效协商的能力。

总之,无论是游戏前的准备,还是游戏后的围圈讨论,甚至增加导演的角色,只要是同伴间达成一致,这样,遇到的各类问题也就迎刃而解了。

四、游戏表演中的等待与专注,解决表演配合问题

在表演游戏中,要通过各个角色之间的相互合作才能完成整个表演,所以角色间如何合作配合好,是幼儿在游戏中要不断探索的。在平时,时常会发生这样的情况,有的幼儿在认真地表演角色,而在台下的幼儿注意力非常不集中,根本不关注这一组的同伴在演什么,而是在注意其他一组的表演,这样的分心、不关注自己什么时候上场,导致了游戏的中断。

如:在表演《小熊请客》的故事,小猫正与狐狸对话着:"狐狸,狐狸!你不做工,还想白白吃东西,哼,我才不带你去呢。"说着小猫跑掉了。扮演狐狸的幼儿唉声叹气躺下以后,等了好久不见到扮演小狗的幼儿出来,一看,原来"小狗"正在观摩其他一组的表演,根本没有认真观看同一组的伙伴,所以才误了时间。

为了让同伴之间达成良好的默契,我们也与幼儿商量出解决问题的方法。

1. 在分享交流时,先由幼儿讲述发现的问题,又是什么原因造成的同伴不专心。于是,通过商讨,我们寻找了固定的等候区,在表演区域的一边放置

椅子,这样在等候区的幼儿就能专心致志地观看同伴的演出,等待自己的出场。

2. 为了激发幼儿积极地参与游戏,我们在分享交流时,鼓励幼儿发现同伴的优点,通过大家的投票推荐,评选“最佳合作奖”“最佳表演奖”,以此鼓励他们认真参与表演游戏。被评选到的幼儿会奖励到相应的奖品或者小奖状,这样一来,大大提高了他们的专注力。

3. 平时,利用录像回放的方式,引导幼儿观摩各个小组的表演。通过寻找其他小组表演中的亮点,相互学习借鉴。一方面可以让幼儿观摩到其他一组幼儿游戏的情况,另一方面可以激励孩子专注自己的表演,鼓励他们在自己表演时,更专心更投入,不要在自己表演时,只顾张望其他组的情况。

确实,分享交流中的商讨与引导以及新方式的运用,让幼儿寻求到了解决问题的方法。同时,同伴间的互相欣赏与尊重,不仅增进了同伴默契配合,也使得游戏开展得更具意义!

总之,在表演游戏中,虚心接受同伴的合理化建议,多为同伴着想;善于发现他人的优点并能真诚地赞赏他人;别人说话时,要认真耐心倾听;和别人一起表演时要步调一致,需要时做出适当的让步等等。在表演游戏中,为了帮助幼儿逐步积累与人和睦相处的经验,我们通过多种形式让幼儿从内心深处真心地接受同伴及同伴的建议,高兴地接纳合作伙伴,引导幼儿发现同伴的长处,并学会使用礼貌用语和礼貌行为对同伴进行赞美,逐渐培养了幼儿协商解决问题的能力。

虽然表演游戏只是一种游戏,但是幼儿在这个过程中获得了比表演层面更多的学习品质的提升。游戏促进了幼儿协商解决问题能力的提高,同时幼儿协商解决问题能力的提高也帮助幼儿提升游戏的开展能力。幼儿在游戏中学习、在游戏中成长。我会继续积累相关经验,更好地引导幼儿提升协商解决问题的能力。

表演游戏中有效引导大班幼儿运用体态表演的案例研究

浦东新区顾路幼儿园　薛　羚

表演游戏是一种创造性游戏,是幼儿自己玩的游戏,能充分发挥幼儿的主动性和创造性，教师对幼儿表演游戏的正确指导，将能促进幼儿多方面的发展。表演游戏是按照童话、故事中的角色、情节和语言，进行创造性表演的游戏。表演游戏是幼儿以故事为线索展开的游戏活动。

一、体态语丰富角色的表达表现

在今天的表演游戏《三只小猪》中，小刘扮演的是大灰狼，小张扮演猪妈妈，三只小猪分别由小肖、小马、小许扮演。当表演到大灰狼来追击三只小猪时，小刘扮演的大灰狼慢悠悠地走到了小猪房子前，有些羞涩害怕地慢慢挪动着身子，低着头轻轻地说："我要吹倒你的房子。"这时，里面的小猪叫道："这个大灰狼一点也不吓人。"听到这个话，小刘更加不知所措。

相反小猪们则是气势十足，晃动着脑袋，用力抵住了门，大家都在里面叫着："这个大灰狼太弱了，我们的房子不会倒下来。"

在表演游戏中，幼儿对于台词基本都能精准地把握，但是时常忽略了体态语，在本次的《三只小猪》中，小刘就是因为体态语的缺失，导致在与整个表演游戏中扮演的角色不符，使表演流于表面。

生动的面部表情、丰富的体态语言能够为故事表演活动增添色彩。幼儿形象思维发展的特点决定了幼儿认知的发展需要借助具体形象的事物，因而运用丰富的脸部表情，以及体态语言来表达人物个性，可以丰富角色的表达表现，使角色更饱满。

二、关注和运用体态语增强表演效果

表演游戏是儿童根据故事童话的内容进行表演的游戏。幼儿通过对话、动作、表情来再现文学作品，可以丰富幼儿的想象力和创造力，加深幼儿对故事的理解和兴趣，发展幼儿的口语表达能力，并能培养幼儿活泼的性格，促进幼儿集体观念的形成。我们的身体常在自觉或不自觉地传递着许多信息，在故事表演中，自然、合适的体态表情能帮助幼儿进一步理解文学作品，增强表演游戏的效果。

1. 闻"声"

声音的运用技巧是一种艺术，模仿时要自然运用气息来调节，不是一味的模仿。用声音为角色造型时，要根据故事角色形象的个性特征，以及根据故事情节变化的需要来把握语调的高低，语速的轻重缓急。通过对不同声音的欣赏、比较、练习，幼儿逐渐获得运用声音进行表演的能力。

丰富的声音表情传递着不同的信息，声音表情实质上就是语气、语调、语速的变化所表达的人物不同的情绪、情感及音色的区别代表的人物不同的形象特征。

引导幼儿学习丰富的声音表情，首先要让他们理解不同的声音表情可以表达不同的意思，初步了解正确运用声音表情的重要性。如说同一句话："下雨了"用较高的音高、较快的语速及向上的语调说出来，能表达一种快乐、欣喜的情绪；用较低的音高、较慢的语速及向下的语调说出来，表达的是一种沮丧、失望的情绪。接着让孩子学习运用不同的音色，来表现不同的角色形象。比如:《老虎拔牙》中的大老虎声音洪亮、语调稍慢，用胸腔共鸣来发音，吐字清晰、沉稳，以表现出老虎作为"兽王"的威严，而狐狸的声音则语速稍慢、声音亮而尖，应该紧束喉管挤压成声，显出狡猾、奸诈的特色。

声音的运用技巧是一种艺术，模仿时要自然运用气息来调节，不是一味的模仿。用声音为角色造型时，要根据故事角色形象的个性特征，以及根据故事情节变化的需要来把握语调的高低，语速的轻重缓急。通过对不同声音的欣赏、比较、练习，幼儿逐渐获得运用声音进行表演的能力。

2. 观"色"

生动的面部表情能够为故事表演活动增添色彩。幼儿形象思维发展的特点决定了幼儿认知的发展需要借助具体形象的事物，因而运用丰富的脸部表情来表达人物个性，可以进一步增强幼儿的文学作品的理解。

3. 睹"行"

我们的身体常在自觉或不自觉地传递着许多信息，在故事表演中，自然、合适的体态表情能帮助幼儿进一步理解文学作品，增强儿童故事剧的表演效果。在表演过程中，一个孩子所表演的动作无形中也促使其他孩子的思维活跃。因为日常的生活经验各不相同，这些已有的生活经验被他们用语言和动作重新组织，渗透在表演中。

我们可以利用生活经验让孩子理解肢体语言的含义。如：两手一摊，表示无可奈何；手于眉骨处"搭凉棚"，表示要仔细观察；双手叉腰，表示神气高傲，或表示蓄势待发；捶胸顿足，表示生气；手心向外一推，表示拒绝等。

比如，我们学校组织孩子们去观摩童话剧《丑小鸭》，孩子们看到台上演员的表演也是深受启发，鸭子摇摇摆摆的动作，让孩子们一下就对角色有了清晰的认识，马上就进入了状态。丑小鸭灰心丧气的时候，头耷拉下来，垂头丧气的样子，孩子们也跟着模仿。

4. 营造宽松和谐的心理环境

幼儿是童话剧活动的主人，剧本创编、台词学习、语气表情、动作表演，童话剧活动的各个环节中，幼儿说、唱、跳、做样样来。想让幼儿少一些刻意和模仿，多一些真正的投入和大胆的表现，就必须为幼儿创设宽松和谐的心理环境，向他们传递美感、舒心、安全和快乐，从心理上让幼儿得到满足。

美国心理学家安斯沃斯在"陌生情境测试"（Strange Situation Procedure）中得出：在陌生情境中，母亲在场时，幼儿可以自由地探索，即能够以母亲作为自由探索的安全基地。作为一种重要的安全感来源，家长参与童话剧表演对于幼儿表现力的发展具有重要的意义。

比如在我们班级的童话剧中表演组合是三个家庭共演，每家出了一大一小。这个组合中最为突出的是美美奶奶，她的表演非常投入，眼神、动作、语气都非常到位。美美、月月平时其实是很害羞的，但是在奶奶的带动下，几个小朋友的表现也是非常出色。奶奶在扮演恶婆婆的时候，瞪大双眼，头前倾，手叉腰，边说话边跺脚，又咄咄逼人，原来有些放不开的孩子们，看到奶奶如此投入也都放下了包袱更加大胆地表现自己。

值得一提的是故事表演需要幼儿的步态、手势、动作比日常生活中的要夸张一些，要有表演的舞台效果。

5. 教师适切适度引导

因此，我们要注重对幼儿表演的适时指导。表演中幼儿创造性地运用动作、表情、增减情节角色、删改对话、替换词语等，而教师要善于发现和保护这种萌芽，鼓励和指导幼儿在不违背原作品的基础上进行合理的创新。鼓励幼儿独立解决游戏中出现的问题。在表演游戏的过程中，会遇到这样或那样的矛盾与问题，以前教师总习惯充当问题的调解者，使幼儿一遇问题就想依赖老师，这与幼儿主体性的发挥是背道而驰的。

为消除幼儿的依赖性，我引导幼儿自己去尝试解决矛盾和问题，从中锻炼解决问题的能力，发挥幼儿的主体性。例如在表演《小兔乖乖》时，一组幼儿发现人数多了一个，怎么办呢？我启发幼儿想办法。

多出一个小朋友可以干什么？幼儿立刻想办法。有个幼儿说："可先让他当观众，等会儿再轮到他表演……" 幼儿想到的办法都不错，得到了教师的肯定，问题解决了，幼儿立刻兴致勃勃地开始表演。

总之，我们要改变以往的旧观念，尽量避免教师干预过多，抑制孩子的积极性与主动性，从而保护好幼儿的积极主动性、创造性，培养幼儿独立解决问题的能力，以促进幼儿主体性的发挥。游戏中如何发挥幼儿的主体性，这是一个永恒的又值得研究的课题，需要教师不懈努力，倾注满腔热血去实践、去研究，使表演游戏的价值真正体现出来。

表演游戏中幼儿追逐打闹行为的观察与引导

浦东新区顾路幼儿园　陈　华

表演游戏是幼儿的自主性游戏，是幼儿自发、自主、自由的活动。幼儿是游戏的主体，主导着游戏的进程和节奏。但是由于幼儿的游戏经验和发展水平等条件的限制，在游戏中时常会出现一些追逐打闹的行为，教师该如何进行判断和有效指导，这是教师面临的困惑和问题。

什么是幼儿的追逐打闹游戏行为？

追逐打闹游戏行为是指：幼儿园同伴之间自发产生的、愉快的、无外在目的与攻击性的，以打、逃跑、追逐、踢、推、拉扯、挠痒、拳击、功夫、摔跤、碰撞、限制、挣扎等动作作为主要内容，并经常伴有吵闹和笑声的、较激烈的身体动作游戏。追逐打闹游戏行为在孩子7岁前后进入最高值，因此幼儿园大班的孩子更易出现追逐打闹游戏行为。

追逐打闹游戏可以分为仅有追逐而没有打闹的游戏、仅有打闹而没有追逐的游戏和追逐打闹都存在的游戏三种类型。孩子通过追逐打闹游戏来释放剩余精力和寻求快乐；通过与同伴友好、亲密交往来满足自己的社会性需要。

国外大量研究表明，追逐打闹游戏行为与攻击性行为存在很大的差异：在持续时间上，追逐打闹游戏比真正的打架持续时间长；在面部表情上，追逐打闹游戏的参与者往往是微笑和大笑；在身体行为上，追逐打闹游戏的"打"

只是假装；在手段上，追逐打闹游戏涉及角色转换和克制真正的攻击性行为；在目的上，追逐打闹游戏的参与者希望成为朋友；在结果上，在追逐打闹游戏结束后，游戏者倾向于待在一起。追逐打闹游戏行为很少会转化为真正的攻击行为，受欢迎儿童的追逐打闹游戏转化为攻击行为的概率为0.006%。

幼儿在控制性低的活动中比控制性高的活动中更多的出现和参与追逐打闹游戏行为。表演游戏是幼儿的自主游戏，教师的控制性相对较低，因此幼儿在游戏中自然而然地会产生多多少少的追逐打闹的行为。而一旦幼儿出现这样的行为，老师们就会视为猛虎，强力制止。认为是不认真参与游戏活动，是挑衅和不友好的表现。因此，教师需要正确认识幼儿追逐打闹游戏的本质和与攻击性行为的区别，以及追逐打闹游戏对幼儿发展的促进作用，才能更好地认识幼儿的游戏，科学地进行观察与指导。

一、教师对幼儿追逐打闹游戏行为的观察与判断

幼儿是游戏的主体，教师是幼儿游戏的引导者和支持者。教师对幼儿游戏行为的指导都建立在大量观察的基础上。教师只有观察幼儿、分析幼儿，才能了解幼儿产生各种游戏行为的原因，和对幼儿的行为作出科学的判断。意大利著名教育家蒙台梭利说过："唯有通过观察和分析，才能真正地了解孩子的内在需要和个别差异，从而采取相应的指导策略。"

那么教师在表演游戏中如何观察幼儿的追逐打闹游戏行为呢？看到幼儿的追逐打闹游戏行为教师又该从哪些方面进行分析和判断呢？

1. 观察幼儿追逐打闹游戏行为，判断其与攻击性行为是否互相转化

幼儿的追逐打闹游戏行为虽与攻击性行为有着本质的差别，但是在某些情况之下会转化为攻击性行为，如：出现了过激的行为引发了同伴的不快情绪；不受欢迎的同伴加入游戏等。

案例：《白雪公主》

孩子们演到白雪公主和小矮人相遇的情节，扮演猎人的孩子A刚完成了自己的表演回到等候区，这时扮演王子B的孩子向他走来。

孩子B：你表演完了，把宝剑给我，等会儿我上场。孩子A：好的。说完孩子A伸手将"宝剑"递给孩子B，就在孩子B伸手接宝剑时，A突然收回"宝剑"，向B假装刺去。B到处躲闪，嘴巴里还喊道："不要杀我，不要杀我，我是

王子。"就在这时,A的宝剑不小心刺中了B,原本一起玩的挺高兴的B一下子皱起眉头,严肃地对A说道:"你小心一点,不要真的刺到我。"A发现刺到了B,赶紧说道:"对不起,我只是开玩笑。"可是B却不轻易原谅:"你说对不起,可还是碰到我了呀,真是的。"听到B这样说,原本已经道了歉的A也生气起来:"我已经道歉了,你还这样,真小气。"

分析:

在这个案例中,不难发现,孩子们一开始出现了打闹游戏行为,两个孩子默认了这一行为,并且有默契的互动:一个孩子模仿用剑刺对方,一个孩子模仿被剑刺中,有躲闪的动作并且有语言的表达。这些行为说明孩子在打闹中有情节的表现和自己的想象,虽是即时产生的,但并不是无意义的。孩子在嬉闹中有模仿行为,并且也感受到了其中的乐趣。但是由于用剑刺的孩子不注意,刺中了对方,虽然没有任何伤害,但是对于孩子B来说可能侵犯到自己的身体,引起反感。通过孩子接下来的互动不难发现,孩子们的行为已经从嬉戏转变为产生矛盾,虽然没有出现攻击性的行为,但是也是需要教师引起关注和警觉的。

2. 观察幼儿追逐情节打闹游戏行为产生的时机,分析产生的原因

幼儿的追逐打闹游戏行为的产生是有原因的,教师在观察的时候应当关注:孩子是在怎样的情况下产生这一行为、是在什么时候产生的,这样有助于教师理解幼儿的行为动机。在游戏的过程中,由于孩子对于故事缺乏兴趣、没有轮到自己无所事事等因素,可能会引发一些追逐打闹的游戏行为。

案例:《小熊请客》

《小熊请客》的故事里,贝贝和童童分别扮演小鸭子和小花猫,要排在小狗、小鸡的后面出场,所以在等待区等待。不知谁先开始,两个孩子你推一下我,我推一下你,两个人摇来摇去,像不倒翁。接着两个人开始用手指轻轻戳对方的腰,童童怕痒,捂着自己的腰一边笑一边求饶。贝贝没有停手,继续用手指戳。看到童童怕痒的样子,戳了几次后,贝贝开始用双手给童童挠痒痒,这下童童笑的更欢了,并且采取了反击——也开始给贝贝挠痒痒,顿时贝贝也缩成一团,边笑边躲。两个人笑闹着,过了一会儿,扮演狐狸的小政看到她们并不关注自己的表演,于是提醒道:"喂,小鸭子,该你上场了。"贝贝听到小政的提醒,赶紧停下和童童的嬉闹,开始认真表演起来。

分析：

在这个案例中，贝贝和童童在等待自己扮演角色时，产生了打闹嬉戏的行为。这一行为的产生一方面是因为孩子对故事十分熟悉，同伴的表演似乎对自己已经没有多大兴趣，因此不愿意继续关注。另一方面因为自己扮演的角色还需要等待一段时间，因此产生了无所事事的感觉，于是就产生了嬉闹的行为。两个孩子你推我我推你、你戳我我戳你还互相挠痒痒，这些行为让孩子感受到愉悦，同时也避免了枯燥的等待。但是当其他孩子提醒时，贝贝和童童就马上放弃了嬉闹行为，投入到自己的故事表演中，因此可以看出孩子对游戏表演是感兴趣、愿意参与的，产生打闹嬉戏的行为更多是为了避免无谓的等待。

3. 观察幼儿追逐打闹游戏行为产生与表演游戏本身的关系，分析其产生的价值

案例：《老鼠娶新娘》

在一次表演游戏中，男孩安安、宸宸、小豪和小姑娘小怡一起玩老鼠娶新娘的游戏，大家分配好角色、装扮好后开始表演起来。前面两次的表演，孩子们投入故事，大家商量好你扮演老鼠新娘、我扮演老鼠村长还有大风、太阳、大黑猫等角色。玩好一次，孩子们交换角色再次游戏。等到第三次的时候，小豪选择扮演大黑猫。

小豪：老鼠新娘，你们快准备好扔绣球，我要来抓你们了。

小怡：我准备好了，其他老鼠快一点我要扔了。

众：一、二、三，扔绣球啦，大家快抢呀！

小豪：喵呜，老鼠们，我来抓你们啦。

众：猫来啦，快逃呀。

小豪：喵呜、喵呜。哈哈抓住了一只老鼠。

宸宸：你快放开我，故事里大黑猫没有抓住老鼠。

宸宸挣扎着逃开了，可是小豪不放弃："大黑猫也可以抓到老鼠的，我假装来抓你们，你们快逃。"

听了小豪的话，大家躲闪着逃跑起来，小豪假装抓了半天老鼠，大家在活动室区域里玩着追逐躲闪游戏，谁都没喊停，不亦乐乎。

分析：

在这个案例中，孩子们在表演中产生了追逐打闹的游戏行为，通过观察，

我们可以了解到，孩子这种行为的产生，并没有脱离表演游戏的本质，是在表演中生成出来的游戏内容，将大黑猫抓老鼠的情景进行拓展和扩大。孩子们之所以产生这种行为，是因为扮演小豪的孩子想要改编故事内容，让大黑猫能抓到老鼠，以满足大黑猫的成功的心理需要。但是扮演老鼠的孩子并不妥协，他们不愿意自己被大猫抓住，所以拼命逃窜。在两方面没有达成一致的情况下，孩子们反复进行追逐。但是在追逐的过程中，双方又很默契地形成统一：抓老鼠但是不要抓到。在追逐的过程中，孩子们有躲闪、追逐、急停、扑等动作行为，既满足和孩子动作行为的需要，也符合故事表演的情节。孩子们的行为，一开始时是表演的意识多于嬉戏，但是通过一段时间的追逐，孩子的追逐打闹的行为又胜过了表演的意识，因此在后段时间是以嬉闹为主。但是在整个游戏中，孩子们始终在自己的游戏区域内游戏，并没有大吵大闹影响其他组的游戏，因此并没有被劝阻停下游戏。

二、表演游戏中幼儿追逐打闹行为的指导

基于观察，教师可以分辨孩子追逐打闹游戏行为产生的原因和进行价值分析，有些孩子的打闹嬉戏的游戏行为会自然消退，但有些会持续较长时间可能会影响自己与同伴的游戏表演，因此教师也需要根据实际情况，选择性地进行指导。

1. 聆听孩子的想法，挖掘追逐打闹游戏行为中的价值点

聆听幼儿的心声和观察幼儿的行为是教师了解孩子的重要途径，因为幼儿的兴趣和需要都隐含于其中。幼儿正处于直觉行动思维阶段，他们内在的思维往往在一言一行上表现出来，而且在行动的过程中，他们的思维还往往有新的发展。所以作为老师应创设一个宽松、愉快的环境，让孩子能自由表达自己的想法。

在《老鼠娶新娘》的案例中，孩子们对大黑猫抓老鼠的情节很感兴趣，并投入了大量的时间进行游戏。当孩子的游戏结束之后，我便引导孩子说说自己对游戏的感受：“你们刚才在表演什么呀？玩得这么开心？”

小豪：“我们在扮演大黑猫抓老鼠呢。”

我：“那大黑猫抓到老鼠了吗？”

小豪：“没有呀，老鼠都逃跑了。”

我:“那刚才你是大黑猫,抓老鼠的样子真勇猛,你能表演出来让大家看看吗?”

小豪:“好呀。”说完小豪扮演起来。

小豪:“还有刚才小怡扮演老鼠,让她来和我一起表演吧。”

小豪和小怡一起表演起来。

在这个案例中,我鼓励孩子大胆表达自己出现追逐嬉闹行为的原因,正面引导和肯定孩子认真表现故事中的情节。通过对孩子的观察,我发现孩子们的关注点虽然在追逐打闹的行为上,但是在嬉闹的过程中,孩子的行为表现、情绪体验等方面却得到了进一步释放和拓展。他们用夸张的动作表现大黑猫扑、跳和老鼠们抱着脑袋、四处逃窜的样子;用惊恐的表情表演大黑猫出现时惊诧、害怕的样子,这些都是在放松的情绪之下,自然的表达表现。我通过引导孩子表演,将孩子的关注点引到对表演要素(动作、表情、语言等)的关注上,而忽视追逐嬉闹行为本身。

2. 重视交流分享,共同商量解决对策

《3—6岁儿童学习与发展指南》中指出:大班的孩子能与同伴分工合作,遇到困难能一起克服。与同伴发生冲突时能协商解决。因此在游戏中,我一贯注重引导孩子积极表达自己的想法和经验,依靠大家的力量,共同解决游戏中的问题。游戏结束时的交流分享是解决问题、积累经验、推动游戏不断前进的环节,我通过观察发现游戏中的问题和价值点,并利用提问引发孩子的思考,鼓励孩子表达自己的经验和想法,通过生生互动,形成思想碰撞,促进孩子的思维、经验不断进步。

在一次表演游戏时,表演《三只小猪》故事的孩子们(轩轩、小云、小宸等)出现了较长时间的打闹行为,缺乏故事表演,因此在游戏分享交流时,我提出问题:“为什么不愿意表演三只小猪的故事呢?”

小云:“我觉得这个故事一点都不好玩,我们不想表演了。”

我:“噢,我明白了。那不喜欢表演这个故事了可以怎么解决呢?”

幼儿A:“可以换一个故事,《三只蝴蝶》《小羊和狼》都可以。”

幼儿B:“也可以变一变,让故事变得有趣一点。”

我:“怎么样让故事变得有趣一点呢?”

幼儿B:“可以再给它们想一件有趣的事情来表演。”

幼儿C:“大灰狼可以想一个办法来吃掉小猪。”

幼儿D:“我想到了,大灰狼来吃小猪,它可以做一把大锤子,把小猪的门砸坏,这样就能抓到小猪了。”

幼儿E:“不行不行,这样小猪要被吃掉了。小猪可以在门前挖一个陷阱,这样大灰狼一来就会掉进陷阱里,抓不到小猪了。”

……

游戏是孩子的游戏,孩子是游戏的主宰和主导者。因此要创造机会让孩子积极表达自己对问题的看法和解决问题的想法。当孩子遇到对游戏不感兴趣的问题时,大家开始积极表达自己的想法。有的孩子建议换一个感兴趣的故事来表演,还有更多的孩子表示可以修改部分情节,让故事变得新颖而吸引人。这些都是有效的解决问题的方法。孩子们不仅给出了方法,而且还通过具体的事例,帮助同伴感受怎样的变化是让故事变得有趣、情节变得与众不同和吸引人。在交流中,有的孩子经验得到了积累;有的孩子思维得到了发展。

3. 针对性解决问题,减少无意义的游戏行为

出现追逐打闹游戏行为,可以是孩子缺乏表演经验无从下手时出现的正常表现,也可以是表演游戏不断发展、孩子表演经验积累到一定时间自然出现的产物,因此教师要通过观察和分析,在做出合理判断的基础上,采取有效措施,帮助孩子减少无意义的追逐打闹行为。

针对孩子缺乏表演经验的情况,可以采取提供自制图书、欣赏巩固故事、有经验的同伴指导等多种方式来解决。针对孩子的游戏兴趣减弱的问题,可以通过更换故事、改编续编故事情节、增添道具等方式,激发孩子的参与兴趣。

追逐打闹游戏行为是表演游戏开展过程中的必然产物,教师正确的认识这种游戏行为,学习观察和分析,采取适当的措施,同样能够帮助孩子在追逐打闹游戏中积累经验、拓展想象、促进合作等社会性发展。希望快乐的游戏让孩子快乐地成长。

教学案例

孙悟空三打白骨精(大班)

浦东新区顾路幼儿园 陆晓波

表演游戏是指幼儿以童话故事等幼儿文学作品为主要内容,也有以自编的或即兴创作的生活经验为内容,通过扮演角色,运用动作、语言和表情再现文艺作品或生活内容的一种创造性意愿游戏。《幼儿园教育指导纲要》中提出“为幼儿的活动创造宽松和谐的环境,激发情趣,体验审美和愉悦和创造快乐,体现自我的表现和创造成就感”。而表演游戏是正是在这种轻松和谐氛围下开展自主学习游戏的重要组成部分。大班幼儿的语言表达比较流畅,对故事内容的理解比较深刻,所以大班幼儿开展表演游戏过程中,能根据故事内容开展情节比较复杂又有趣的表演游戏。

本学期,我们班孩子在开展表演游戏过程中,随着孩子的年龄增长,他们对感兴趣的作品内容的理解,在表演过程中的台词以及对白有了进一步熟悉后,他们慢慢逐渐地有了自己许多想法和创造。因此,我们结合开展的《孙悟空三打白骨精》的表演游戏为例,开展了一次从复制模仿到创编的过程。

过程:

片段一:熟悉故事内容

本学期,我班男孩子们经常在自由活动的时候不停地在念“唐僧取经”的儿歌,看到孩子们对《西游记》中的人物这么感兴趣,于是,我把《西游记》中,孙悟空三打白骨精的童话剧录像给他们看,孩子们看得津津有味,每次孙悟空打倒白骨精被师父念紧箍咒的时候,孩子们都纷纷为孙悟空打抱不平,连平时胆小的孩子都眯着眼睛忍不住观看童话剧录像。随着孩子们对故事内容和剧情的熟悉,有时他们会忍不住异口同声地说出白骨精的台词,还时不时的模仿孙悟空的动作。既然大家对这个故事非常感兴趣,我决定乘着孩子们的兴趣开展“孙悟空三打白骨精”的故事表演。但在表演开始前,为了让孩子们对人物和故事内容熟悉,我请家长们在家中给孩子们播放“西游记”

的电视剧，帮助孩子们了解这个故事的来源，同时在平时的自由活动中，为孩子们提供了“西游记”的木刻版图书，激发孩子们表演兴趣的同时了解故事内容。

在大家的共同努力下，“三打白骨精”的表演游戏开始了。一开始，孩子们根据故事内容中的角色分配人物和道具，根据视频中的内容开始依样画葫芦地表演起来，虽然表演的人员不固定，台词和动作不够熟练，但每次表演到孙悟空打白骨精的时候坐在下面的观众忍不住拍手鼓掌，显然这个节目已经成为我们班级表演游戏的热门节目，扮演孙悟空的角色成了男孩子最热门的角色，白骨精成为了女孩子们的热门角色。

表演游戏通常围绕一些文学作品而展开，故事如同一个支架要始终贯穿整个表演游戏。在实践过程中，为孩子提供一个适合的表演内容尤为重要，因此，首先我们要注意选材的适宜性。作品内容要健康，具有表演性，情节要曲折、紧凑，角色性格要鲜明，同时要被孩子所喜爱。作品的内容要符合幼儿的年龄特点，同时要结合幼儿当前的兴趣点和生活经验。考虑到“孙悟空三打白骨精”这个传统的神话故事，故事内容比较有趣形象生动，故事情节比较曲折有戏剧性，另外故事中的角色孙悟空、猪八戒等主要角色的性格鲜明，对话比较有特色，憎恶扬善的品质，能深深吸引孩子们的目光，所以选择了“孙悟空三打白骨精”这一故事内容。

片段二：改编故事内容

随着“孙悟空三打白骨精”的表演游戏受到班级孩子们的热捧，每次表演游戏开始商量角色的时候，经常会因角色分配的原因引起争吵。一次，其他表演游戏都已经开始表演了，“孙悟空三打白骨精”的游戏迟迟没有开始，我走过去一看，原来十个左右孩子都围成圈商量角色分配，可是商量了好久都没有结果。在一旁没轮到角色兰兰委屈地说：“陆老师，小涵演了好多次的孙悟空了，我一次都没轮到表演。”一旁的小轩也忍不住说：“是呀，一直被小姝抢掉了白骨精的角色，我们都没有轮到表演的机会。”正当大家争论不休，向我投诉轮不到角色的时候，正好活动结束的音乐响起了，于是大家都垂头丧气地搬着小椅子坐下来开始游戏的交流分享。

于是我问：“你们刚才‘孙悟空三打白骨精’的游戏表演成功了吗？为什么？”小文说：“我们没有轮到表演，表演游戏就结束了。”“不对，是因为人太多了,所以我们来不及商量表演的角色,一会儿就结束了。"小欣说。小姝说:"我们一次都没有轮到,所以我们大家都在争抢角色。"于是我问:"那你们觉得这样开心吗?"孩子们纷纷摇头表示不开心。"既然角色一共五名,而又有许多人演不到角色不开心,那我们有什么办法让大家都能有角色演呢?"我继续追问。"我们可以增加角色呀,我妈妈给我看过这个孙悟空的电视剧,里面还有许多小妖精呢。"小航举手说。"嗯,对了,可以让白骨精边上再增加两个妖精,这样想参加的人也可以参加了。"兰兰马上就说。"嗯,增加人物角色可以让想参加表演的人都能参加,这个方法不错哦,你们可以下次试试看。"我刚说完,看到没轮到表演的孩子脸上露出了兴奋的表情。

有矛盾有冲突,才能激发孩子们充分的想象力和解决问题的能力。在表演游戏过程中,矛盾和冲突是肯定存在的。在这个过程中,教师往往是退居二线的协助者或者称之为"助手"的角色。教师对于孩子在表演游戏过程中所观察到的现象,进行分析和反思后,同样要将问题反馈给幼儿。对于出现的问题,能够得到提升的方面,应和孩子一起商讨,想出更好的方法解决问题。在一次次不断地讨论、实践、反馈,再讨论、再实践、再反馈中,获得更好的效果。在开展表演游戏的过程,是孩子想象活动的过程。故事情节具有足够的灵活性,有让幼儿进行创造的空间,有助于发展孩子的想象力是选择表演游戏内容的必要条件。所以,当孩子出现为角色争论的时候,充分发挥孩子们的主观能动性,给孩子充分的解决问题的舞台和机会,让孩子们自己想出解决问题的方法。由于这个表演故事受到全班的喜爱,所以通过充分的讨论和脑力风暴,孩子们想出来了增加角色的方法,并根据故事内容增设了新的角色,不仅解决了人员矛盾问题同时也改编了原有的故事。

片段三:情节的创编

表演游戏开始了,由于上次角色的增加,"三打白骨精"的表演游戏顺利进行了,没过多久,突然听到"小涵,你做孙悟空的应该要很痛苦的呀,你应该在地上滚来滚去的"。听到有孩子在说王子涵扮演的孙悟空,于是我上前一看,扮演孙悟空的小涵很投入,但是在被唐僧念咒语的时候,他虽然想表现很痛苦,但是表情没到位。孩子们在表演时用观众的角度发现了孩子在角色表演中的问题。

针对这一情况,于是在开展游戏讲评的时候,请孩子们再观摩一次小涵扮演孙悟空表演的角色，孩子们纷纷提出了他扮演的孙悟空没有被念咒语感觉很难过的样子表情和情绪都不到位。大家觉得不够投入，不满意他的表演。于是我问："那该怎么办呢？是换个人演还是替他想想有什么好主意吗？"于是，小欣说："我想他可不可假装哭呢，边哭边跟师父求饶呢？"大家都觉得她的主意不错，于是再次邀请小涵上台根据大家的要求表演一次孙悟空被念咒语时的场景，由于是假装哭泣并求饶，配上了动作和语言使表演更加生动，也解决了小演员表演时表情不到位的苦恼。

随着表演游戏的不断开展和深入，孩子们沉浸在表演游戏带来的快乐和成功的愉悦中，他们在游戏中的主体性充分发挥着作用，利用"讨论"的形式，充分激发了孩子们的意见和想法，通过互相观摩、讨论和评议来修改表演故事中的情节或者是表演者的情绪、动作等使表演的内容更加生动活泼更"有滋有味"。在此过程中，通过"表演游戏"这一载体，使孩子们在自主学习的过程中迈出了一大步，回顾孩子们在表演"三打白骨精"的表演过程中不难发现，从模仿到创编，充分激发了孩子们的表达表现能力，同时也激发了他们的组织和合作能力，同时也培养了孩子们一定的欣赏能力。

《老鼠娶新娘》（大班）

浦东新区顾路幼儿园　陈　华

进入大班后，孩子们对表演游戏的兴趣更浓厚了，游戏中的想法和规则意识也更加强烈起来。游戏中，孩子们会开始尝试建立自己的游戏规则，同时对于游戏中的不公平现象也开始提出自己的质疑。孩子的是非观念进一步清晰，游戏中的表达表现也更大胆、主动。同时他们也会开始向同伴介绍自己的新想法，以获得同伴的支持和认可。正因为如此，孩子们在游戏中坚持己见，有时也会与同伴产生一些小矛盾、不能形成统一的想法。

片段一：

男孩安安、宸宸、小豪和小姑娘小怡一起玩《老鼠娶新娘》的游戏，大家分配好角色、装扮好后开始表演起来。前两次的表演，孩子们投入故事。等到第三次的时候，小豪选择扮演大黑猫。

小豪：老鼠新娘，你们快准备好扔绣球，我要来抓你们了。

小怡：我准备好了，其他老鼠快一点我要扔了。

众：一、二、三，扔绣球啦，大家快抢呀！

小豪：喵呜，老鼠们，我来抓你们啦。

众：猫来啦，快逃呀。

小豪：喵呜、喵呜。哈哈抓住了一只老鼠。

宸宸：你快放开我，故事里大黑猫没有抓住老鼠。

宸宸挣扎着逃开了，可是小豪不放弃："大黑猫也可以抓到老鼠的，我假装来抓你们，你们快逃。"

听了小豪的话，宸宸不服气了："明明故事里大黑猫没有抓住老鼠阿郎，你是在乱表演。"

当孩子的游戏结束之后，我便引导孩子说说游戏的情况："你们刚才在表演的时候，发生了什么问题？"

小豪："我们在扮演大黑猫抓老鼠呢。"

我："那大黑猫抓到老鼠了吗？"

小豪："我要抓老鼠，可是宸宸不让我抓到。"

我："大猫抓住老鼠是件好事。不过宸宸扮演的是谁？阿郎能被抓到吗？"

孩子们："不能，阿郎还要娶新娘呢。"

我："那大猫可以抓谁呢？"

孩子们："其他的老鼠，让其他朋友来扮演就可以了。"

在这个案例中，孩子们在表演中产生了矛盾，通过观察，我们可以了解到，孩子们之所以产生这种行为，是因为扮演小豪的孩子想要改编故事内容，让大黑猫能抓到老鼠，以满足大黑猫的成功的心理需要。但是扮演老鼠的孩子并不妥协，他们不愿意自己被大猫抓住。双方争执不下，因此游戏只能中断。

孩子们对大黑猫抓老鼠的情节很感兴趣，并且不断争论当中的情节。我没有急于介入，而是让孩子们在互相提出理由之后，让孩子们在交流的环节分享。交流时，我鼓励孩子大胆讲述自己坚持自己的想法和理由，肯定孩子扮演大猫抓住老鼠的情节。但是我接着又进行了提问，通过孩子对问题的交流，帮助小豪梳理清楚都是老鼠，但是不同老鼠在故事中的行为和表现是不一样的。老鼠阿郎肩负着娶新娘的使命，因此为了以后的故事情节，不能一下就把阿郎抓住。但是又要满足孩子表现抓老鼠的兴趣和愿望，于是引导孩子想出办法——抓其他的老鼠，这样一来就解决了孩子之间的矛盾。

片段二：

孩子们的表演游戏又开始了。这一次一茗、依诺、小鱼等小朋友选择了《老鼠娶新娘》的故事，并围成圈和孩子们一起讨论。这一次，越越是小导演，一茗一听，赶紧跟旁边的晨曦换位子，这样一茗站到了越越旁边，她就可以先选角色了。第一次，孩子们选好了，大家表演起来。第一次的表演完成了，大家又要围城圆圈商量、分配角色了。小鱼为了早点选角色，一下就牵住了越越的手，这时一茗看见了，就说道："本来我是站在这里的，你插队。"可是小鱼不想让，大家争论了起来：

小鱼："你已经站在旁边一次了，我也想站在这里。"

一茗："不行，要遵守规则的，你站在晨曦的旁边。"

小鱼："可是这样我就要在后面选角色了，我想演太阳就被别人选走了。"

一茗："那我在前面，我可以先选的呀。"

小鱼："那一直你来演太阳，我就不能演了。"

越越："那要么这次让小鱼来演太阳，一茗下一次再演吧。"越越出主意。

一茗："我上次演三只蝴蝶的时候也是这样的呀，我蝴蝶一次也没有演到。所以我要站在前面。"小鱼看一茗不相让的样子，哭了起来。其他孩子们看着哭泣的小鱼和气愤的一茗，有点不知所措。

我："看来你们对于角色的分配有些矛盾，那原先的规则你们觉得有问题吗？"我提问道。孩子们看看我，没有回答。

"如果你一直在最后，不能选自己喜欢的角色，你会开心吗？"孩子们摇摇头。

"那么在圈圈里，两个朋友都要演同一个角色，该怎么办呢？"我问道。

"那就让她们两个石头剪刀布吧，谁赢谁来演，行不行？"越越说道。

"你们觉得呢？"我问其他的孩子们。

"可以的。"大部分的孩子赞同越越的想法。

"那让我们再来商量一下吧。"我说道。

孩子们又商量起来，这次一茗、小鱼和依诺同时提出要演白雪公主，然后用石头剪刀布的方法定输赢，结果一茗赢了。只见一茗对小鱼说道："这次我赢了，我来演，等一下你来演噢，现在你先选别的角色吧。”小鱼点点头，选了大风的角色，一起演了起来。

第二遍游戏：

第一遍故事顺利完成，第二遍游戏的时候，娅西退出游戏离开了，一茗和其他朋友们想要更换角色，于是又商量了起来。

越越：“现在娅西不参加我们的游戏了，少一个人怎么办呀？我要做老鼠村长。”

小鱼：“那我来做太阳吧，是刚才说好的。”

雨欣：“那我来演老鼠新郎和大风，我不要演大黑猫。”

一茗：“那我来演墙吧。还有黑猫，要么你来演吧。”一茗对依依说道。

依依马上推辞：“我不要演大黑猫。”

“要么石头剪刀布吧，谁输了谁就做大黑猫。”一茗提议。

孩子们点点头，同意了一茗的提议。一茗先和雨欣猜拳，结果一茗是剪刀，雨欣是石头，一茗输了。接着是一茗和依依猜拳，一茗出包子，依依是石头，结果依依输了，这样依依就要做大黑猫。可是依依看自己输了，有点不甘心，撅着嘴巴哭了起来。一茗和雨欣有点傻眼了。

“你不要哭了，你猜拳输了要做大黑猫的。”雨欣说道。这下依依哭得更厉害了。

“算了算了，这一次我来做大黑猫，不过第二遍故事的时候，你来做大黑猫噢。”一茗看着依依，提出了自己的想法。依依听了，擦擦眼泪，同意了一茗的提议。

在游戏后交流的环节，我引导孩子围绕着故事角色和真人之间的区别进行讨论，帮助孩子了解扮演的角色并不是真的是自己的认识。

在第二个片段里，第一次游戏的时候，顾一茗发现了先选角色的方法：在商量的时候，总是站在小导演的旁边，可以第一个选角色。但是聪明的小鱼也发现了这个秘密，于是在游戏结束后第二次的选角时，也站到小导演的旁边。两个人都发现了选角的秘密，可都不想吃这个亏，大家互不相让，这样一茗和小鱼的冲突就开始了。可是孩子们的争论集中在旧规则上，并没有打破旧规则的意识。于是在她们不能商量出结果时，我便通过提问的方式进行引导，引发孩子对旧规则的思考以及如何更公平地对待所有的小组成员。通过引导，孩子们知道了要大胆提出自己的想法，同时用比较公平的方式对待同伴们。孩子们也习得了可以通过猜拳游戏等方式来解决问题，商量的能力有了提高。

在孩子们第二次游戏商量时，我们可以看出：在这几个孩子中，一茗对于商量解决角色问题是最有经验的。通过前两次活动的经历，当孩子们面对谁来演大黑猫产生不同的想法时，一茗果断地提出用猜拳的方法，这样就能解决人数不够的问题。既然大家选择了猜拳的方法，那么一茗和雨欣就按照规则，让依依做大黑猫，可是依依因为不喜欢大黑猫的角色而拒绝。可以看出依依虽然愿意根据规则分配角色，但是对于扮演的角色和真实人物之间的区别还没建立，所以在意识里还是觉得扮演了大黑猫自己也会变成大黑猫是坏蛋，因此拒绝了。眼看故事演不成了，一茗就提议自己先来演大黑猫，依依第二遍的时候演。有了一茗的"退步"，依依最终接受了提议，故事继续。可以看出一茗在正确认识角色和自身关系方面发展更好，并且能倾听和接受依依的想法，通过自己的先扮演大黑猫的方法，来帮助依依接受大黑猫的角色、学习遵守规则。

因此在游戏中，很多时候孩子们发生矛盾是由于对游戏的规则了解和角色意识等问题产生的不同见解和认识，与孩子的游戏经验和个人认知的积累有关。因此在游戏中，老师要会观察孩子的行为表现、解读孩子产生矛盾的原因同时采取适宜的手段引导孩子解决问题、消除矛盾。在孩子游戏的过程中，老师是孩子游戏的支持者和引导者，很重要的一点是：引发孩子通过自身的理解和认识，在于同伴商量和尝试解决问题的过程中，形成新的规则和观念，进一步积累自身经验，让孩子们有能力自己去解决游戏中的问题，让能力在游戏中得到发展。

小熊请客（大班）

浦东新区顾路幼儿园　陆晓波

写在故事前：

表演游戏是孩子们根据文学作品中的情节、内容和角色，通过语言、表情和动作进行表现的一种游戏，是幼儿喜爱的游戏之一。孩子的表演游戏融想象、创造于一体，对孩子创造能力的培养与发展起着不可低估的作用，表演游戏还能锻炼孩子的人际交往能力，促进孩子集体观念的发展和幼儿良好个性品质的形成。为了使孩子能更好地进行表演游戏并能在游戏中得到发展，教师的积极观察和及时指导密不可分。

最近我们开展的表演游戏深深地吸引了孩子们，他们在开展游戏活动中有着各种各样有趣的事情。孩子在初次接触表演游戏时，应选择角色个性鲜明、情节简单，拥有趣味、动作性强，对话多次重复、语言琅琅上口等方面的儿童文学作品，因此本学期"小熊请客"成为了我们班级开展表演游戏的首选题材。

实录一

本学期的表演游戏刚开展，因为刚开展表演游戏，所以孩子们对表演游戏室里的各种道具都好奇得不得了。于是，我带着孩子们参观表演游戏室里的道具，满足和提高孩子们的表演欲望。严嘉指着金箍棒说："这个是孙悟空的金箍棒，他本领很大的，能打妖怪。"悠悠说："那个我知道，是'孙悟空打妖怪'。"琪琪指着狐狸头饰说："这个是小狐狸的衣服，是故事'小熊请客'里的狐狸。'"楠楠不服气地说："可是'老虎拔牙'里也有这个狐狸的'。"于是我问琪琪："小熊请客"这个故事里除了狐狸还有些什么角色呢？琪琪歪着脑袋想了想说："有小猫有小熊还有……还有。"她想了半天，旁边的楠楠着急地说："还有小狗呀，还有小鸡啊。""不对，不对，你们还漏了小熊，"旁边的悠悠补充说道。就这样，大家你一句我一句地把故事中的角色说了一遍。

分析：

在孩子们的讨论中反映了孩子们对表演故事的角色和内容不够熟悉。每个自主性游戏都有其自身的规律比如角色游戏需要孩子积累一定的生活经验，而表演游戏则需要积累一些故事，并能熟悉故事中的人物角色以及对白等，就像一个好的表演就如电视剧拍戏一样需要演员们熟悉并理解剧本内容和剧本中人物角色的特点才能演好故事。因此，在开展表演游戏之前需要做的"功课"就是熟悉了解故事的角色和对白以及角色特点等，这是教师的积极推动和帮助孩子更好地了解和熟悉故事内容。

调整：

选择了一个适合孩子的文学作品，就要制作一个详细的实施计划，帮助孩子熟悉、理解作品，并根据孩子对作品内容的理解和游戏情况及时调整、修改计划，以便于游戏的顺利开展，不同的作品组织形式也有所不同。

在正式开展表演游戏前，利用业余时间帮助孩子们熟悉故事内容，大家通过听一听、讲一讲、演一演等方式，帮助孩子们了解故事内容，比如让孩子们在熟悉故事内容的基础上选择自己喜欢的角色的对话等，通过此类方法帮助孩子们很快熟悉了故事内容和人物之间的对话。

实录二

表演游戏开始了，孩子们几个几个结对地商量着怎样表演节目，过了一会儿，“小熊请客”的表演组拉开了序幕，悠悠、楠楠、辰辰、紫罗兰等开始分工搬运道具，他们的表演马上就要开始了。这次悠悠做了回又懒又馋的狐狸，扮演小狗的楠楠对着狐狸说：“你又懒又馋，不做工还想吃好东西，我才不带你去呢。”说完，她就去敲小熊家的门了。接着小猫、小兔经过狐狸旁时也匆匆说了句“你又懒又馋，不做工还想吃东西，我才不带你去呢。”说完就走了。在一旁看表演的江星举忍不住摇摇头说：“这个一点儿也不好看。”

分析：

表演游戏是孩子们自己组织合作通过表演经典故事为主的游戏，“小熊请客”的故事表演已经开展了一段时间了，孩子们对故事内容都比较了解和熟悉了，但是孩子们对故事中不同人物的特点理解得不够深刻。例如小狗走路可以模仿小狗蹦蹦跳跳的，小猫走路可以踮起脚尖轻轻走等，因为在动作、表情等各方面不到位，导致表演停留在简单的对话上，那怎么样推动故事表演得更加精彩呢？

调整：

在交流分享的时候，请大家一起分享“小熊请客”中，狐狸、小熊、小猫、小狗等不同角色的声音、动作、表情的区别，体会不同动物的特点，例如小猫走路是踮起脚尖，小熊走路是憨态可掬等，尤其是小狐狸的角色，其中楠楠模仿的小狐狸掐着嗓子说话声音尖声尖气的，把狐狸狡猾而又懒惰的特点表演出来了。通过大家共同欣赏共同进步“小熊请客”中的每个故事角色都开始“鲜活起来”。

经过一段时间的实践，在表演“小熊请客”的故事时，受到了台下小观众们的喜欢，大家纷纷投票，“小熊请客”的故事表演最受大家欢迎。

实录三

一次表演游戏的时候，扮演“小熊请客”故事中小猫的琪琪手里提了一个小篮子，于是我问她：“小猫，你手里提着什么好东西给小熊啊？”琪琪说：“今天是小熊生日，我们要给小熊过生日，给它带了很多吃的。”于是我又问：“那么你们怎么过生日啊？有没有生日蛋糕？会不会吹生日蜡烛啊？”琪琪听了我的问题好像似懂非懂地摇摇头走到小熊家门口。

分析：

表演游戏充分展现了孩子们的表演才能，满足了孩子们的表演愿望并愉悦了他人，丰富了孩子的生活经验，为不同发展水平的孩子提供了合作、交流的机会。随着孩子们知识的丰富、实际经验的积累，孩子们会把熟悉的故事、周围生活中有趣的人和事，生动、活泼地表现出来。

表演游戏的内容虽然来源于故事，但在孩子们表演过程中，随着故事内容反复的表演之后，孩子们的表演不一定照着原来的剧本开展表演，有时会根据自己的生活经验或者表演其它故事的经验对已有的故事情节进行改编。例如把“小熊请客”中邀请小动物到家的内容改成了“过生日”，这是孩子们经验的迁移，这样的改编值得肯定。但是后续怎样让表演更精彩呢？怎样让孩子们在寻找替代物推进游戏的发展呢？

调整：

在游戏过程中，创设了百宝箱，里面搜集了许多替代物例如木棍、盒子、积木、塑料瓶等各种材料。在开展“小熊请客”的表演时，积极引导鼓励孩子们在百宝箱中寻找替代物例如用积木做生日礼物，或者用圆盒子做生日蛋糕等，从而促进游戏进一步发展。

写在故事后：

表演游戏是非常符合大班孩子的年龄特点，除了对故事内容的了解之外，其实对故事中人物角色的模仿和刻画是非常关键的，怎样通过表演，体现角色的特点，怎样在游戏中推进游戏情节的发展？带着这些问题，我在观察表演游戏中发现，通过及时的交流分享，帮助孩子们对人物角色的模仿特点有了进一步的了解，通过引导孩子们使用替代物，从而促进游戏情节的发展，激发孩子们参加表演游戏的兴趣。通过这个游戏的例子，能更好地激发他们参加其他游戏的兴趣。我相信，在今后的表演游戏中，在老师恰如其分的指导下，孩子们定会创编出更多、更精彩的节目！

老虎拔牙的故事（大班）

浦东新区顾路幼儿园　陆晓波

表演游戏就是指幼儿根据童话、故事，进行角色安排并通过语言、动作、表情进行有创造性的情节表演。它是通过扮演角色，运用动作、语言和表情再现文艺作品或生活内容的一种创造性意愿游戏。表演游戏是假装游戏中的一种，也是现代幼儿园教学中比较常见的游戏，也是一种自主富有创造性的游戏。不仅可以给幼儿带来快乐，而且表演游戏对幼儿言语表达能力、情感的理解能力、与同伴的交往能力等的提高都有较为显著的帮助。

那怎样顺利地开展推进表演游戏呢？从故事内容的选择、剧本的加工、人物角色的确立、道具场景的布置、故事情节的串联、表演技巧的推敲等一系列的内容的开展，使表演游戏更精彩丰富。

最近我们班级的孩子们在听“老虎拔牙”故事的时候特别地感兴趣，尤其是听到老虎被狐狸拔牙时嗷嗷叫时的样子，孩子们忍不住模仿起老虎捂着嘴的样子，于是，我们借机开展了商量如何表演“老虎拔牙”。

实录一：

表演游戏开始了，这是孩子们第一次筹备表演“老虎拔牙”的故事。

一开始，饰演老虎的张明旭张牙舞爪地走来走去，这时饰演狐狸的菁菁提着一颗糖走到老虎面前说：“尊敬的大王，听说你吃肉吃腻了，今天瞧瞧，我给你带来了世界上最好吃的东西——糖。”老虎接过糖说：“糖真好吃，你以后每天都要带糖给我吃。”表演一会儿结束了。在一旁做小观众的小肖和小齐两个人一会儿就走掉了，于是，我上去问他们：“你们觉得他们表演的内容好看吗？”小肖说：“他们表演的节目一会儿就结束了，不好看。”“你觉得哪里不好看？”我继续追问小肖，他说：“我听到的故事里面狐狸说了很多话，这里的狐狸说了一会儿就完了，还有老虎被拔掉牙齿的样子一点也不痛。”

刚开始一个表演内容的时候，孩子根据自己的理解，由于对故事内容不够了解，对故事的剧情发展只了解了大概，同时故事中角色之间的对话不够熟悉才导致故事情节单一内容简短等，不能吸引幼儿的兴趣。原来小观众们对这个故事表演充满了期待，但因为刚开始表演，所以在语言、动作、内容、表情等各方面需要进一步的完善。

教师支持：

1. 充分挖掘故事内容和情节理解

通过再次熟悉和回忆故事内容，帮助孩子了解故事中的主要角色和故事情节，帮助孩子通过语言对白模仿了解故事中老虎威风凛凛盛气凌人的性格，如"哎呀，哎呀，真是太好吃了。你以后每天给我送一包糖过来"；狐狸对老虎说："啊，尊敬的大王，听说你吃肉吃腻了，今天瞧瞧，我给你带来了世界上最好吃的东西——糖！"表现其狡猾献媚的性格。在熟悉故事的同时，也帮助孩子们梳理了故事的几个重要场景，例如老虎一开始的盛气凌人、狐狸献媚讨好、老虎吃糖、狐狸拔牙等几个重要场景中的角色以及对白内容。

2. 丰富表演道具和场景布置

道具是表演游戏中必不可少的物质材料，它能吸引、激发孩子表演参与游戏的愿望与兴趣，同时也能提示孩子在一定游戏情景中进行表演。于是和孩子们共同讨论表演这个故事需要哪些道具和材料，孩子们七嘴八舌的说可以给老虎准备一件披风，这样老虎就能变得很威风了，有的说可以给狐狸准备一件白大褂和医生治疗盒，这样能让狐狸看上去更像医生了。还有的说为老虎准备一把椅子，老虎可以坐在椅子上跷起二郎腿变得很威风等。通过孩子们的讨论，人物角色服装、场景的布置都变得丰富，使人物角色性格更加鲜明有特点。

实录二：

表演游戏开展得如火如荼了，通过几轮的讨论和商量，今天"老虎拔牙"的故事又开演了。饰演老虎的张明旭披着斗篷坐在沙发上威风凛凛的样子，饰演狐狸的许静姝提着一篮子的糖来到老虎面前细声细气地说："尊敬的大王，听说你吃肉吃腻了，今天瞧瞧，我给你带来了世界上最好吃的东西——糖。"老虎大声说道："拿过来，让我尝尝味道。"坐在沙发上的老虎张明旭拿着糖吃了起来，一边点头一边说："真好吃。"正表演着突然下面的小观众兰兰说："你的嘴巴不是很大的吗？应该一口就把糖吃掉了呀。""不是的，不是的，给老虎的糖很大，所以他吃得慢。"一边皓文不服气地说道。那到底是该怎么演老虎吃糖呢？大家七嘴八舌地讨论起来了，故事的表演只能中断了。

随着“老虎拔牙”这个故事表演游戏开展的不断深入，孩子们对故事的内容和故事情节以及角色对话都了然于胸，“一千个人心中有一千个哈姆雷特”，孩子们对角色的动作和对话有着自己的理解，对老虎吃糖的场景有不同的理解，有的觉得老虎应该拿大的糖果大口大口地吃，凸显它的气势，有的觉得狐狸给老虎的糖大所以需要慢慢吃，这是关于道具和动作的关系。不同的道具和动作表现的力度不一样，观众们的感受也不一样。

教师支持：

1. 充分讨论具体故事情节

由于表演游戏是孩子们自发组织的故事内容，进行角色安排并通过语言、动作、表情进行有创造性的情节表演。另外考虑到大班孩子有一定的组织和表达能力，因此，组织孩子们评比一下两组不同吃糖的场景，比一比哪个方法跟适合老虎这个角色，凸显角色的性格特点，使表演更加生动有趣。在通过对比之后，大家一致认为需要为老虎准备大的糖道具，同时老虎大口大口吃糖的动作更能吸引大家的目光更有趣。

2. 进一步挖掘道具的作用

由于在表演游戏中，道具的使用直接影响了孩子们的表演状态以及故事情节的开展，于是在“老虎拔牙”的故事中，讨论狐狸篮子里装的糖果大小、狐狸穿的衣服装饰以及老虎的斗篷等，充分发挥孩子们的主体性，讨论道具如何使用的细节等，使表演更加凸显角色的性格特点。

实录三：

表演游戏开展了很多次，“老虎拔牙”的表演故事受到了大家一致的好评，几位小演员成了固定的表演者，他们每次游戏的时候乐于表演，但演了好多遍之后，小观众们都不愿意看了，大家纷纷转向其它表演区观摩了，导致了大家的积极性越来越低。于是我组织了小演员们讨论该怎么办呢？小乐说：“我们可不可以变成大电影啊，把它放在大电影里放，说不定就会有人喜欢看我们了。”小姝说：“我觉得我们可以把这个故事改一下，让大家猜不到我们演什么就可以了。”格格说：“我觉得我们可以在小观众里发小礼物，就像我参加舞蹈比赛，小观众有小礼物拿一样，这样小观众们就会来看我们的比赛了。”大家你一句我一句地献计献策。

在参加表演故事过程中，小演员们遇到了瓶颈，这个表演再不受到小观众们的喜欢，大家心里比较着急，通过讨论想到了许多方法，把自己的生活经验迁移到了解决问题中，想到了从吸引观众和改编故事等方法。表演游戏不仅仅指如何把故事内容表演得如何成功，还包括了如何解决表演游戏中出现的问题，从查找原因到解决问题的能力。

教师支持：

1. 改编故事剧本

“老虎拔牙”是一个经典的表演剧目，小观众和小演员们都对此非常耳熟能详，多演几遍后大家失去了新鲜感，因此改编剧本内容，激发小演员们的表演积极性同时也给小观众们带来新鲜感必不可少。于是在与小演员们的共同讨论下，大家都觉得老虎最后拔完牙的部分可以改编一下，变成老虎拔了牙后成了一只非常可爱的老虎，觉得不错，于是你一句我一句地把故事结尾改了一下，从而收获了不错的效果。

2. 改变表现方式

由于小观众们习惯了在舞台下观摩表演过程，为了吸引小观众们的眼球，应小演员们的要求，把他们表演的内容录制下来，通过后期剪辑，通过大屏幕的方式公映，受到了全班小朋友们的欢迎，大家观摩的时候鸦雀无声，看得津津有味，受到了大家一致好评。还把视频发到班级群里，家长们看了也非常喜欢，效果非同凡响，小演员们个个兴奋不已。

通过此次的表演游戏“老虎拔牙”的整个学期表演过程，从熟悉故事内容到模仿故事中的人物动作到最后模仿人物的表情和情绪。在这个过程中，表演者非常的用心，而观众观摩得非常仔细和认真，每次表演后都有小观众们的分享和交流过程，从而促进了表演能力的进一步提高，无须老师的指导和演示，而是通过小观众和表演者自发的讨论和学习中获得相关经验。

三只小猪（中班）

浦东新区顾路幼儿园　薛　羚

表演游戏是幼儿的一种游戏形式，是幼儿的一种创造性的戏剧活动，它以文艺作品为内容，以幼儿扮演作品中人物（角色）为表演手段，通过表演再现文艺作品的内容与文艺作品的情感。

在表演游戏中，许多幼儿都能乐意参与其中，在表演时出来语言的表达，许多非语言的因素也是表演游戏中不可或缺的部分。比如："在表演反派角色的神情，表演小动物时的体态语等等。"

实录一：

在今天的表演游戏《三只小猪》中，刘峪荣扮演的是大灰狼，小张扮演猪妈妈，三只小猪分别由小肖、小马、小许扮演。当表演到大灰狼来追击三只小猪时，小刘扮演的大灰狼慢悠悠地走到了小猪房子前，有些羞涩害怕地慢慢挪动着身子，低着头轻轻地说："我要吹倒你的房子"。这时，里面的小猪叫道："这个大灰狼一点也不吓人。"听到这个话，小刘更加不知所措。

相反小猪们则是气势十足，晃动着脑袋，用力抵住了门，大家都在里面叫着："这个大灰狼太弱了，我们的房子不会倒下来。"

大灰狼听到这个话，声音更加轻了，"我要把你们吃，吃，吃掉！"

在表演游戏中，幼儿对于台词基本都能精准的把握，但是时常忽略了体态语，在本次的《三只小猪》中，小刘就是因为体态语的缺失，导致在与整个表演游戏中扮演的角色不符，使表演流于表面。同时，也使孩子们无法真正地走入表演，感受表演。

同时，剧本的改编对于幼儿掌握剧情也十分的重要，文学作品中常有一些描述性的语句不适合直接表演。从作品到表演必须有一个加工的过程，即把描述性文字转化为具体的语言和动作，使之符合表演的需要。如在《三只小猪》故事中，可以将"小猪听到一声'大灰狼'，她吓了一跳，心理好紧张，转身就跑"的台词改编为"啊！这是什么声音？大灰狼？一定是要吃我啦！啊！太可怕了，我快逃命要紧吧！"通过这种改编，有利于幼儿投入故事表演，并将故事中角色的心理活动表现出来。

增添情节的趣味性。一些知识性和教育性较强的故事，往往缺乏趣味性，而情节的生动有趣是促使孩子进行表演的关键因素。教师应当在故事主要情节不变的情况下，增加一些生动有情趣的内容以利于幼儿的表演。如在《三只小猪》故事中，大灰狼来到猪老三家中，老三的家固若金汤，大灰狼开始信心满满地要吹倒房子，结果失败，之后推房子又失败，再到后面爬到烟囱上，最后掉进烟囱，落荒而逃的狼狈景象。这个情节原本描述了大灰狼从骄傲、神气到失落、尴尬的心理全过程，但原文叙述过于简单，缺乏表演性。这里可以设计几个个性鲜明的角色如猪老三，猪老二，并增加他们与大灰狼间的对话，这样能够凸显个性特点，使孩子们增强了表演的欲望，另外，可以在情节中增添一些动词、拟声词，使故事情节起伏跌宕，充满趣味性。

实录二：

这时，乐乐对大灰狼的扮演者荣荣说："你看我是怎么表演的。"只见乐乐戴起大灰狼头饰，叉着手弯着腰，眼睛一下眯缝起来，原地踱步慢慢走向小猪的家；对里面的小猪说"快开门啊！"这时，小猪们也来了兴致，忙配合着说："大灰狼可不能开。"听见这句话，乐乐演的大灰狼一下子就跳了起来，只见他一边叫一边跳，嗓门也大了起来，喊道："我要吹倒你的房子。"看见那么有气势的大灰狼，里面的小猪也被吓得瑟瑟发抖，刚才的嚣张样全没了。一下子就被带入了表演的气氛中。

同时根据剧情改编，原来灰大狼只是来到猪老三家就准备爬窗户，简单的情节无法激起孩子们的表演欲望，这时，"大灰狼"来到猪老三家，先是来回走了两步，对着里面的猪老三喊道："小猪，小猪，别躲啦！我早就看到你啦！你们是逃不出我的手掌心的。"这时，小猪一听大灰狼的挑衅，也来了斗志，忙说："我们的房子是砖房子，很坚固，不信你试试。"大灰狼便吹房子，撞房子，遭遇失败后，想到了爬窗户，马上大喊道："别得意，小猪们，我可以从窗户进来，你们马上是我的大餐了。"说着大灰狼麻利地爬上了烟囱，没想到下面一锅滚烫的热水，烫得哇哇乱叫，大灰狼哇哇乱叫的神情，让人忍俊不禁，小猪们看到此情此景也是拍手叫好，整个剧情也立体丰富了起来。

相反乐乐扮演的大灰狼表情体态语都很生动，不仅带动自身的表演，也感染了周围的孩子进入角色，使表演顺利地进行。

生动的面部表情、丰富的体态语言能够为故事表演活动增添色彩。幼儿形象思维发展的特点决定了幼儿认知的发展需要借助具体形象的事物，因而运用丰富的脸部表情，以及体态语言来表达人物个性，可以丰富角色的表达表现，使角色更饱满。

引导幼儿学习丰富的声音表情，首先要让他们理解不同的声音表情可以表达不同的意思，初步了解正确运用声音表情的重要性。如说同一句话："下雨了"用较高的音高、较快的语速及向上的语调说出来，能表达一种快乐、欣喜的情绪；用较低的音高、较慢的语速及向下的语调说出来，表达的是一种沮丧、失望的情绪。接着让孩子学习运用不同的音色，来表现不同的角色形象。比如《老虎拔牙》中的大老虎声音洪亮、语调稍慢，用胸腔共鸣来发音，吐字清晰、沉稳，以表现出老虎作为“兽王”的威严，而狐狸的声音则语速稍慢、声音亮而尖，应该紧束喉管挤压成声，显出狡猾、奸诈的特色。

人的面部表情是由人的五官协调变化而形成。首先要让幼儿了解面部表情的特点，掌握运用人物面部表情地基本方法，可以让幼儿面对镜子“挤眉弄眼”表现自己的喜、怒、哀、乐等典型表情；也可以开展表情游戏，让幼儿了解更多的表情如：赌气、惊讶、高傲、嘲笑等；还可以通过多媒体课件展示的方式，丰富幼儿对面部表情的认识。通过以上方式，我们与幼儿共同总结出面部表情的特点：笑，眉开眼弯，嘴上翘；悲，眉呈八字，嘴下垂；怒，双眼睁大，眉倒竖；惊，嘴巴张大，眉头抬；愁，嘴角收拢，眉头皱等等。最后设置一些简单的情节让幼儿进行练习，渐渐掌握恰当地运用面部表情如高兴时绽放笑容，忧愁时的愁眉苦脸，害怕时的恐惧严肃等。

因此，我们要注重对幼儿表演的适时指导。同时我们必须认识到幼儿的发展是一个长期的过程，是一个经验积累的过程，有效的指导应存在于整个发展的过程中，它可以是幼儿遇到挫折或困难时，也可以是获得成功体验后表达或与大家分享感受时，教师必须努力去把握有效指导时机。

第五部分　小露珠文学·舞台表演

○ 经验总结

○ 舞台表演剧本

舞台表演是指借助一定的作品，运用语言、动作、表情、道具、器乐、歌舞等手段，在舞台上进行自如表演的活动。

幼儿的舞台表演是指幼儿依据文学作品的内容、人物、情节及主题，在现实生活的基础上，用符合幼儿想象的情节而呈现的富于幻想色彩的表演，融合了语言、动作、表情、道具、器乐、歌舞等多种多样的表演形式，在舞台上进行自如表演的活动。幼儿文学作品舞台表演注重剧本的来源、剧本的创编、角色分配、情境营造、教师的适切引导和支持，促进幼儿自信、大胆表达表现。

幼儿的舞台表演是幼儿文学课程的重要形式。舞台表演可以间接给幼儿以娱乐和美的享受，使幼儿在演绎体验中，丰富精神世界，增添生活乐趣，积累表达表现的经验，加深对作品内容、人物、情节及主题的认识和理解，提升欣赏素养和审美情趣。

幼儿舞台表演的剧本来源于童话故事、动画作品。首先，剧本创编充分体现年龄特点。小班年龄段由家长共同参与，小班注重台词的浅显易懂、朗朗上口，同时也会增加一些有趣的情节；中班注重在原有故事基础上进行情节的部分创编，由幼儿自主创编教师协助记录；大班年龄段则由幼儿自主选择和编写剧本。

其次，舞台表演要善于巧妙运用音乐、布景、灯光、多媒体技术营造情境，使幼儿身临其境，从而引发幼儿的情感，拨动幼儿的心弦，使之能与作者、作品的思想合拍，达到“融美于心灵”的程度。

再次，舞台表演时教师应适当“退后”，协调资源支持幼儿自信表现，对于不够自信的孩子多积极鼓励，可以挖掘表演亮点树立信心，也可以发挥同伴榜样示范作用增强表演的积极性，还可以请家长“助教”，集思广益助力舞台表演。

小露珠文学舞台表演主要有三种形式：每月秀、周周演、剧院观摩。每月秀，主要以班级为单位，每月一次，月底举行；周周演，以中、大班级轮流表演为主，每周一次，小班以观看为主；剧院观摩，主要是外出观摩和邀请剧团进校园，外出观摩一个学期一次，剧团进校园一个学期一次。

总之，舞台表演能使幼儿充分享受文学活动的美，创造性地表达自己对角色的理解和对文学作品的感受，积累如何进行表演的经验，以及尊重他人表演、与人合作表演、解决协商问题等经验，并在扮演中体会到一种成功感，获得多元能力的发展。

经验总结

表演材料提升幼儿舞台表演的能力

浦东新区顾路幼儿园 傅 婷

在幼儿的发展阶段，我们应当培养幼儿全面发展为主要的教育目标，而舞台表演则是非常不错的选择，既能让幼儿的表现力得到提升，又能促进幼儿的全面发展。舞台表演是幼儿喜欢的一种表演方式，它以一种喜闻乐见的具象方式来贴近幼儿的心灵，深受幼儿的喜爱，特别是以直观动作思维和具体形象思维为主要特征的幼儿们。但每一次精彩的舞台表演，都离不开精美的道具、舞台背景等这些元素。本文旨在以表演材料为切入口，探索如何以表演材料来提升幼儿的舞台表演能力。

一、鼓励自制道具，激发幼儿的表演兴趣

舞台表演中，道具的制作是幼儿非常喜欢的一项活动。他们可以通过发挥自己的想象，自己动手进行道具的准备和设计，激发了他们参与活动的兴趣和意愿，培养他们动手、动脑，是启发幼儿创造性思维的重要渠道。

在确定剧目前，我们特地先发了一张调查表下去，了解幼儿对哪方面的主题最为感兴趣。整理调查结果的时候发现，幼儿对小动物是最为喜爱，最为熟悉的，因此我们针对幼儿的喜好分别挑选了几个剧目让幼儿投票，如《小蝌蚪找妈妈》《小兔乖乖》《小猫钓鱼》《三只蝴蝶》《小动物学本领》等，在大家的积极投票后，我们得出了投票率最高的是《小动物学本领》，幼儿被可爱的小动物们所吸引，纷纷想要将其展现出来。在决定好剧目后，接下来就是要排练了，对于台词，幼儿都没有什么特别大的问题，只要在表情、动作方面再加以微调就可以了。最令人烦恼的就是道具了，于是，我们进行了一番讨论。在商讨中，大家集思广益，各抒已见，童童说："小鸟需要一个翅膀，不然就飞不起来了。""但是，翅膀要怎么做呢？"月月在一旁提出了自己的疑问。"我们用笔画下来不就可以了，直接画上两个大大的翅膀！"楚楚接口道。"没

错！楚楚，你画画最好看了，就你来画翅膀吧！”三言两语间，孩子们就把一个小鸟装扮问题解决了，我不由得佩服他们的动脑能力。看着孩子们激烈的讨论，我忍不住说道：“孩子们，你们的想法都很好，我们再收集一些废旧材料吧，大家可以把家里不需要的瓶瓶罐罐、纸盒等带来，到时候我们再看看能不能制作一些道具吧！”听完了我的建议，大家纷纷表示同意。

经过一段时间的收集准备，我们的道具初见雏形，孩子们自己画了个“学校”的场景、用大泡沫球变成了一个“乌龟壳”、利用手工纸做了好多树叶装饰大树等。在自己制作的场景和道具里，孩子们表演起来更加地卖力，给我们带来了精彩的表演。

在经过和幼儿的商讨、准备的过程中，让我发现了幼儿的无穷无尽的潜力，我们不能小看任何一个幼儿的动手和动脑能力，同时也让我对如何启发他们的创造性思维有了以下的思考：

1. 创设科学、丰富、多样的物质环境

幼儿的多种能力是在与环境的相互作用中获得发展的，因此，物质环境是幼儿学习的中介和桥梁。《幼儿园教育指导纲要》中明确提出：“环境是最好的教育资源”，应通过环境的创设和利用，有效促进幼儿的发展。可见，环境对幼儿身心发展起着不可忽视的作用。我们创设一个充满童话剧氛围的生活和学习的环境，使幼儿在不知不觉中受到艺术的熏陶和浸染。为此，我们将环境创设与主题相融合，如在开展《小动物学本领》中，和幼儿一起布置了学校、森林的场景，充分调动了幼儿的积极性，并主动参与到道具制作的活动中，幼儿体验到了成就感，激发了他们进一步创造的兴趣。

2. 投放适宜的游戏材料，为幼儿的创意提供机会

材料是表演游戏中不可或缺的，多样化的材料能吸引幼儿，不仅能激发他们参与游戏的兴趣，而且还能培养了他们的创造力、动手能力，促进同伴间的合作。因此，我们可以依据游戏的发展需求及个体差异，提供不同程度的半成品材料，并进行不断的调整，让每个幼儿在适宜的环境中获得相应的发展。如我们在开展《小动物学本领》的活动中，我们收集了大量的材料：各类报纸、宣传单、泡面盒、泡沫球、纸盒等。幼儿利用泡沫球做成了乌龟壳等，在与材料的充分接触中，对道具制作产生了兴趣、愿意去操作，进而充分发挥了想象创造力。

二、丰富表演材料，提高幼儿的表现力

在舞台表演中，幼儿可以充分发挥自己的想象，并努力地去营造一种快乐的气氛，并在与同伴游戏中获得快乐的体验。在幼儿表演的过程中，不仅激发幼儿的潜力，也进一步提高了幼儿解决问题的能力，这为他们未来的发展做好了准备。而小班幼儿天生爱模仿、爱表演，他们喜欢模仿教师、家长和同伴。针对小班幼儿的年龄特点，通过丰富和调整表演道具材料，让他们在表演游戏中提高他们的语言表达能力、交往能力、动手能力。

在《小动物学本领》这个剧本中，孩子们选择自己喜欢的小动物进行扮演。为了能够表演得更精彩一些，我和孩子们一起收集有关小动物的视频、书籍等与大家共享，孩子们的体验更直接了，他们反复模仿着，模仿自己角色的神态、动作、语气……在这过程中，孩子们提高了表演的技能，将艺术的学习兴趣与技能有机地结合成为了一对好朋友且同步提高。在一次表演完成后，音音凑过来说："老师，我觉得这样有点儿不像。""什么不像？""不像森林。""那你觉得森林应该是怎么样的？""森林里有很多小动物的，怎么可能只有我们几个小动物呢！""那我们需要些什么？""树和草，还有小动物。""那我们下次来试试。"就这样孩子们对道具的制作产生了需求，自发的制作道具，我及时为他们提供所需的材料，这种孩子自发的创作虽说不够精致，但这是孩子们自己的成果，他们表现出十分的自我陶醉，从中获得了极大的满足感、成功感与自豪感。第二次表演时，我只是简单地为孩子们准备了个森林的布景，但孩子们提出可以把"熊出没""狮子王"中的动画场景做布景，这样会动的布景就像真的一样。多好的奇思妙想！孩子们的想象力不禁让我竖起了大拇指。于是我将他们收集到的动画片进行挑选、剪接成一段森林影片，表演时播放影片，让孩子置身于这个动态的森林中，在优美的音乐配合下，孩子们身临其境，表演的效果大大出乎我的意料。

经过这两次的排练，让我发现幼儿才是表演真正的主人，他们在表演中娱乐了自身、点燃了想象力，也让我有了以下思考：

1. 在参与中凸显幼儿的主体性

在以往的活动中，我常常早早地为幼儿准备好道具，其实这些完全可以放手让幼儿自己去制作、去调整、去丰富。他们在表演的过程中可以尽情地

展开想象的翅膀，自由地宣泄心中的情感，自主地翱翔在表演艺术的天空中，从而获得情感、社会性、能力等多方面的和谐发展。

2. 用材料支持幼儿的发展

在投放材料时，我们要考虑材料的弹性化，为幼儿提供多样性、多选择性的材料道具。在让幼儿参与表演的同时，也可以让幼儿共同参与制作，让幼儿更自信地表现自己，更大方地与人交流，更大胆地想象。

三、借助家长资源，满足幼儿表演需求

幼儿能在舞台表演中，从亲身的表演中去体会角色的语言、思维，加深他们对于世界的认识和感知能力，这对于培养他们的性格和爱好都有很积极的引导作用。为了能够更加丰富幼儿的表演，道具也是必不可少，这就需要我们教师和家长共同参与。家庭作为幼儿园亲密的合作伙伴，我们要遵循尊重、平等、合作的原则，力求让家长理解、支持、主动参与，帮助家长一起投入到舞台道具制作中。

经过商讨，我们的童话剧《小动物学本领》开始进入正式排练中，孩子们都比较兴奋，各自扮演着自己喜欢的角色。但是，演着演着，总觉得哪儿有些单调，站在一旁参与排练的月月妈妈说道："孩子们演的其实还不错，但是没有道具，总觉得少了些味道，我们是不是该给他们准备些道具呀？"音音妈妈马上接口说道："是啊，孩子们没有道具，干巴巴地表演有些单调啊！要不我们去买些吧！"萱萱妈妈思考了下，说，"我觉得我们可以尝试自己来制作道具，但是，我们具体该怎么操作呢？"我补充道："平时家里有些不用的纸盒、瓶子，我们何不利用这些废旧材料呢？"楚楚妈妈附和道，"这个建议不错，我们网上再找点素材，依样画葫芦，相信肯定能制作出精美的道具来配合宝贝们的演出！"

于是，说干就干。为了给孩子们的童话剧增添光彩，家长们纷纷拿来了家里不用的物品，还从网上找了些素材，参考着动手起来。音音妈妈拿着两个大纸盒拼接起来变成了树干；楚楚妈妈则在一边用漂亮的纸张进行包装；月月妈妈把拿来的塑料瓶做成了各种各样的花朵来装饰；我在一旁给孩子们在制作相对应的小动物头饰。大家都非常投入地忙着自己手中的活儿。孩子们在旁边看的也跃跃欲试，负责一些简单的粘贴工作，场面其乐融融，为了

同一个目标而奋斗着。在大家共同的努力下,我们的童话剧道具基本完工了。在后面的排练中,孩子们沉浸在森林的场景中,犹如身临其境,表演起来更加卖力了!

家长是在幼儿制作表演和道具中不可缺少的助力。而家长的参与也能让他们对童话剧有了更深刻、更真实的体会。同时,家长的参与也增进了彼此间的亲子感情。然而,家长对于制作道具始终有些懵懂,这就需要我们在一旁起到推波助澜的作用了。我们可以通过以下途径:

1. 让家长明白童话剧是什么

在排练伊始,我们组织参与的家长开了个简短的会议,针对童话剧的特色进行重点的讲解,从童话到童话剧做相应的理论说明,让家长从根本上了解什么是童话剧,又该如何制作道具?同时,我们组建了QQ群,让家长参与讨论童话剧的道具该如何制作,可以让家长有一个前期的准备工作。

2. 让家长积极参与制作道具

在正式排练的过程中,我们根据剧情的需要,让家长积极动脑构思如何能添置道具,为我们的剧情服务,使我们的童话剧表演更加出彩。其间,我们引导家长和幼儿一起收集废旧材料,进行道具制作,如在童话剧《小动物学本领》中,家长就利用两个大纸盒做了树干,同时还利用各种易拉罐、塑料瓶、纸箱做出了多样的小花儿,树木,烘托了森林里的气氛。手巧的几个妈妈更是利用家里不要的布匹,为我们的制作出了精美的演出服,效果也是非常棒的!

在我们持续不断深入地探索实践中,我不禁发现,幼儿的舞台表演既激发了幼儿对文学作品的兴趣,也发展了他们的想象力和创造力,更值得一提的是大大提升了幼儿的表演能力。在未来的日子里,我们一定要继续坚持不懈地努力,力求把每个幼儿的潜能激发出来,促进他们的全面发展!

幼儿文学舞台表演剧本的生成与编制

浦东新区顾路幼儿园　秦晓庆

舞台表演是幼儿艺术活动的重要载体之一。很多时候我们有了故事,往往会疑惑该如何演绎,于是剧本应运而生。然而在演绎的过程中,我感受到了从故事到生成表演剧本，看似只有一步，实则需要无数次改进。我们必须从剧本选择、角色定位、音乐衬托等几方面加以考虑，以使其更适宜于幼儿的表演。

一、剧本来源多元化

幼儿文学舞台表演剧本的来源可以很广，只要是能激发幼儿表现欲望和创作兴趣的一切资源都可以成为剧本的来源。

1. 来源于童话故事

幼儿喜欢听童话故事就像喜欢吃糖果一样，童话故事对于幼儿来说有特殊的吸引力。一些好的童话故事，有情感性的、有哲理性的、也有科学性的，但孩子们都可以百听不厌。因此我们可以让孩子和家长一起去收集、选择适合他们的童话故事，改变成剧本。

如《小熊请客》这个故事一开始就成为了孩子们的焦点，不管是里面可爱的、生动的角色，还是精彩的剧情都吸引着孩子们。从自由活动中、孩子们平时的互动中都可以发现，这是一个孩子们喜欢的故事。而故事中的对话又是简短而又生动的，因此这个故事改编成剧本是有价值的。

2. 来源于动画作品

动画片同样是孩子们喜闻乐见的作品，动画片的情节往往妙趣横生，对白或幽默或温馨，“童趣而不幼稚，启智却不教条”赢得了孩子们的喜爱。因此，动画作品无疑也能成为很好的剧本来源之一。

如《过猴山》这个故事情节简单，其中的角色肢体动作夸张，表情生动，易于幼儿理解和接受。整部动画无对话，这种哑剧的形式留给了幼儿更大的想象与创作空间。尤其是其中的猴子活泼好动，调皮可爱并喜欢模仿。与幼儿天性相同，幼儿也乐于模仿、表现他们。因此，《过猴山》中的一些情节就能成为我们创作剧本的良好素材，同时也可以为幼儿进行戏剧创作与戏剧表演提供有益的支撑。我们学习活动中的“猴子学样”就是出自这个《过猴山》。

3. 来源于家长推荐

《幼儿园教育指导纲要》中指出，“家庭是幼儿园重要的合作伙伴。”陈鹤琴先生也说过：“幼稚教育是一种很复杂的事情，不是家庭一方面可以单独胜任的，也不是幼稚园一方面能单独胜任的，必定要两方面共同合作方能得到充分的功效。”坚持家园共育一直是我园的工作重点之一，当然在剧本选择上也少不了家长的参与。

由于家长们的学历水平、专业领域、兴趣爱好等的千差万别，也就自然形成了各种个性化的教育资源。每位家长可能在选材上都有自己不同的想法，家长参与到剧本的收集、选择中来，为我们提供了更多层次更多渠道的作品材料，开拓了剧本来源，丰富了幼儿的表现内容。同时，在剧本选择的过程中，家长有更多的机会带领幼儿接触、感受到更多优美的文学作品，充分激发了幼儿的表现欲望，使他们成为童话剧研究的真正的主人。

二、角色定位精细化

有时候有了原始的剧本，但如果完全按照剧本背台词、教动作、演故事的模式，那就不是孩子们为主体的演绎，只是老师主导、孩子机械模仿的过程。于是，我们开始尝试着适当放手、退后，先看看孩子们对故事的理解程度，再在过程中记录修改，形成孩子们自己的剧本。带着这样的期待，我进行了实践和探索。在过程中，我发现一个好的剧本中，每一个角色都有它的特殊定位，而每个角色的台词、表情、动作变化往往能体现出角色的心理、情绪，抓准就能使角色更立体、更丰满。

《小熊请客》中各个角色原型的形成来自孩子们的自由活动。“叽叽叽，叽叽叽，我要去小熊家做客。”我在自由活动时发现了孩子们讨论的热点《小熊请客》。孩子们开始在你说一句，我道一语中，说出了故事中的简单对话。于是，在表演区我投放了道具，以此满足孩子装扮表演的兴趣。没多久，一只可爱的小熊出现了。小熊拿着抹布往墙上擦擦、往桌子上擦擦，一边还轻轻说着：“我要把家里打扫得干干净净的，这样才能请小狗小鸡它们来做客”。还有一只可爱的小猫咪，只见他拿着礼物，一边说着：“喵喵喵，我要到小熊家做客去”，一边把礼物塞给小熊。小熊咧开嘴开心地笑了起来，说：“谢谢你，谢谢你，请坐，请吃鱼”……于是，我及时记录下了孩子们的对话，形成了《小熊请客》的剧本初稿，同时各个角色定位也有了雏形。

但我也发现在初稿形成后，很多孩子要么选择演小猫咪，要么选择演小花狗等等可爱的角色，却很少有人愿意去演狐狸等狡猾的孩子们心中的反派角色，然而有一次我发现了一些不一样的地方。我们班有个女孩子叫涵涵，她有着一头漂亮乌黑的长发，非常喜欢表演。别的小伙伴有的选择当小鸡，有的选择当小花猫，还有喜欢演小熊，可她偏偏选择了演狐狸，这是一个很多孩子都不太愿意选择的角色，了解下来是因为觉得狐狸很狡猾很坏，所以都不想演，而涵涵觉得狐狸的衣服挺漂亮，想试试。这一天，涵涵穿好了狐狸的衣服，表演起来，只见她一边说着“我的名字叫狐狸，谁看见我都讨厌我，哎哟，我得休息一下了”，一边眼珠子转来转去，还伸了个懒腰，很有小狐狸的样子，于是我在孩子们面前表扬了涵涵：涵涵演小狐狸演得太像了，表情、动作都很像。孩子们对演绎狐狸似乎有些改观，还纷纷学起了小狐狸的表演方法。扮演小公鸡的孩子学着加了点动作，一边“叽叽叽”的叫着，一边用手做出了尖尖嘴的样子。小猫咪、小花狗也一边叫着，一边做出了不一样的动作。

这样做很好的转变了孩子们的观念，也同时给了孩子们一个很好的暗示：表演中要有台词，也要有表情、动作变化。而在这个过程中，我也及时记录了孩子们出现的表情、动作，并加以适当修改，在初稿的基础上完善了对话，梳理出了各个动物朋友在不同时候需要做的动作和表情，形成了有孩子们自己主张的剧本，也使每个角色的定位更精细化了。孩子们所有稚嫩的、精彩的台词都被保留了下来，在表演的时候，选择自己喜欢的台词和动作等尽情表演，积极性也更高了。而在剧本完善的阶段，我发现歌曲的形式更活泼，于是我有将剧本中的部分对话改编成了歌曲，使《小熊请客》这一剧本更加适合幼儿表演，也转变了“演得好不好，关键是记得牢不牢”的旧观念。同时，由于角色的对话变成了歌曲形式，每个角色也因此显得更活泼、更可爱了。在这个剧本中，孩子们用生活经验，在模仿、互动、创造中形成了属于自己的角色，从而使不同性格、不同发展水平的孩子都能得到满足，获得发展。

三、音乐衬托合理化

舞台表演中音乐至关重要，对整个剧情的发展起着烘托、渲染、塑造形象的作用，对剧情的发展也起着推波助澜的作用，因此根据剧情的发展，音乐需要不断地进行变换。

如：在“小兔乖乖”中，第一场兔妈妈和兔宝宝们出场的时候，配上了温馨的音乐，能让孩子们更体会其乐融融的家庭氛围。当大灰狼出现时，为了表现身处险境的心情，就用了比较急促的音乐，当最后大灰狼被赶走时，音乐又变得欢快起来。每一次合理的音乐的运用，都能更好地凸显当时的情境，让表演者和观赏者沉浸在故事中，随着故事的进展感同身受。

同时在角色出场时也能运用音乐引发幼儿联想猜测。如在动物运动会中，我们就运用了多种风格的音乐，一阵滑音随之而来，孩子们很快想到是松鼠要一溜烟跑出来了，也有的认为是猴子，这个音乐像它从树上爬下来。还有当他们听到了沉重有力的声音时，他们会感觉是大象要出场了。当浑厚低沉的旋律响起时，小朋友们异口同声地说："这是狮子王出来了。"在剧本中，这些与角色风格相符的音乐的融入，使整个剧本更加的充实饱满，同时也能带动表演者的表演情绪，为小观众们带来更好的观赏体验。

表演的基础就是剧本，只有我们通过不断的实践、探索和改进，才能编制出更适合的剧本，才能让幼儿爱上舞台表演，更大胆地表现自己。

初探大班幼儿文学舞台表演情景创设

浦东新区顾路幼儿园　张志莉

舞台表演是一种由演员将某个故事或情境，以对话、歌唱或动作等方式表演出来的艺术。大班幼儿文学舞台表演，则是大班年龄阶段的幼儿将幼儿文学作品，以对话、歌唱或动作等方式用想象、联想和夸张的手法来塑造文学作品中的形象。但由于幼儿年龄较小，生活经验较贫乏，欣赏水平很低，仅凭倾听语言符号对文学作品进行静态的艺术再加工，很难将语言材料转换成头脑中的形象。而舞台情景创设则可以通过灯光、音乐、舞台布景等营造出具体的情境，使幼儿身临其境，从而引发幼儿的情感，拨动幼儿的心弦，使之能与作者、作品的思想合拍，达到"融美于心灵"的程度。

其次，舞台表演情景创设是观众在观赏舞台演出时，首先进入观众眼帘的景象，是舞台上最直观的造型艺术，其优劣对舞台演出的成功与否至关重要。

一、文学舞台布景创设

作为舞台表演形式的一种，舞台布景对于幼儿文学舞台表演的重要性是不言而喻的。它不仅能够为剧目创造适当的戏剧环境，更为重要的是，它可以将剧场内短暂的瞬间变为观众心目中的永恒。舞台布景的使用可以拓展幼儿文学舞台的演出空间，形象地加强时间和空间的对比，从而使所有舞台活动和场景得以顺利进行。而多媒体技术的应用，更能创造和营造出更加震撼的听觉和视觉效果。在近两年幼儿文学舞台表演情景创设探索和实践中，我更加感受到了舞台布景对于幼儿文学舞台表演的作用。

（一）追随孩子，根据表演内容制作布置舞台背景

在幼儿园的幼儿文学舞台表演中，故事表演占据了很重要的一部分，这种表演并不是照本宣读的表演，而是按照童话、故事中的角色、情节和语言，进行创造性表演，是以故事（儿童自己创编的或来自文学作品）为线索展开的活动。我们可以通过阅读的延伸，根据幼儿年龄特点及表演的特性，为幼儿创设一个属于他们的舞台布景。要根据幼儿的表演内容，为幼儿提供有力支持。如利用各种材料制作花草、树木、栅栏背景装饰、布景等，制作或收集一些角色造型、服饰等，投放头饰、手偶等道具。如：在故事表演《三只小猪造房子》的故事表演中，在孩子们第一次的自发表演时，只见大灰狼追赶着小猪，小猪在椅子间穿梭，整个表演只是在打闹，没有将夸张的语气、语调、动作、表情等逼真的形象表现出来。在孩子们看了表演的回放后，大家觉得应该有一些道具和布景，这样表演起来会更加投入，更能够表现出人物的形象。于是，在第二次的表演中就有了三只小猪、大灰狼的头饰、服装、砖房、木房子、稻草房、树木等道具，孩子们的表演变得惟妙惟肖起来，排练的兴趣也增强了。

（二）利用日常，分工合作制作舞台布景

《3—6岁儿童学习与发展指南》中指出：要鼓励幼儿在生活中细心观察、体验，为艺术活动积累经验与素材、提供自由表现的机会，鼓励幼儿用不同的艺术形式大胆表达自己的情感、理解和想象。大班孩子的手指小肌肉快速发展，已能自如地控制手腕，运用手指活动，例如，灵活地使用剪刀，会用橡皮泥等材料捏出各种造型等，还能正确地使用画笔、铅笔进行简单的美工活动。他们喜欢画画、手工，就如同喜欢游戏一样，孩子们在活动中的大胆创造和想象是成人所无法预料的。他们已经能用思维解决问题，他们会事先计划自己的思维过程和行动过程，他们不仅在认知过程中能够采取行动计划和行动方案,在意志行动中,也往往用各种方法控制自己。因此,为幼儿创设一个轻松愉快的环境,鼓励幼儿一起收集制作故事表演所需的舞台布景所需要的材料,共同制作舞台布景成为了一种可能。所以,在日常活动中,我们鼓励孩子通过讨论、共同商议故事表演中所需要的背景、道具等,然后分工合作进行制作。在美工区投放了一些做头饰和手偶的材料(例如:手偶和头饰图片、制作提示、卡纸、剪刀、画笔、双面胶等),投放了这些材料后,孩子们可以根据自己的兴趣,利用自由活动、个别化学习等的时间制作布景和道具。故事舞台有了新的道具,演出更加精彩了。

二、多媒体技术在幼儿文学舞台表演情景中烘托作用

(一)多媒体技术的背景烘托

从舞台演出运用的手段来看,舞台演出需要一定的背景来烘托效果,在舞台上使用多媒体背景技术,如LED高清显示屏激光投影等,所形成的布景及场面与静态相比,显得抑扬顿挫、变化多端,完全没有单调的印象,让观众能感受到更多的艺术氛围。在表演过程中,多媒体制造的动态背景把舞台的场景表现得更加真实,如多媒体背景常用的红菱飘舞、江水奔腾、百花齐放、风吹草动等,比实物布景更具动感,让人有一种身临其境的感觉,比传统舞台背景更具表现力。所以,从舞台演出运用的手段来看,多媒体技术实现虚拟空间的真实再现,丰富了舞台表演的内涵,极大提升了对演出氛围和主题的渲染,为我们展现了一个更绚烂、更美好的舞台,同时给观众以美的享受。

从舞台演出的视觉效果来讲,多媒体技术巧妙地将各种高科技与舞台资源相整合,使得舞台演出节目与LED舞台外画面有机结合,达到内容上的有效统一,营造出更具情景交融的舞台效果。与此同时,用多媒体技术还可以实现传统布景所无法体现的一些景象,比如《老虎拔牙》《三只蝴蝶》等演出中,通过三维与平面制作呈现出静态、动态等逼真画面渲染出了炫目的演出氛围。在这种虚实结合的模式中,营造出的演出效果非同凡响,多媒体不但提高了舞台的视觉冲击力,而且也增强了演出剧情的气氛。

从舞台设计方面来讲,运用多媒体技术的非线性叙事能力可以将时间和空间进行转换,无论是早晨还是傍晚,室内还是室外,都可不断进行切换。

如：在《三只蝴蝶》童话剧表演中，雨过天晴的场景通过多媒体呈现得如梦如幻，恍如在真实的场景中。

（二）舞台音响及灯光的气氛渲染

想要展现出具备影响力的舞台表演，舞台氛围的营造尤为关键。在表演当中，剧情需在相衬的氛围中才可展现出来，舞台道具乃至背景只会具有一些打造氛围的作用，关键还需要舞台音响将气氛烘托出来，通过视听结合的方式，为观众带来强大的冲击感，画面需与音响效果一同展现出来，如此才可展现出最优的艺术效果。舞台音响的重点不可忽略，假如在舞台表演中不存在音响设备，表演会显得毫无生机、呆板无趣。打造良好的舞台气氛还可以让观众更容易理解和接受。

文学活动是我园的特色课程，在文学活动中舞台表演是不可或缺的内容之一。大班幼儿临近毕业了，在毕业会汇演中，童话剧也纳入了必选项目之一。如：在《孙悟空三打白骨精》的排演中，第一次彩排随着幕布的徐徐拉开，孙悟空手持着金箍棒、唐僧手拿九环锡杖、猪八戒扛着钉耙、沙僧挑着担子出场了，只见他们在舞台上转了一圈后来到舞台中间。由于没有使用灯光和音响的效果，因此，在唐僧师徒四人出场时，观众的注意力没有被瞬间抓住。而在正式的演出中灯光较暗，随着幕布徐徐拉开，西游记的音乐也渐渐响起，孙悟空手持着金箍棒、唐僧手拿九环锡杖、猪八戒扛着钉耙、沙僧挑着担子出场，灯光追随这师徒四人渐渐变亮，师徒四人在舞台上转了一圈后来到舞台中间。由于在出场前就播放了西游记的片头音乐，因此，师徒四人还未出场就营造了一种未见其人先闻其声的效果，随着音乐的响起、灯光的渐亮，演员的表演更加投入了，观众的情绪一下就被吸引住了，收到了很好的演出效果。由此可见，舞台音响效果、灯光的好坏直接关系到节目的最终质量，影响到观众的欣赏效果它可以延长和浓缩时间和空间，补充视觉形象表现的不足。它通过声音作用于观众的心理，使观众产生环境联想。

可见，环境的创设是顺利开展舞台表演的基础与前提，也是发挥幼儿主体性的良好契机。根据剧情的内容，情节的发展，创设有意境的环境，会使幼儿产生遐想，萌发参与表演的愿望。音响和灯光作为一种艺术手段，在舞台演出效果中可以创造必要的情绪，或强调戏剧内容的某些因素，使气氛更富于生活的真实，同时也能渲染气氛，增强观众的感受，丰富演出的形象和内容，所以，音响和灯光在演出中的地位也是不可忽视的。

文学舞台表演是综合的艺术，与演员、音乐、道具、灯光、多媒体技术等都有密切的联系，舞台表演的成败需要多方面的综合服务才能获得最佳的效果。

浅谈如何推进小班幼儿舞台表演的思考

浦东新区顾路幼儿园 傅 婷

舞台表演是幼儿在现实生活的基础上，用符合幼儿想象力奇特性质的情节而呈现的富于幻想色彩的表演，融合了多种多样的表演形式，给幼儿提供了更多的表演机会，这也符合了《幼儿园指导纲要》(试行)中提到的："为幼儿创造宽松的环境，激发情趣，体验审美愉悦和创造的快乐，体现自我表现和创造的成就感。"而要使舞台表演真正发挥其实效性，除了依靠老师的努力外，还需要家长的理解、支持与合作。我们通过引领家长走进舞台表演主题活动，走进幼儿的活动，使教师、幼儿、家长三者共同成为活动的主角，最终达到教育观念的统一，促进幼儿主体性的发展。本文试图以《聪明的小猴》为例，来谈谈如何推进小班幼儿的舞台表演。

一、小班幼儿舞台表演中的问题

小班幼儿由于年龄特点摆在那里，在他们舞台表演的过程中，或多或少会出现一些问题，如：

1. 每个幼儿的喜好不同，兴趣不同，如何挑选一个大家都喜爱的故事来作为舞台表演的对象就是一道令人头疼的选择题。

2. 在小班阶段的幼儿，基本能用词组成简单的句子来表达自己的意思，但句子经常不完整，常出现没有主语的病句或颠倒的情况。因此，在表演的过程中，我们常常发现，幼儿对台词的把握度还不够。

3. 在舞台表演的过程中，幼儿除了台词需要牢记外，对于动作、神态也需要好好地进行一番斟酌，而小班的幼儿在这方面的经验比较欠缺，表现形式比较单一。

4. 舞台表演除了小演员们，还需要道具、服装、音效等来烘托，也是我们需要解决的一大难题，巧妙地利用家长资源去如何攻克这些问题又是需要我们去深思熟虑的。

针对以上会在舞台表演中可能出现的问题，我们在一开始选择剧目时，就要尊重幼儿的意愿，听取他们的意见，同时给予他们一定的专业指导，外加借助我们家长的力量，让幼儿能够进行一次顺利的舞台表演。为此，我们结合《聪明的小猴》这出剧目来思考如何推进幼儿的舞台表演的能力。

二、选择合适的内容，激发幼儿的表演兴趣

我们首要做的是需要选择一个合适的题材来作为舞台表演的剧目。这是我们进行舞台表演的基石，那该如何挑选合适的内容呢？我们第一考虑的是内容是否适合幼儿的年龄、心理特点，这将直接影响着幼儿参与活动的积极性和感兴趣程度。我们在选择活动内容时，尽量从幼儿熟悉并喜欢的故事、儿歌、童话等这些素材里来挑选，那些耳熟能详的剧目，如《小兔乖乖》《小蝌蚪找妈妈》《拔萝卜》等就被我们列入了首选范围。我们想着小班幼儿对妈妈的情感比较深，有着依恋情结，《小兔乖乖》和《小蝌蚪找妈妈》会比较受欢迎，而《拔萝卜》的可塑性也很强，在《拔萝卜》的故事里，有着幼儿较为熟悉的一些人物，如老奶奶、小花猫、小姑娘还有生活中常见的萝卜，并且《拔萝卜》这个故事又比较容易表演，对“拔”这个动作幼儿也比较容易能把握住，还能通过这个故事懂得同伴之间要相互关心，懂得人多力量大的道理。然而，出乎意料的是，幼儿对这些并不感冒，反而对《聪明的小猴》兴趣更为大一点，可能是因为这个故事比较新鲜，让幼儿比较好奇，在让幼儿投票决定的时候，票数竟然是最高的。

既然幼儿都对这个故事的感兴趣程度大，我们就尊重他们的意见，摒弃了《拔萝卜》《小兔乖乖》，就把《聪明的小猴》搬上了议程。我们通过讲述故事，让幼儿对其中的角色对话、出场前后也都一一了解得清清楚楚，同时我们也请家长帮助我们在网上搜索有关《聪明的小猴》的视频以供给幼儿观看欣赏。在观看数遍后，我们班内的幼儿几乎对这个故事里所有的角色和台词都记得清楚，并且能够跃跃欲试地尝试表演。在决定表演的剧目后，我们进行了角色的分工，并根据剧本组织安排了出场顺序等。

三、创设良好的语言环境，提高幼儿的表演兴趣

在平时的一日生活中，我们可以利用日常生活的各个环节，有意识地引导幼儿故事中的对话、动作等。小班幼儿喜欢模仿，根据幼儿的这一特征，我们可以在教学活动，抑或是平时在和他们讲故事的时候，利用自己的肢体语言、表情将狡猾的狐狸、聪明的小猴等一个个形象生动的角色塑造出来，绘声绘色地讲述给幼儿听，相信幼儿在我们的带动和感染下，会开始模仿我们的腔调、语气、神态来进行对话和游戏，同时在此基础上，逐步地根据自己对故事的理解来改编、丰富自己的语言和动作。

同时我们还可以在排练的过程中，引导幼儿适时地来段即兴表演，让台上台下有个互动，舞台表演有时候不仅仅是对台词的死记硬背，更多的时候是一种随性，一种即兴的表演，从而激发演员和观众之间的兴趣与共鸣。如在表演《聪明的小猴》，当表演到第二天小动物们找甜瓜的那一幕时就可以适时地加入与台下观众的互动，问一问台下的小观众："大甜瓜是不是藏在这里呀？"这不仅让小演员们的表演显得更加灵动，也激发了小演员和观众之间的互动，提高了幼儿的表演兴趣。

四、发挥教师指导作用，加强幼儿的表演技巧

幼儿是舞台表演的主体，那么身为教师的我们在其中担当了一个怎么样的角色呢？又在这其中发挥些什么作用呢？由于小班幼儿的生活和知识经验水平有限，缺乏一定的组织和语言表达能力，因此，作为教师的我们，有着多重的身份扮演，不仅仅是一个活动的指导者，而且还是一名鼓励者。这些重叠的身份，意味着我们要让幼儿能够从文本到舞台的清晰呈现。

1. 指导者——帮助幼儿理解故事内容，拓展幼儿的表演经验

为了幼儿能够完美地进行表演，我们必要时可以提供一些适宜的指导，以便来拓展幼儿的表演经验。首先，在幼儿正式表演前，我们可以将故事内容和幼儿进行简单的交流，让幼儿对故事内容里出现的人物角色有一定的概念，了解其特征、喜好等，便于幼儿在表演时能将角色的鲜明特征表现出来。其次，我们要让幼儿定位好角色，这样就可以根据内容来练习对白，并加上肢体的动作和表情。但是，往往幼儿在表演时，幼儿对于角色的把握比较呆板

一些，因此我们让幼儿看一些关于这个故事的视频，引导他们找到角色的动作细节特征，比如狡猾的狐狸和聪明的小猴形象，让幼儿在进行表演中进行进一步的感受、模仿、体验，在模仿中把握角色的情感、动作、语言。在这一模仿过程中幼儿不仅提高了表演技能，而且还使艺术学习的兴趣与技能有机地结合成为了一对“好朋友”。另外，我们也可以在表演中为幼儿提供各种各样有趣的道具，用来增强舞台表演过程中的乐趣，如太阳下山的场景、大树等。很多道具也可以由要幼儿自己动手参与，比如“太阳下山”的场景中的太阳是幼儿自己涂的颜色；“大树”上的叶子也是幼儿自己动手剪剪贴贴装饰的……

2. 鼓励者——引导幼儿大胆表现，促进幼儿的交往能力

在幼儿表演的过程中，我们常常发现会出现很多的问题，但正是有这些问题的发生，才能造就一次完美的表演。我们在幼儿表演时，要将幼儿出现的问题在表演后，和幼儿一起商讨、一起研究，要在一次次的讨论交流、实践反馈中得到成长。在表演伊始，幼儿往往会由于害羞、胆怯而对自己的表演出现不自信的现象，此时，我们上前鼓励幼儿大胆表现自我，将扮演的角色尽力表现出来。令我印象最深刻的是，在第一次的排练中，几个小演员都是自管自地说完自己的台词就结束了，全程无交流，针对这样的一个现象，我们进行了一次简单的交流，“朋友们，我看了你们的表演觉得挺好的，大家台词都记住了呢！但是，你们有没有发现什么问题呀？”扮演小猴的轩轩一向是个“小滑头”，立马说道：“老师，是不是我们没有配合好呀？”“哎哟，你发现啦，那怎么可以让大家在表演的时候配合好呢？”我接着问道。几个孩子似乎被我问得有些懵，各个耷拉着小脑袋，我连忙笑着说：“平时，你们看《熊出没》的时候，熊大和光头强是自己管自己说话的吗？”小致拍着脑袋叫道：“老师，老师！我知道了，我们表演的时候只顾自己要说的话了，没有顾及其他小朋友呢！”我对小致竖起了大拇指，不等我开口，馨月郑重地说道：“老师，我们知道要怎么表演了，让我们再来一次吧！”于是，孩子们有了第二次的表演，和第一次相比，大家除了关注到自己的台词，角色之间有了明显的互动和交往，也让我坚信，他们一定会将这个活动表演得很出色！

简而言之，教师在幼儿舞台表演的表演中不是居高临下的角色，而是要以一种开放的态度接纳看待幼儿，充分发挥多方面的指导作用。

五、共建适宜的表演氛围，提升幼儿的表演效果

除了幼儿和教师，我们也一定要重视家长在舞台表演中的“助教”作用。家长的积极参与是幼儿园家长工作的核心，也是幼儿园开展活动的坚强后盾，幼儿园和家长需要共同协作、共同追求，努力提高幼儿全方位的发展水平和质量。同时，我们也要使家长真正成为有效的教育资源，就好比在幼儿的表演和道具的制作中，家长是不可缺少的助力，我们的舞台表演就需要家长的大力支持和共同参与，充分发挥其助教的作用。另一方面，有了家长的参与也增进了亲子感情。

1. 舞台表演知多少，解惑答疑心中了

其实，大部分家长对于舞台表演到底是什么会产生种种疑问。针对这样的一个情况，我们在活动开展前，组织家长进行了一次简单的交流，给家长们答疑解惑，让他们能对舞台表演有个一定的概念。同时，我们也将本次要表演的活动内容也一并告知家长，让家长对内容有初步的认知，以便能够在家指导幼儿的表演。对于有的家长不会进行指导幼儿表演的，我们则会为家长出谋划策，向家长提供一些指导的方法。另外，我们还会邀请家长观摩一些我们成熟的活动，以自己的情绪感染孩子。另外，我们还会创建了一个QQ群，能够方便我们网上交流一些在表演过程中出现的问题，需要调整的地方，如何制作活动的道具等，让家长们有一个前期的准备工作，以便活动能够顺利开展，提高表演水平。

2. 家长“助教”齐动手，舞台道具皆尽有

在这次《聪明的小猴》的道具投放中，许多家长都参与我们的道具制作活动中，那么我们就要用自己的慧眼去发掘这些“家长老师”，用他们的智慧将自己驾轻就熟的经验传授给幼儿，将这些“能者”的优势发挥出来。如在《聪明的小猴》表演中，小猴需要一个大甜瓜，我们就一起讨论，什么材料可以变成一只大甜瓜。家长们集思广益，娴娴的妈妈说，“这个简单，我们直接淘宝上买个甜瓜不就好了嘛！”而轩轩的妈妈则认为可以利用一些废旧材料自己动手做一个。两个妈妈的意见产生了分歧，两个建议都挺好的，最后还是楚楚的妈妈拍板决定，自己动手做吧，又不是什么难事儿，拿块布塞点棉花就能搞定了，和自己的宝贝一块儿做，还能增进亲子感情，何乐而不为呢！娴娴

的妈妈听完楚楚妈妈的话，也认为这是一次不错的增进亲子情感的机会，平时工作很忙，正好可以借此机会来好好弥补呢！说干就干，我们的“助教”从家里、单位等地方收集了各种材料，如：足球、饼干盒、纸盒、一次性饭盒等，为小猴制作甜瓜。家长们的热情与创意得到了一致的认可，信心倍增。同时，我们也请到了皓皓的奶奶，她是一个裁缝，对手工方面非常精通，我们就邀请了她参与了我们道具制作中。另外，在制作动物头饰方面，我们也鼓励家长和幼儿一起进行，以此来丰富幼儿的感知，升华对剧中角色的了解和认识。而在这个制作的过程当中，家长们也是一次和幼儿再熟悉角色的机会。家长一边和幼儿制作，一边告知幼儿为何这样设计的原因，让幼儿对剧中角色的认识更加深刻。

3. 美妙音符似跳舞，你侬我侬甚甜蜜

一场完美的演出，离不开音乐的点缀。如何挑选合适的音乐，这个问题也让我们的QQ群热闹了很久，家长“助教”们都讨论地很激烈。小致的妈妈很有心地为我们总结了以下两点：1. 我们选择的音乐一定要符合这个活动内容；2. 我们所选的音乐一定是要幼儿熟悉的。我们只要把握住这两点才能更好地烘托氛围并推进剧情。在大家的不懈努力下，我们为这个活动加入了一些幼儿熟悉的歌曲，如在开头部分的《森林狂想曲》、在结束部分的《哈哈笑》等音乐及歌曲。这些音乐吸引幼儿了，降低了幼儿对音乐理解的难度，也和我们的活动有了巧妙的结合，完善和丰富童话剧的表达。让同伴、亲子之间的情感有了明显的提升。

家长“助教”们除了为我们准备道具、音乐外，还为我们的服装、舞台背景、场景布置也做出了很大的贡献。虽然可能在这次的表演中还会有这样那样的问题，但却给我们的家长和孩子有了一次非常新奇的体验。在表演的过程中，幼儿也潜移默化地学会了一些在课堂生活中不曾出现过的道理，这样的一次经历，不仅让幼儿享受了多彩的舞台，也让幼儿和同伴、亲子之间的情感了有明显的提升！

缤纷的世界，多彩的舞台。在表演的过程中，不仅能够让让幼儿从亲身的表演中去体会角色的语言、思维，加深他们对于世界的认识和感知能力，还能让幼儿在活动中自由尽情地宣泄情感，体验到成功的快乐，增强自己表演的信心，这对于培养他们的性格和爱好都有很积极的引导作用。

幼儿文学舞台表演剧本的生成与编剧

浦东新区顾路幼儿园　秦　舟

当拿到一个文学作品时，并不是马上表演出来的。有些东西需要慢慢地细细地去琢磨，如何在有限的时间内将作品能够较为完整地交代清楚？并且内容还要生动饱满，这些都是需要去思考和精心编排的。舞台表演区别于表演游戏，它需要更为理性的、逻辑的、合理的编排，将最为精美的一面呈现在舞台之上。如果说幼儿的表演游戏注重的是享受这个游戏过程的话，那么舞台表演则是将精华作为最后的呈现。一个好的剧本需要不断地推敲，因此，我想以这次的亲子儿童剧为契机，尝试开展幼儿文学舞台表演剧本的生成与编剧的研究。

一、家长参与下的剧本

从小班到中班，大部分的剧本都是由家长参与改写的，但是大部分家长并没有这方面的特长，他们一般会将孩子的台词进行修饰，变得浅显易懂，让孩子念得更朗朗上口一些，但往往在剧本的编排上有所欠缺。

以小班的亲子童话剧《聪明的小白》为例：

首先，家长的剧本中有这样一些旁白，如：

旁白：小白和妈妈不一会就采了半筐各式各样的蘑菇。

旁白：这时候从花丛那边飞来一只小蜜蜂。

旁白：小蜜蜂飞走了，小白跳回来找不到妈妈了，哭了。

旁白：狐狸没有得逞，灰溜溜地走了；小白继续找妈妈。

旁白：小动物们听到呼救声，纷纷前来搭救小白。

旁白：大灰狼被小动物们赶跑了。小白也终于和妈妈见面了。

我觉得，第一句旁白可以用道具来呈现，事先在舞台一侧布置一个小草丛，里面有很多小蘑菇道具，兔妈妈和小白进去后，可以通过肢体动作来表示采摘蘑菇放在篮子里。而后面的旁白都可以通过小动物的动作、声音和神情去表现，不需要这些旁白。

其次，家长在第一幕时描述兔妈妈和小白一起摘蘑菇的场景，添加了很多内容，交代了两人要做的事情，以及加入了凸显小白兔特征的儿歌，这些都挺不错的，但后面两人的对白和剧情的主线没有很大的关系，如：

妈妈：小白，妈妈回去给你煮蘑菇汤喝，好不好？

小白：好喔！妈妈我要喝一大碗。

妈妈：好！

如果改为，妈妈说："这里的蘑菇采得差不多了，你到那边去看看，但是别离妈妈太远哦。"这样的话既能代替旁白说的"小白和妈妈不一会就采了半筐各式各样的蘑菇。"又能紧扣剧情的主旨。

再次，舞台上需要通过上下台来进行一个转场，家长的剧本中是这样的：

小白："咦？小蜜蜂要去哪儿呢？"

蜜蜂："我要去采花蜜，没时间和你玩。"（小白蹦蹦跳跳追过去追赶小蜜蜂）

兔妈妈：（发现小白兔不见了，慌张地站起）"小白！（声音又高又长）小——白！离妈妈远了，你会有危险的。"（提筐寻找小白兔）

旁白：小蜜蜂飞走了，小白跳回来找不到妈妈了，哭了。

小白：我找不到妈妈了！我找不到妈妈了！

这里，其实应该有个上下台的，当小白追着小蜜蜂走的时候应该从右侧下台，这时兔妈妈发现小白不见了，不仅要表现出慌张，而且还要来到舞台的中间，因为这时只有兔妈妈一个人了，而且她有一定的台词，所有的聚焦都在兔妈妈身上，所以她不能偏台，当说完"你会有危险的。"这句之后，后面还应该有兔妈妈去找小白的场景，比如焦急的样子左边找找右边找找等等，还能加一句台词："我得赶紧把她找回来。"因为每个妈妈都是爱孩子的，孩子不见了肯定会很焦急的要去找。在寻找的过程中下台，而不是一直蹲在舞台的一侧。随后接后面小白找妈妈来到舞台上，遇到狐狸和大灰狼的情节。这样也会让舞台上的场景切换看得更清晰一些。

一部好的剧本，需要从各个方面去考虑，从剧情的表达，主旨是否鲜明，表述是否清晰等，从舞台的效果看，是否有场景、道具等，从角色来看，人物的台词、动作、是否凸显角色特征以及围绕剧情走向而定。舞台表演是通过演绎来使人看明白剧情的，因此，不必要的旁白要尽量的少，能够用肢体语言或是角色间的台词代替的，就应去掉。这也是文学作品与舞台表演的一个比较大的区别所在。再者，故事中三言两语就说明白的事，在舞台上就需要融入更多的艺术表现手法，来充实这个舞台表演，要让观众能够看得津津有味。比如兔妈妈慌张地站起来，就“慌张”一词就可以用很多动作和神情去表现，舞台空间也很大，可以充分利用，“慌张”的是小白不见，然后到处找，“慌张”的是怎么也找不到小白，“慌张”的是，再不找到小白，小白就可能有危险。短短“慌张”一词，却可以融入这么多的内心想法和动作，使得舞台表演更为丰富。剧本中还应呈现角色的上下台，使得舞台场景交代更清晰明了，避免所有相关与不相关的角色都出现在同一个场景里，让观众分不清主次。

二、幼儿参与下的剧本

这一次是中班下学期，因此决定尝试让孩子一起来参与讨论。

经过一番商讨，大家决定表演《小羊和狼》，因为孩子们对这个故事非常熟悉且喜欢，可是，这次参加童话剧表演的孩子总共有九人，而故事当中却只有小羊、小狼、小花猫、小黄狗、白马和大象六个角色，足足多出了三个人，于是就组织孩子开始讨论了：“还有哪些朋友可以来帮助小羊呢？”一个孩子说：“可以找小猴来帮助小羊，把吃剩下的香蕉皮扔大灰狼。”“扔了会怎样呢？”“嗯，这样大灰狼就会摔倒了。”“好的，说得非常好，还有谁会来帮忙呢？”这时又有一名小朋友说：“可以请小猪来帮忙，把身上的泥甩到大灰狼身上去。”“如果这泥甩到大灰狼的眼睛会怎么样呢？”“它就看不清路了，也抓不到小羊了。”“嗯，这也是个不错的方法，现在有小猴和小猪来帮忙了，就缺最后一个小动物了，快想想，还有谁会用什么方法来帮忙？”这时又一个小朋友举手了，她说：“小蜜蜂也可以来帮忙，它可以用尾巴上的针去蜇大灰狼。”“你们真会动脑筋，那你们觉得这些小动物要放在什么时候去对付大灰狼比较好？”经过一番讨论，大家一致认为放在大象的前面比较好，因为最终大象用鼻子把大灰狼卷起来扔进了河里。我记录下孩子们的这些话语，并把他们提到的小猴、小猪、小蜜蜂编写进了剧本里。结合上下文，适当地调整了一下顺序。如下：

小花猫说：“小羊，你到外面找个地方藏起来，我躲在火炉边。狼来了，找不到小羊，他一定会到火炉这儿来点火，那时候，我就用爪子抓他。”

小黄狗说：“狼被小花猫抓了，一定会往外跑，我躲在门背后，等他出来的时候，我就咬他。”

白马说："狼被小黄狗咬了，一定会往房子后面跑，我躲在房子后边，等他跑来的时候，我就踢他。"

小猪说："我趴在泥坑里，等狼跑过来的时候，我就用一身泥巴甩它，溅到脸上让它看不见。"

小猴说："我爬在大树上，等狼跑过来的时候，我就把吃完的香蕉皮扔在它的面前，让它摔个大跟头。"

小蜜蜂说："我趁它摔倒的时候用力蜇它。"

大象说："我站在大树底下，等狼从大树旁边逃跑的时候，我就用鼻子把它卷起来扔到河里去。"

孩子们的表现让我感到很惊喜，但也在情理之中，他们这个年龄段的孩子，对于小动物是最熟悉不过的了，利用平日积攒的知识，来丰富剧情，从中，我也看到了孩子们解决问题的能力。

三、幼儿的原创剧本

进入大班后，幼儿对于舞台表演的兴趣也愈加浓厚了。受到专家报告的启发，对于孩子选择表演的素材，我们不再局限于那些经典的故事——如《白雪公主与七个小矮人》《孙悟空三打白骨精》《老鼠娶新娘》等，而是鼓励幼儿选择自己喜欢的其他作品进行表演，比如所喜爱的动画片等等，由孩子作为主导进行编排。比如孩子们会选择《葫芦娃》《熊大熊二》《奥特曼》等作品来进行演绎。

以《奥特曼》为例，往往会发现，孩子们热衷于奥特曼打怪兽的环节，因为可以有更多的肢体动作去表现，然而却没有对话，剧情也不够完整，于是我和孩子们进行了一次谈话活动：

T：小朋友们，你们平时看的奥特曼，都是一开场就在打怪兽的吗？

S：不是。

T：那是怎样的呢？奥特曼为什么要打怪兽？

S：因为怪兽进行了破坏，把那些房子什么的都砸坏了。

T：对呀，奥特曼不会无缘无故去打怪兽的，也不是所有的怪兽都是坏的。那么，在这个故事里面，除了有奥特曼和怪兽，还有些谁？

S：有科学特搜队的队员。

T：还有呢？

S：还有小孩子，还有大人。

T：对呀，里面有好多人物，每次出现的人物他们发生的事件也有所不同，但是都有一个共同点，你们发现没有？

S：什么共同点？

T：你们仔细回想一下哦，首先怪兽出现会怎样？

S：搞破坏。

T：好，怪兽为什么要搞破坏？

S：外星人要侵占地球。

T：对呀，因为有外星人要侵占地球，所以才会不断的送怪兽来搞破坏啊。那么搞破坏的时候，地球上的人会怎么样？

S：地球上的人就会遇到危险。

T：然后呢？

S：然后奥特曼就会来救人了。

T：再想想，奥特曼救人之前，是谁在救人？疏散人群到安全的地方去？

S：是科学特搜队！

T：对啊，只有当科学特搜队的队员也解决不了问题时，混在里面的奥特曼才会变身出来打怪兽，但是奥特曼出来的时间有限，没有在时间限制内打败怪兽会怎样？

S：会支撑不住，还会亮灯！胸口的灯会一闪一闪的。

T：对，这就是发出警告，随后奥特曼会怎么做？

S：努力让自己爆发最后的能量打败怪兽！

T：好，现在想想是不是基本上都是这样一个剧本套路？

S：对哦！

T：那接下来，你们的表演内容还会是奥特曼一开场就跟怪兽打吗？

S：不会了。

T：那你们再好好想想，把刚刚说到的人物都用进去，让每个人物都充实起来试试。

通过这次的谈话活动，孩子们对于剧本的完整性有了进一步的认识，而不是单一的只表现某一个场景。

再比如《葫芦娃》，因为是反复观看过的动画片，因此，孩子们对于其中的一些经典台词记得非常熟，这些都不用我们老师去刻意提醒，孩子们都是自发地念出对白。这也是为什么我们要尝试以孩子自发的兴趣去选择素材的原因，孩子的语言通过模仿也变得丰富起来。还有表情的演绎，动画中夸张的表现手法，也给孩子们留下了深刻的印象，有些孩子在念台词时，表情也表现得惟妙惟肖，对于表现特别突出的孩子，也会在分享环节，让他们表演给其他小朋友们看，也会鼓励下面的孩子，除了这样表现外，还能怎样表现等等，鼓励孩子多多动脑，用多元化方式进行表情的演绎。

随着孩子们年龄的增长，由家长成为主导，逐渐变成幼儿主动参与，这正是该项活动的意义所在。但不管是家长参与的剧本，还是幼儿参与的剧本，我觉得在不同的时期，老师也应有针对性地指导，这样我们的舞台表演才会变得更完善。

从“扭捏”到“大胆表达”
——培养中班幼儿舞台表演自信心的实践研究

浦东新区顾路幼儿园 张 芸

《3—6岁幼儿学习与发展指南》中对中班幼儿的自尊、自信、自主表现提出的目标是：“能按自己的想法进行游戏或其他活动；敢于尝试有一定难度的活动和任务”。

中班幼儿“怕表演”和“没主见”的现象比较普遍：怕表演的幼儿不是缺乏表演的能力，而是觉得自己表演得不够好，面对很多人觉得害怕，“没主见”的孩子并不是缺乏某种技能，而是自我意识不够强烈、不自信，不能自主决策，两者都是缺乏自信心的表现。

同时，在日常的观察中发现我班幼儿对故事的表达，尤其在表现力方面还有待提高。有的幼儿说话声音轻、低、害羞，有的孩子说话时不敢看老师的眼睛，不敢在集体面前讲话；回答问题时手足无措，对自己的能力缺乏信心，特别是怕被别人笑话。

因此，根据《3—6岁幼儿发展指南》对中班幼儿的发展需求，及我班幼儿在大胆表达方面存在的不足，我就借助《从“扭捏”到“大胆表达——培养中班幼儿舞台表演自信心的研究”》《以童话剧为载体，让幼儿更大胆、更自信》为切入口，凭借故事、舞台表演的方式，培养幼儿大胆表达和表现能力，在增强幼儿表达表现时自信心的同时，让幼儿在快乐中健康地发展。

作为一名从事幼儿教育的教师，如何激励孩子，帮助他们树立信心，勇于并善于表现自己，是我不断思考和探索的问题。以下是我根据实践研究得出的几点经验：

一、建立融洽的师生关系、营造宽松的氛围，激发孩子尝试表现

良好的心理环境是开展故事表演活动的前提。心理学家皮亚杰强调：“儿童是在周围环境的影响下，通过主客体的交互作用，而获得心理发展。”陶行知先生也曾说过：“教育是心心相印的活动，唯独从心里出发，才能达到内心深处。”教师的爱为幼儿发展创造一种无压抑感，充满激励的良好气氛。在表演游戏过程中，教师要扮演好自己的角色，注意观察幼儿的表现，倾听幼儿的心声，让幼儿感觉到教师在关注他、喜欢他。在故事表演游戏的过程中，总是有着这样或那样的问题，幼儿游戏中的矛盾也随之产生。以前，我们因为“怕”，所以总是习惯充当问题的调解者，使幼儿产生了“老师说的就是对的”感觉。为了让幼儿完全放松的参与游戏，成为游戏的主人，在孩子遇到困难时，我们不再急于否定任何一方，对发生的问题及时作出分析，试着慢慢引导孩子自己去尝试，然后大胆放手让他们自己解决矛盾，这样在幼儿心里就不会有“我做错了”的想法，可以放心大胆地参加游戏。

例如：在表演《小鸟在唱歌》之前，我先和家长们一起帮助孩子把故事内容记熟，并在班级内增加了一些关于增强自信心的环境氛围，个别化活动中也投放大量与故事有关的材料，调动孩子的积极性和自信心，让每位孩子尽可能地得到锻炼。在集体活动中，由幼儿自己商量扮演喜欢的角色，分段、集中进行表演。在这些活动中，孩子们也遇到了一个又一个困难，有的孩子上课不敢发言、有的不敢表演、有的孩子在制作中遇到困难不敢面对等。而我在这一系列活动中始终是一位引导者，及时给予有进步的孩子鼓励和表扬，并加强家园联系。当我发现，孩子在制作道具方面有困难的时候，我又发动一些家长和我们共同帮助孩子准备，孩子们穿戴上爸爸妈妈准

备的道具时，都沉浸在喜悦中，这样也能一定程度上促进大胆、自信表现自己的积极性。

在第一次排练时，我问："谁愿意上来表演小鸟呀？"有小朋友举手了，只见陈丽婷也畏畏缩缩地半举起手来，我说："请陈丽婷给我们表演小鸟好不好？"小朋友们拍起了小手，她小心翼翼地站起来，走到小伙伴们面前，停顿了一会后终于边学小黄莺说话边学小鸟的动作开始了表演。当表演结束时，我和小朋友热烈地鼓掌，她的脸上终于露出了腼腆的微笑。虽然这个故事简短，虽然孩子的声音不太大，虽然故事的情节不完整，但是她终于敢表现自己了。我及时给予了表扬并鼓励她说："你这只小鸟真可爱，我们都喜欢。你真棒！希望你以后更加大胆表现自己！"她使劲地点点头，开心地回到座位上。教师在孩子们的游戏中是活动的支持者、合作者，是游戏的伙伴，能更好地支持、引发幼儿积极参与表演游戏活动。

二、提供表现的平台让孩子体验自由表达的快乐，鼓励孩子大胆地表现

《幼儿园教育指导纲要》中指出，教师要为幼儿提供表现自己的长处和获得成功的机会，增强其自尊心和自信心。心理学家罗杰斯认为：心理的安全和自由是促进创造能力发展的两个主要条件。孩子只有在心理安全和自由的环境中，幼儿的心情愉快、无压抑感，他们在这样的氛围中与周围环境不断的交互作用下，才能促使幼儿的大胆表现。

例如：在第一次排练《金色的房子》的故事中，孩子们虽然对故事内容已经非常的熟悉，但我发现7个孩子中只有一个孩子站在小舞台上神情还比较自然，其他几个孩子都显得特别的拘束和紧张，特别是小张（她原本就是几人中最内向的孩子，妈妈为了锻炼孩子的自信心，就让孩子参加了我们的"小社团"表演活动）躲在妈妈身后怎么都不愿意上台，而一旁的妈妈也显得很焦急。其他孩子们受到她紧张情绪的感染，也逐渐变得更加的拘谨了。于是，我就让小李（舞台上最放松的孩子）将故事中自己理解的角色动作表演给其他孩子看，并在这个孩子表演的时候给予积极的肯定和表扬。另外几个孩子受到了他夸张有趣动作的感染，脸上的表情开始逐渐变得轻松起来了，同时我也注意到小张紧张的表情虽没有得到缓解，但是她的注意力却始终盯着小

舞台上那几个正在边玩边演边笑的同伴们。于是，我就跟妈妈进行了沟通，请她给孩子多一些适应的时间，不要过急地要求她和其他孩子那样，这样反而会增加孩子的心理压力，适得其反。同时，也请妈妈能在平时的时候，多引导孩子与这几个孩子交流、游戏，增加孩子与他们之间的情感交流，从而减少孩子与他们之间的陌生感和距离感。

在日常的游戏中，我明显地感觉到小张与这几个孩子的交流多了，而这些孩子还会带领着她与其他更多的孩子进行积极的交流与互动，在互动中这个孩子的表现也越来越自然了。

经过了几个星期后，我们的第二次排练又开始了，我明显地发现除了小张以外，其他几个孩子在小李的带领下都能勇敢地走上小舞台用自己的动作、语言表演自己的角色。虽然，表演的时候动作还是比较生涩，但是他们脸上都洋溢着快乐的表情。而小张也有了很大的改善，虽然脸上的表情还是依旧紧张，但是她已经不再躲在妈妈的身后悄悄地看着，而是能跟在同伴们的后面走上了小舞台。这样的进步，我和小张妈妈及其他几位妈妈都非常的高兴，并给了她极大的表扬和肯定。

三、运用已有的知识经验，鼓励孩子创造性表演

鲁迅先生说过："孩子是可以佩服的。他们常常想到星月以上的境界，想到昆虫的语言，他想飞上天空，他想潜入蚁穴——"的确，在幼儿期进行创造力的教育和培养，对孩子的一生将会产生重大的影响。在幼儿表演的过程中，鼓励幼儿根据自己的生活经验创造性地表演角色形象，创造出同一内容的不同语言、动作并指导幼儿能根据生活经验自编自演，培养幼儿的创造性、合作意识及交往能力。

如：在一次排练中，我问孩子们："你们在小舞台上的动作都很像小动物，表情也很漂亮，你们真厉害啊。"小张兴奋地说："我们放学后都会到小李家里排练的。"小李说："我的动作是妈妈教我的。"小王说："我的动作也是跟妈妈学的。"我说："妈妈们本领真大，那你们有没有更好看的动作呢？谁愿意先来试试看？"小李第一个来尝试，接着其他孩子也一个一个进行了尝试，我发现孩子们对动物的理解和成人是不同的，所以他们自己展示出来的动作更为的夸张、可爱。妈妈们看到孩子们这两次排练中的不同表现都非常的喜悦。

而在后面几次的排练过程中，这些孩子，特别是张燕小朋友在同伴、妈妈们的掌声鼓励中脸上的展露的笑容变得越来越自信。同时，我们也发现这几个孩子在平时的学习过程中，也变得更加的积极和自信了。

在不断地探索与实践的过程中，我发现，要使幼儿能够勇敢地站在同伴和他人面前表现自己，首先必须要幼儿愿意站起来，而能让幼儿主动站起来源于幼儿对某些事物的喜欢。因此，老师引导的方式非常的重要，不仅要利用幼儿爱动好动的特点，而且还要让幼儿在表现的过程中体验到成功快乐和他人的认同感，否则效果就不会很好。同时，我也发现充分运用家长资源，从而能让幼儿在各种故事情境里得到更多有关自信心方面的激励。

另外，在活动开展的过程中，我们也应该特别注意自己说话的语气，那就是要有亲和力，给幼儿一种亲切感，因为这样能消除他们的顾虑，放松他们的心情，使幼儿逐步消除紧张，提升注意力，从而越来越“敢”、越来越自信。

舞台表演剧本

《小老鼠上灯台》(大班)

场景：一个农家庭院，户外草地，厨房。

道具：酒缸，灯台，猫服饰，老鼠服饰。

人物：猫妈妈，猫姐姐，众猫咪，鼠妈妈，鼠哥哥，众老鼠，小蜜蜂，小牛，小鸭，小鸡，小羊。

第一幕　骄傲的懒猫

内容简介：小猫们自从上次把老鼠偷吃的“油”变成了“酒”将老鼠抓住后，这些猫儿们就变得非常骄傲了，成日里好吃懒做，从来不练功。它们以为，只要有一副尖利的爪子就能捉到老鼠。朋友们叫它们去练功，它们总是睡懒觉。

众猫咪：好玩，真好玩。(一群小猫边走边玩出场。几只小动物走到咪咪跟前)

小蜜蜂：小猫儿们，你们怎么光知道玩儿，早上总是睡懒觉，从来不练功?

众猫咪：练功练功，有什么好练的?

小羊：不练功你们会变成大肥猫的。

小鸡：不练功就抓不到老鼠啦!

众猫咪：哈，笑话，我们可是专吃老鼠的猫，还会抓不住老鼠吗？别吵了，我们都累了，要去睡觉了。

小鸭：它们真不讲理。

小牛：别理它们，我们走。

第二幕　老鼠不怕猫

内容简介：老鼠知道小猫们都变成了懒猫，便壮着胆子来偷吃东西。笨拙的小猫儿由于成日里好吃懒做，从来不练功而被老鼠戏弄。

鼠妈妈：小老鼠们，走!

鼠哥哥：妈妈，我们不是晚上才敢出门偷东西的吗?

鼠妈妈：哈哈哈哈，你们不知道。这个家里现在都是懒猫，什么本领也没有,就是很贪玩,还爱睡懒觉。根本不用怕它们。

众老鼠: 好呀好呀,太棒了!

鼠妈妈: 走,咱们进去。

鼠哥哥: 看,那只猫们正在房子里睡懒觉呢。

鼠妈妈: 你们赶紧去偷东西吧。

(不一会儿,老鼠们都抱着一大堆食物出来了。)

鼠妈妈: 太棒了,耶!我们搬回家去大吃一顿吧!

众猫咪: 喵!

鼠哥哥: 不好了,懒猫们醒了。

鼠妈妈: 大家别怕它,它们现在是一群没什么本领的懒猫。一起上,把它捆起来。

众老鼠: 大笨猫,大笨猫,看你们怎么抓我们!

鼠哥哥: 今天咱们终于报仇了,我们走!

众老鼠: 走!

猫妈妈: 孩子们,我们因为贪玩、偷懒,不练功才会被老鼠欺负,以后我们一定要好好学习本领。

第三幕 猫咪勤练功

内容简介: 猫儿们得到教训后决心好好练功。于是,它每天都和小动物们一起练功。渐渐地本领长进了不少。

旁白: 小猫儿们再也不当小懒猫了。它呀,每天早上都和小动物们一起练功,学习本领。这不,这会儿它们还在练着呢。

小蜜蜂: 小猫儿们,你们再也不睡懒觉了。

小鸭: 是呀,知错能改还是好孩子。

小牛: 你们一定能抓住许多老鼠。

小鸡: 对,我们都相信你们。

小羊: 让我们一起多锻炼吧!

(小动物一起高兴地锻炼着。)

第四幕 猫咪反败为胜

内容简介: 猫咪们练好了本领决心要抓住所有的老鼠。正当老鼠毫无顾忌地偷吃食物时猫咪醒了,将老鼠全部抓住。

鼠妈妈：走，我们去偷油吃！

鼠哥哥：妈妈，懒猫们不在，肯定又在睡觉。

鼠妈妈：别怕它们，让我们一起尽情地吃吧！

众老鼠：好哇！（众老鼠们一起围着油缸偷油吃。）

众猫儿：哈哈哈哈。贪吃的老鼠，看我们将你们全部都抓住。（猫咪们突然冲了出来，将老鼠全部抓住了。）

《孙悟空三打白骨精》（大班）

场景：户外草地，一个树林。

道具：金箍棒、挑担、钉耙等，孙悟空、唐僧、沙和尚、猪八戒、小姑娘、老奶奶、老爷爷服饰。

人物：孙悟空、唐僧、沙和尚、猪八戒、白骨精、老奶奶、老爷爷。

第一幕

猪八戒：师父，这山里一点声音都没有，好吓人呀，像是有妖精。

沙和尚：是呀师父，这山里静悄悄的。

唐僧：别自己吓唬自己了，哪来那么多妖精，大家累了，歇一会儿吧。悟空，你去找点吃的。

悟空：是，师父！*（眺望远方）*师父，这山里好像有许多桃树，你们照看师父，我去看看。

猪八戒：俺老猪还是先睡一觉。

沙和尚：我也要坐下来歇息。

第二幕

（白骨精出场）

白骨精：听说，吃了唐僧肉，可以长生不老。哈哈，猴头一走，机会就来了。怎么样才能吃到唐僧肉呢？哎，有了，让我变成小姑娘，唐僧肯定看不出来。

（白骨精变成小姑娘出场）

猪八戒：姑娘，这篮子里是什么呀？

小姑娘：一篮子米饭，带我去见你师父，我要把这一篮子米饭亲手送给他。

猪八戒：好好好，我带你去。*（来到唐僧身边）*师父，带来了。

唐僧：姑娘，不用了，我徒弟已经采果子去了。

小姑娘：这留着嘛，这斋饭本来是送来师傅的。

悟空：住手！妖精！

唐僧：谁是妖精？她？

小姑娘*（躲到唐僧后面）*：师傅。

唐僧：悟空，你怎么知道她是妖精？

悟空：哼！你骗得了他们，可骗不了俺老孙的火眼金睛！

小姑娘：你胡说，八戒哥！*（躲到八戒后面）*

猪八戒：不许你侮辱她。

悟空：妖精，看招！*（拿起金箍棒打死妖精）*

唐僧：罪过罪过，好端端一个姑娘，你竟然把她打死。

悟空*（掀开菜篮子）*：你们看，这就是她送的米饭。

八戒：师父，这都是猴哥弄的障眼法，害怕你念紧箍咒啊。

唐僧：哎，原来是这样。

（唐僧念紧箍咒，悟空倒地抱头）

悟空：别再念了，别再念了……

唐僧：我不念了，你走吧，我没你这徒弟了。

悟空*（跪地）*：师父，我走了谁来保护你去取经呢？

沙和尚：师父，就看在取经的面上，就饶了他这一次吧。

唐僧：看在取经的份上，我就饶了你这一次。

悟空：谢谢师父！

第三幕

（白骨精出场）

白骨精：该死的猴头，竟然识破了本夫人的变身大法，让我变成姑娘她妈妈，善良的唐僧肯定看不出来。

（白骨精变身姑娘她妈妈）

姑娘妈妈：女儿，女儿，我的女儿，你在哪里？女儿，女儿，我的女儿，你在哪里？……*（发现女儿，扔掉拐杖）*女儿，女儿，你死得好惨啊！还我女儿命来！

猪八戒：姑娘她妈妈找上来了。

唐僧：这可怎么办？

悟空：让我看看！*（仔细观察姑娘妈妈）*这哪是姑娘妈妈，分明就是个妖精！看招！*（悟空拿起金箍棒打死姑娘妈妈，姑娘妈妈应声倒地。）*

唐僧：悟空，你竟然连打两命，胆大包天，你走吧！

沙和尚：师父，千万不要赶走大师兄。

悟空：师父，你若需要赶我走，就替我放开这金箍。

唐僧：不行，我不会念松箍咒。

悟空：那我还是你的徒弟。

唐僧：哎好吧，再饶你一次。

悟空：谢谢师父！

第四幕

白骨精：气死我了！气死我了！该死的猴头！又识破了本夫人的变身大法，我得想个办法。诶有了！我得变成姑娘她爸爸，赶走那该死的猴头！哼！

（姑娘她爸爸拄着拐杖出现）

姑娘她爸爸：好啊，你们在这儿。

八戒：姑娘爸爸找我们问罪来了。

沙和尚：师父，我们就说我们没看见吧。

唐僧：那可不行，出家人不能说谎。

姑娘她爸爸：你说你徒弟打死我老婆孩子，算什么出家弟子。*（敲拐杖）*

唐僧：是我没管教好我的徒弟，我向你赔罪。

悟空：师父，别相信他，他还是妖精变的！妖精，看招！

八戒：不好了，猴哥又打死人了。

（唐僧念紧箍咒，悟空躺在地上抱头）

悟空：啊啊啊，师父，别念了！

唐僧：你一日之内连打三命，胆大包天，这会儿我再也不要见到你了，你走吧！

沙和尚：师父，你千万不要赶走大师兄，他还要保护你西天取经呢！

唐僧：没有你最好，我们师徒也就再也没有关系了。

悟空：请受徒儿一拜。我走了，你们照顾好师父。

第五幕

（白骨精和小妖精们出现，抓住唐僧、猪八戒和沙和尚）

白骨精：哈哈哈，我终于赶走那该死的猴头！你们全上我的当了。少了该死的猴头，唐僧肉终于到手了。

八戒、沙和尚：师父，真的是我们错怪了猴哥。

白骨精：哈哈，我要享用美味的唐僧肉了。

唐僧：悟空，你在哪里？为师错怪你了。

悟空出现：住手！妖精！*（拿起金箍棒打死白骨精和小妖精们）*

唐僧：悟空，是为师一时糊涂错怪你了。

悟空（*跪地*）：师父，还是让徒儿继续保护你，去西天取经吧。

唐僧：那好吧，（*扶起悟空*），徒儿们，我们准备上路了！

《小羊和狼》（中班）

角色：小羊、大灰狼、小花猫、小白马、小花狗、大象。

场景：小羊的家。

道具：灶台、床、大树、小河。

第一幕

小羊：今天天气真正好，让我出来吃青草，（吃青草的样子）吃得饱又饱，这个河里的水真清啊，让我在里面喝水吧。

（音乐起，狼来了）

大灰狼：我是一只大灰狼，森林里面超霸王，小动物们都怕我，怕我把他们吃进肚肠，早上刚吃了一只小白兔，现在怎么又饿了？让我找找看（到处看，看到了小羊），小羊，让我来吃掉它，这光天化日之下吃掉一只羊好像不大合情理，嘿，有了，小羊，你为什么喝我的水！

小羊：这水是从山上流下来的，大家都可以喝，为什么都是你的呢？

大灰狼：我说是我的，就是我的！晚上我要来吃掉你！（狼狠狠地说完就摇着尾巴走了）

第二幕

小羊：狼说今天晚上要吃掉我，我可怎么办呢？我没有办法呀！（哭）

（一只小花猫走过来，看见小羊在哭）

小花猫：小猫小猫喵喵，蹲在地上吃小鱼，小猫小猫喵喵，站起身来伸懒腰，咦，是谁在哭呀？小羊姐姐，你为什么哭啊？

小羊：狼说今天晚上要吃掉我。

小花猫：噢，别着急，晚上我来帮助你，再见。（小花猫说完就走到大树下）

小羊：小猫比我还瘦，他能行吗？怎么办呢？（哭）

（一只小黄狗走过来，看见小羊在哭）

小花狗：咦？好像有人在哭啊？小羊妹妹，你怎么了？

小羊：狼说今天晚上要吃掉我。

小黄狗：不要怕，今天晚上我来帮助你。（小黄狗说完就走到大树下和小猫商量）

小羊：小狗哥哥是挺厉害的，可是，不知道是不是狼的对手，哎，（走）我又没有办法。（哭）

（音乐起，一匹白马走来，看见小羊在哭）

小白马：哎，谁在哭啊？小羊，你为什么哭啊？

小羊：狼说今天晚上要吃掉我。

小白马：不要紧，今天晚上我来帮助你，晚上见。（白马说完就走到大树下和小猫、小狗商量）

小羊：白马哥哥武艺高强，可是他要陪唐僧师父去取经，万一来不了，可怎么办呢？怎么办呢？（哭）

（大象走来，看见小羊在哭）

大象：我听见有人在哭哎，小羊妹妹，你为什么哭啊？

小羊说：狼说今天晚上要吃掉我。

大象：这个大灰狼整天欺负小动物，不要怕，晚上我来帮助你。晚上见。（大象说完就走到大树下和小动物们商量）

小羊：这么多好朋友都来帮助我，我这回可就踏实多了。

第三幕

月亮出来了

小羊：天黑了，我的好朋友怎么还不来啊？（音乐起，小动物们上场）原来是我的好朋友们啊，狼来了，我们怎么对付他呢？

小花猫：小羊，先找个地方藏起来，我蹲在灶台上。狼来了，我就用爪子抓它。

小羊：好啊好啊！

小黄狗：等狼被小花猫抓了以后，一定会往门外跑；我躲在门后面，等狼来了，我就咬他一口。

小羊：挺好挺好。

小白马：狼被小黄狗咬了，他一定会从后面跑；我躲在花丛后边，等狼跑到外面来的时候，我就踢他一脚。

小羊：好。

大象：好，等狼被白马踢了以后，一定会往树丛边跑，我躲在大树后面，等他来了，我就用鼻子把他卷到河里去。

小猫：真好真好，那咱们快点藏起来吧！

小羊：狼快来了，大家快躲起来吧。

（大家商量好了，小羊藏到外边的大树后面，小花猫跳上了灶台，小黄狗蹲在门背后，白马躲在房子后边，大象站在大树底下。大家一声不响，静静地听着声音）（不一会儿，大灰狼"巴达巴达"的走来了）

第四幕

狼：怎么这么黑啊，让我去灶台找点火点点亮。

小猫：喵，去你的。（抓大灰狼）

狼：这是什么东西啊，怎么亮晶晶的，不会是鬼吧，我还是赶紧逃吧（狼到处乱跑）快快跑，快快跑，不知道能逃到哪儿去。

小狗上来咬大灰狼。

狼：哎呀，连只小黄狗也咬我，今天真够倒霉的，我还是赶紧逃吧。

小马：去你的。（踢了狼一脚）

小羊：老狼，你看我是谁？

狼：小羊。

小羊：越怕你你越欺负我，没想到你也有今天吧，你欺负了我们多少小伙伴，你是多行不义必自毙，我再也不怕你了，我顶，我顶，我顶顶顶！

（大灰狼到处乱跑，小羊在后面顶）

大象：你去死吧！（用鼻子把大灰狼卷起扔了）

小羊：狼死了，我的好朋友快出来吧。

小猫：小羊，你下次遇到困难，不要光只顾着哭，要想想还有我们这么多伙伴，我们都会帮助你的。

小狗：是啊是啊。

大象：小羊，你要记住这句话，团结就是力量。

齐声：团结就是力量！

演员谢幕。

《金色的房子》（中班）

角色：小姑娘（露茜）、小羊、小鸟、小狗、小猴。

背景：一座房子，花园。

道具：水壶、铲子、椅子。

第一幕

旁白：花园里有一座房子，红（黄）的墙，绿的窗，金色的屋顶亮堂堂，有一个小姑娘住在这金色的房子里。（欢快的音乐）一天，小姑娘去给花浇水、松土（小姑娘一蹦一跳地拿着水壶和铲子来到花园）

露茜：（一边唱歌，一边看看花，摸摸花，闻闻花）花园里的花好漂亮，好香啊！

小羊：（咩咩地边叫边跑）露茜，您早！（用手比划）您那金色的房子真好，红（黄）的墙，绿的窗，金色的屋顶亮堂堂！

露茜（高兴地说）：谢谢！

小鸟：（前后左右一边飞，一边说）露茜，您早！（用手比划）您那金色的房子真好，红（黄）的墙，绿的窗，金色的屋顶亮堂堂！

露茜（笑眯眯地说）：谢谢！

小狗：（汪汪汪叫着跑过来）露茜，您早！（用手比划）您那金色的房子真好，红（黄）的墙，绿的窗，金色的屋顶亮堂堂！

露茜(得意地说)：那当然。

小猴：(调皮地哼着歌翻着跟头过来)露茜，您早！(用手比划)您那金色的房子真好，红(黄)的墙，绿的窗，金色的屋顶亮堂堂！

露茜(骄傲地扬扬头)：嗯……

露茜：谢谢你们赞美我的房子，我们一起唱歌，跳舞吧！(欢快的音乐，手拉手跳舞)

第二幕

旁白：快到中午了。

露茜：唉呀！(惊讶的)时间不早了。我要回家了。(收拾工具)

小动物：(手拉着手唱着歌)露茜，我们送你吧！

露茜：(笑眯眯地说)谢谢你们送我回家。

小鸟：露茜，让我进去玩玩吧！(飞来飞去的)

露茜：(惊讶的样子)什么？进来玩，不行，不行。(不停地摇手)你扑棱扑棱地乱飞(模仿)，会把我的房子弄脏的。

小狗：(汪汪汪)露茜，让我进去玩玩吧！

露茜：你(睁大眼睛，双手摇摆)不行，你汪汪汪汪地乱叫，会闹得我睡不着觉的。

小猴、小羊：露茜，让我们俩进去玩玩吧！

露茜：(后退一步，双手摇摆)那更不行！你们啪嗒啪嗒的乱跑(模仿动作)，会把我家的地板踩坏那怎么办呢？

露茜：(很傲慢的)哼，想到我们家来玩没门。我自己唱支歌来听听(大声地昂起头)啦啦啦……(感觉没意思状)唉，没人听呀！哎(开心状)跳个舞吧，(作蝴蝶飞动作)没意思，没人看。(一屁股往椅子上一坐，垂头丧气的样子，突然眼睛一亮，想起小动物们)他们在干什么呢？(轻轻打开窗户，探出头左瞧右看的)

第三幕

旁白：小动物们在草地上玩，小鸟边飞边叫，小狗、小羊跳唱，小猴爬上爬下，打滚。

露茜：(轻轻地自言自语地)我想和你们一起玩。(轻轻地打开门，慢慢地走出来，悄悄地走到草地)

小动物：（一起朝着露茜招手喊）露茜，快来跟我们一起玩。

露茜：（不好意思地低着头，轻轻地说）我……请你们到我家里去玩吧！

小动物：你不怕我们弄脏房子，闹得你睡不着觉和踩坏你的地板了吗？（一人一句）

露茜：没关系，我不怕，我不怕。你们来吧。（迫切地请求）

小动物：（一起跳着说）嗬，太好了，我们可以去金色的房子里去玩了。（欢快的音乐）

《小兔乖乖》（小班）

角色：兔妈妈、三只小兔（长耳朵、红眼睛、短尾巴）、大灰狼。

背景：森林兔子家。

道具：篮子、萝卜、大树、头巾（挂在大树上）、兔子家、充气木棍（放在大门口）、各角色服装、音乐。

第一幕

旁白：大森林里，住着快乐的兔子一家，兔妈妈和她的三个孩子——长耳朵、红眼睛还有短尾巴。（温馨的音乐）

兔妈妈与三只小兔：（欢快的音乐声中，兔妈妈牵着三只小兔鱼贯而出，围成圈齐念）小白兔、白又白，两只耳朵竖起来，爱吃萝卜爱吃菜，蹦蹦跳跳真可爱。

兔妈妈：大家好，我是兔妈妈。

长耳朵：我是长耳朵。（两只手放头顶上）

红眼睛：我是红眼睛。（小手指一指）

短尾巴：我是短尾巴。（转过身，把尾巴露出来给大家看到）

兔妈妈：（拎着篮子）孩子们，一会儿，妈妈要去很远的地方拔萝卜，你们千万记得要把门关得紧紧的，除了妈妈，谁来都不要开。

三只小兔：（使劲点头）知道了，妈妈！

兔妈妈：（提起篮子，抱一抱小兔子们）记住哦，妈妈没回来，谁来也不开！

三只小兔：我们记住了，妈妈！

（兔妈妈出门，三只小兔一起来关门）

第二幕

旁白：不远处，一只大灰狼正在到处找点心，饿得直流口水。（紧张的音乐）

大灰狼：我是一只聪明狼，抓兔子嘛，我最在行！哎！前面不是兔子的家吗？让我去碰碰运气！（咚咚咚砸门）快开门，快开门，让我进去！

长耳朵：（趴在门缝里瞧：发现了大灰狼，轻声告诉弟弟妹妹）是大灰狼来了！

兔子们：（齐唱）

6 5 6 5 | 3 6 5 | 5 5 3 2 | 1 - | 6 1 2 3 | 1- ‖

不开不开　就不开，妈妈没回　来，　谁来也不　开！

大灰狼：哼！气死我了，你们等着瞧！（大灰狼灰溜溜地嘟囔着，走下台）

（过了一会儿）

兔妈妈：（拎着一篮萝卜上场，唱着歌儿来敲门）

3 5 1 6 | 5 - | 5 - | 3 5 6 1 | 5 - | 5 - |

小　兔儿　乖　　乖，　把　门儿　开　　开，

6　5 3 | 2 - | 2 - | 3 5 3 | 2 3 | 1 - ‖

快　点儿　开　　开，　我 要　进　　来。

三只小兔：（欢呼着把门打开）妈妈，是妈妈回来了！

兔妈妈：我的宝贝们，你们一定饿坏了吧？来，妈妈给你们带回来萝卜了。快吃吧！（兔妈妈给三只小兔分萝卜吃）

兔妈妈：我的乖宝宝们，你们乖乖地在家吃东西，妈妈去给你们的姥姥送点吃的去。

三只小兔：好的！（准备去关门）

兔妈妈：（摸摸小兔子们的头）记住了，除了妈妈，谁来也不要开门！

三只小兔：（把手放在嘴边作喇叭状）知——道——了！

第三幕

旁白（配紧张节奏的音乐）：可这时，大灰狼并没有走远，它躲在大树后

面，偷偷学会了刚才兔妈妈唱的歌。

大灰狼：（大摇大摆走到舞台中间）原来要开门，还得先唱歌。嗨！这还不简单，让我打扮打扮清清嗓子来唱歌！（跑到大树下拿条围巾围在头上）

大灰狼：（鬼鬼祟祟走出来）小朋友们，你们说我像不像？嘻嘻！

（围着围巾，边唱歌边敲门，声音要沙哑些）

3 5 1 6 | 5 － | 5 － | 3 5 6 1 | 5 － | 5 － |
小 兔儿 乖 乖， 把 门儿 开 开，
6 5 3 | 2 － | 2 － | 3 5 3 | 2 3 | 1 － ‖
快 点儿 开 开， 我 要 进 来。

红眼睛和短尾巴：哦！（欢呼）妈妈，是妈妈回来了。

长耳朵：（摇摇两只手）不对，不对，让我仔细听一听，这不是妈妈的声音。

红眼睛和短尾巴：你不是我们的妈妈，你是谁？

大灰狼：（学妈妈的声音）乖宝贝，我是你们的妈妈呀！外面凉，妈妈都感冒了。

（三只小兔围成圈，抱着头商量一下，互相点点头）

三只小兔：嗯！就这样。

短尾巴：（对着门）你把尾巴伸进来给我们看看。

大灰狼：（把黑尾巴伸进去）好的。

短尾巴：（吃惊地说）这么长这么黑的尾巴，就是大灰狼！

三只小兔：一——二——三，嘿！！！（三只小兔一起用力关紧门，夹住了大灰狼的尾巴。）

大灰狼：（抱住屁股）哎呦、哎呦，我的尾巴！痛死我了！痛死我了！

旁白：正在这时，兔妈妈回来了。

兔妈妈：（兔妈妈放下篮子，拿起一根充气的棍子，用力打，边打边说）你这个大坏蛋，看我怎么收拾你！看你下次还敢不敢来！

大灰狼：哎呦、哎呦，不敢了，我下次再也不敢了！（大灰狼一使劲儿，尾巴扯断了，它捂着屁股逃跑了）

兔妈妈：（松了一口气，扔了棍子，捡起篮子，一边敲门一边唱）

3 5 1 6 | 5 - | 5 - | 3 5 6 1 | 5 - | 5 - |

小 兔儿 乖 乖， 把 门儿 开 开，

6 5 3 | 2 - | 2 - | 3 5 3 | 2 3 | 1 - ‖

快 点儿 开 开， 我 要 进 来。

三只兔子：（听见兔妈妈的声音，兔子们抢着给妈妈开门，抢着给妈妈拎篮子）妈妈回来了，妈妈回来了！

兔妈妈：（把三只兔子搂在身边，脸上露出笑容）我的宝贝们，你们可真勇敢啊！妈妈真为你们感到骄傲！

第六部分 小露珠文学·生活活动

○ 经验总结

○ 教育案例

幼儿园生活活动主要指生活自理、交往礼仪、自我保护、环境卫生、生活规则等方面的活动，旨在让幼儿在真实的生活情境中自主、自觉地发展各种生活自理能力，形成健康的生活习惯和交往行为，在共同的生活中能够愉快、安全、健康地成长。文学作为促进幼儿语言、思维、情感等发展的媒介物，它与幼儿的生活息息相关，把文学启蒙融入生活教育中，让孩子在文学的熏陶中，养成良好的生活习惯，促进良好的性格发展，具有非常重要的意义。

一是利用文学作品有机融合过渡环节。一日活动中的许多活动环节是分散琐碎的，有机利用幼儿文学作品与这些碎片时间相融合，一方面可以为幼儿创设更多的文学感受和欣赏的机会，另一方面能让这些环节更生动更有趣味。如：幼儿园的“晨间小喇叭”，通过教师、幼儿参与录制作品吟诵，在幼儿入园时循环播放贴近幼儿生活、富有感染力的童谣、儿歌、古诗、诗歌等，为幼儿创造无处不在的文学氛围，让幼儿在潜移默化中感受文学作品的语言美和意境美；“午睡悦听”则有效挖掘午睡前十分钟的契机，让孩子借此养成良好的入睡习惯，提高睡眠质量，培养幼儿良好道德品质与情操。

二是巧用儿歌培养幼儿生活自理能力。儿歌短小精、通俗易懂、朗朗上口深受孩子喜欢，利用生活儿歌能使幼儿生活习惯的养成变得生动而有趣。如：将洗手要求编成《洗手歌》，让幼儿在学唱中掌握正确的洗手方法；《自己吃饭真能干》有助于幼儿养成独立进餐的好习惯；《钻山洞》则能顺利地引导幼儿穿套头衫的正确方法。

三是渗透民间童谣培养幼儿良好行为习惯。利用每天晨练和户外活动环节，和幼儿玩一些童谣游戏，既激发幼儿参与体育锻炼的热情，又让幼儿学习、感受了民间童谣的趣味性。又如，用童谣的形式来提醒幼儿遵守各项常规要求，使幼儿的良好行为习惯在一日生活中自然、巧妙地得到培养。这种教育形式幼儿乐于接受，效果比单纯说教好得多，还可以随时进行。

“随风潜入夜，润物细无声”，文学作品在幼儿一日生活中所起的就是春风化雨的作用，于无声中培养厚重的人生习惯，于无形中塑造孩子“真善美”的性情。

经验总结

儿歌在一日生活环节中的有机运用

浦东新区顾路幼儿园　张志莉

儿歌是采用韵语形式，适合幼儿听赏、念唱的简短的“歌谣体”诗歌。幼儿最早接触的儿歌富于情趣、篇幅短小、语言明快，有大部分儿歌还比较有韵律，读起来朗朗上口，所以，深受儿童的喜爱。在幼儿教育中有着很关键的地位。儿歌是幼儿教育中富有独特色彩的一个领域，它的作用是其他文学作品所不能替代的。除了能起到对幼儿陶冶情操、启发智慧、培养品德的作用之外，幼儿在听唱儿歌时既可以联络与周围人的感情，也可以使他们的情感得到抒发，从而调节他们的情绪，使其得到愉悦。幼儿唱儿歌，则是情感的外泄过程，并能从中体验模仿成人的劳作和生活，验证自己的经验和记忆。

幼儿时期也是培养儿童形成良好行为习惯的重要时期。好的儿歌中蕴含着善良纯真的美好思想感情和良好的行为习惯以及高尚的道德品味。儿歌在幼儿教育中的应用对幼儿的文化知识教育和身心发展均有积极作用。民间儿歌对于幼儿语言、行为习惯、道德情感等的培养都能起到良好的启蒙作用，不仅能帮助儿童辨别好坏，而且能自觉形成好的行为习惯。引导幼儿做到规范自己的行为，使自己的行为符合歌谣中的描述，好的行为习惯蕴含在儿歌中，再通过儿歌的传唱使得幼儿在学习过程中自然而然的学会用儿歌中的行为来规范自己的行为。那么在幼儿一日生活中如何有效运用儿歌的作用呢？结合我园的课题研究，我们做了一些初步的尝试。

一、来园活动唱儿歌：保持心情愉快，建立生活常规

来园活动中儿歌的作用《幼儿园教育指导纲要》指出：身体的健康和心理的健康是密切相连的，要高度重视良好人际环境对促进幼儿健康成长的重要性。可见积极的态度和情感是个体持续发展的内在力。每个孩子都会有各种情绪体验，这是他们成长过程中所必须经历的，但负面情绪过多，不利于

孩子身心健康发展。教师有责任培养孩子的情绪调节能力，减少孩子极端不快的情绪体验，保持积极愉快的情感、情调。因此，来园时孩子的情绪非常重要，它会影响到孩子在一日活动中的兴趣与参与度。

我们建议家长在送孩子入园的路上，和孩子一起念念入园儿歌：

太阳出来眯眯笑，小朋友们上学校。见了老师问声好！见了同伴把手招。讲文明、懂礼貌，我们都是好宝宝。

或者：

爸爸妈妈去上班，我上幼儿园，也不哭，也不闹，叫声老师好。

儿歌让孩子在入园前有一个良好的情绪状态。当然，在孩子入园时，我们也要时刻关注孩子的情绪变化，了解孩子的情绪缘由，采用抱抱、抚摸、唱儿歌等方式转移孩子的注意力。如，对于小班的孩子，我们可以随手拿起孩子喜欢的玩具：喵喵喵，谁来和我做朋友？等等，使孩子在悲伤的情绪中走出来，从而引发幼儿积极乐观的情绪。

在来园时，我们还经常会关注幼儿的穿着情况，提醒幼儿根据自己的需求脱去外套等。但是，小班孩子的自我中心意识特别强，自理能力较弱，他们做一些力所能及的事时，有时会说："我不会。"或者索性一动也不动。看到这一情景，我们想：小班孩子喜欢趣味化的儿歌。于是根据他们的年龄特点，我们经常会把一些生活自理技巧编入儿歌，让幼儿在游戏中学习本领，建立生活常规。

如来园脱衣服时，我们运用：

"拉下小拉链，两手开小门。左手帮右手，拉拉小衣袖。后面拉一只，前面拉一只。宝宝本领大，衣服脱好了！"

"先把衣服往上提，抓住袖口缩胳膊。左胳膊、右胳膊，左右胳膊缩回来。提住领子露出头，宝宝的衣服脱好了。"

挂衣服时，我们则采用：

"小衣架，真灵巧。一头钻进衣袖里，露出脑袋瞧一瞧。左一下，右一下，拉拉衣角整整齐，我的衣服挂好了。"

儿歌使孩子把枯燥的技能学习融合于朗朗上口的歌谣中，激发幼儿主动学习的愿望。

在自由活动的时间，我们也经常采用：

“走路要学小花猫,脚步轻轻静悄悄。不要像那小螃蟹,横冲直撞真糟糕。坐着要学小白鹅,挺起胸膛精神好。不要像那大龙虾,驼着背儿弯着腰。”

“小眼睛,眨呀眨,会说话来会表达。小眼睛,滴溜转,和谁说话把谁看。注视对方的双眼,表示赞同把头点。认真听,不打断,说话有礼并不难。”

“小玩具,我爱你,天天跟我做游戏。轻轻拿,轻轻放,脏了给你洗一洗。玩具玩具我爱你,做完游戏放整齐。”

“你玩你的小汽车,我玩我的布娃娃。你吃你的棒棒糖,我吃我的哈密瓜。别人的东西我不抢,大家夸我懂事娃。”

“幼儿园玩具真不少,皮球积木滑滑梯,变脸串珠月亮船……我们大家一起玩,不争不吵乐陶陶,乐陶陶。”

儿歌,使孩子们在不知不觉中形成初步的规则意识,使自己的行为更加符合集体生活的要求。

对于中、大班的孩子而言,不仅需要独立的自我服务的意识,也需要形成初步的责任意识,激发孩子做好值日生工作的自豪感。为此,我们也经常利用:

“太阳出来眯眯笑,值日生呀来得早。先把桌子擦干净,再把椅子摆摆好,玩具图书放整齐,再给花儿把水浇。小朋友们眯眯笑,今天的值日生真正好!”

二、就餐环节念儿歌:爱上吃饭,自主进餐

点心是幼儿园一日生活中的一个重要的环节,对于孩子们来说,这中间包涵了很多的技能和规则意识,为使孩子能熟练掌握这些技能,形成良好的行为习惯,我们也把儿歌融入其中,如在洗手时孩子都特喜欢玩水,当我们看到了儿歌的功能时,我们将洗手步骤编成好听的儿歌:

“两个好朋友,手碰手;你背背我,我背背你;来了一只大螃蟹,大螃蟹;举起两只大钳子,大钳子;螃蟹对我点点头、点点头;我和螃蟹握握手、握握手……”。

“打开水龙头,冲冲小小手。关上水龙头,打打香肥皂。小手一起搓,搓出小泡泡。打开水龙头,冲掉小泡泡。关上水龙头,擦擦小小手。从小讲卫生,夸我好宝宝。”

“小龙头,滴滴滴,为啥一直哭不停?我用小手拧一拧,它就朝我笑嘻嘻。”

孩子们一边洗手,一边说儿歌,当儿歌慢慢念完时,手也洗完了,而且洗

手的方法也很正确,语言能力也得到发展。

在倒牛奶、夹取饼干吃点心时,我们则运用:

“一手拿茶壶,一手抚茶杯,壶嘴对杯口,慢慢倒半杯。”

“小饼干,变变变,变出一把小手枪;小饼干,变变变,变出一弯小月亮;小饼干,变变变,啊呜一口便没了。”

“小手绢,四方方,拿起它,擦嘴巴。一二三,左右擦,嘴巴乐得笑哈哈。”

在这琅琅的儿歌声中,孩子们不仅掌握了倒牛奶的技能,也引发了孩子吃饼干的兴趣。

午餐在孩子们一天的能量提供中占重要地位,尤其是幼儿尚处在生长发育时期,午餐就显得更为重要了。但是,有很多孩子都会有挑食偏食的现象存在,面对孩子吃饭慢或不愿吃饭的现象,为鼓励孩子自己吃饭,我们就用:

“白米饭,香喷喷,一手拿小勺,一手扶小碗,大口大口来吃饭,看谁吃得香又快。”

“吃饭时,坐端正,右手拿调羹,左手扶着碗。细细嚼,慢慢咽,不剩饭,不挑菜,自己吃饭真能干。”

有些孩子,在吃饭时喜欢说话,我们则编成就餐礼仪儿歌:

“要做文明好宝宝,就餐礼仪不能少。筷子勺子不乱敲,讲话嬉笑就不好。不挑食也不剩饭,细嚼慢咽肠胃好。餐后收拾少不了,比比谁是好宝宝。”

有些孩子饭后总会忘记漱口,为帮助孩子形成良好的进餐习惯,我们则采用:

“清清水,倒一杯,喝一口,鼓鼓嘴,咕噜咕噜吐出水。口气清新牙齿白,我们不做小臭嘴。”

在这些富有韵律的儿歌声中,孩子在潜移默化中形成了良好的行为意识,不再依赖老师、阿姨,能独立地吃完自己的一份饭菜、汤,挑食偏食现象也在渐渐减少,吃饭时磨磨蹭蹭的现象减少了。

三、午睡前后唱儿歌:提高自理能力,保证睡眠质量

在幼儿园日常规定中,午睡作为最为重要的环节之一,对幼儿身心健康的成长具有十分重要的促进作用。幼儿时期是身体发育的关键时期,良好的睡眠质量是保障身体发育与协调性发展的重要因素。所以说,在幼儿教学过

程中，明确幼儿午睡的重要性尤为重要，不仅可以促进幼儿身心健康的发展，还有利于提高幼儿教学质量。午睡前后，也是提高孩子自我服务能力的重要环节。

睡前入厕，是保证孩子睡眠质量的重要方面，因此，我们在午睡前都会提醒孩子及时入厕，如：

“幼儿园，静悄悄。小朋友，要睡觉。睡觉前，要小便。呼噜呼噜睡得好。”

有些小班的孩子自理能力弱，我们就采用儿歌的方式，使孩子逐步掌握入厕的技能，如：“两只小手抓裤腰，轻轻往下拉，小脚跨开蹲下去，嘘嘘嘘嘘尿好了，快让裤子提好了”“女孩要嘘嘘，桶座先放好；男孩要嘘嘘，便池旁边站。如果嗯嗯，屁屁坐端正；便后用纸擦，干净没味道。”等等，了解了午睡前入厕的重要，掌握了入厕的技能，孩子便不再抗拒睡前入厕了。

穿脱衣裤时，我们运用“抓领子、盖房子、小老鼠，出洞子，吱扭吱扭上房子”“爬爬爬，爬爬爬，抓住衣边往下滑。最先露出脑袋瓜，捏住袖口伸进去。左手右手伸出来，最后把衣边往下拉。”“穿裤子，要注意，两腿叉开伸进去。穿上裤腿先别急，穿上鞋子再起来，两手抓住裤子腰，一直拉好盖上小肚皮。”“宝宝自己穿裤子，好像火车钻山洞。呜呜呜，呜呜呜，两列火车出山洞。”“小扣子，圆溜溜，好像眼睛找朋友，小洞洞，忙招手，欢迎扣子钻洞洞。”的儿歌，在边做边念的过程中，我们发现原本对学穿衣服不感兴趣的孩子变得乐意动起手来。

叠衣服时，为了让幼儿尽快掌握叠衣服的要领，我们运用“衣服拉拉平，关好两扇门。两手抱一抱，弯腰点点头”的儿歌。通过这些朗朗上口的儿歌帮助，幼儿会有兴趣地边说儿歌边穿衣服、叠衣服，逐步学会了这些新的本领。

四、离园环节唱儿歌：自主有序，建立离园常规

离园环节是幼儿一日生活的最后环节，幼儿园的离园活动一直是一个展示的窗口，是家长经常接触的并可以看见的教学活动，离园活动的好与坏直接影响家长对班级的印象。因此，我们要提醒孩子整理自己的衣物、鞋子等，我们可以运用“两只小鞋是朋友，穿错两边歪着头，分清正反并不难，两个朋友碰碰头。”的儿歌引导幼儿检查自己鞋子的正反等。“上下楼梯要注意，不

跑不跳也不赶，靠着右边慢慢走，小手搭好木栏杆。一二一二一二一，左右左右左右左，两只小脚轮流走，宝宝已到一层楼。”提醒幼儿下楼梯时的安全。“小宝宝，排好队，你在前，我在后，一个跟好一个走，整整齐齐排好队。”引导孩子整整齐齐地排队离园。为避免孩子看到家长后因兴奋而引起的混乱，尤其是小班的孩子，我们可运用“叮叮铃，时间到，爸爸、妈妈都来了，小朋友们排好队，等着老师把名叫，我跟老师说‘再见’，老师说我‘好宝宝’”的儿歌帮助孩子建立离园常规。

总之，儿歌虽然短小，却是集德育、智育、美育于一体的万花筒，在幼儿园的一日活动中，通过儿歌，会潜移默化地把准确的行为规范传导给孩子，使孩子从小建立良好的生活习惯，养成良好的礼貌行为。使孩子在不知不觉中模仿儿歌的语言，从而将儿歌中的语言内化，迁移为自己的语言，相信儿歌会在幼儿课程中起到很好的作用。

儿童文学作品在幼儿一日生活中的运用

顾路幼儿园 许 丹

随风潜入夜，润物细无声。在幼儿一日生活中，文学作品伴随着孩子们成长的每一天。幼儿文学以其生动的形象和真挚的情感打动孩子们的同时，也起到了启迪智慧和培养语言表达能力、想象能力和人文情感的作用。在我们淳朴亲切的工作中，幼儿文学是学前教育的重要内容，既是教师能干的好帮手，也是孩子们亲切的好老师、好伙伴。

一、文学欣赏，安抚幼儿情绪

情绪是一切活动的前提，只有在良好情绪下的活动才会更有效，才可使幼儿得到尽可能的发展。特别是小班幼儿，常因为种种原因而表现出各种不同类型的情绪，并由情绪支配着一切活动。我们开设了“晨间悦听”活动，结合季节推选优质的、朗朗上口的儿歌、散文诗，给孩子们提供轻松、愉悦的环境，在洗手、晨检、走到教室的小路上，都能欣赏和感受文学的优美。同时，为了使刚入园的小班孩子们较快地与教师亲近，我们给予孩子们无尽的关爱：

抱着、宠着……我们教师们蹲下身向孩子们聊家常、唠叨着《幼儿园像我家》的儿歌，让孩子们感受老师就像妈妈一样爱他们。

午睡时有些孩子们不能快速安静，喜欢“说话”等等。为了帮助孩子们尽快平复心情，在每日中午，我们开展“午间悦读”活动，午睡前，和孩子们一起讨论推选喜欢的文学作品；午睡时，给孩子们诵读文学作品，有适合小班孩子的简短睡前故事，有适合中大班孩子的有连续性情节的故事，让孩子们对于午睡产生“期待感”；无意中为孩子们埋下了喜爱文学作品的种子。

二、巧用文学，“玩转”过渡环节

对于幼儿来说，幼儿园一日生活中的过渡环节也是非常重要的，它不仅能满足幼儿对一日教学活动张弛有度节奏性变化的适应需要，更重要的是它能满足幼儿身心活动节奏更替的需要。在一日活动的过渡环节中，我们更自由地和孩子打成一片，和孩子们建立和谐、亲密的师幼关系。在晨间活动、区域活动、餐前准备、餐后散步、户外活动、离园准备等，我们利用幼儿文学作品、一些小型拓展的儿歌活动，将这些琐碎的时间相融合，提高幼儿的文学感受力和欣赏力。

如在餐前环节，我们选择一些安静的在座位上玩的手指童谣游戏——手指兄弟，一个手指变呀变，变成毛毛虫爬呀爬；两个手指变呀变，变成小兔跳呀跳；三个手指变呀变，变成小猫喵喵喵；四个手指变呀变，变成螃蟹爬呀爬；五个手指变呀变，变成小狗汪汪汪。在游戏的过程中，不仅锻炼了幼儿的表达能力，同时调整了孩子的身心使之逐渐平静下来，参与到下一个活动中。

除了餐前利用律动的儿歌游戏，我们认为也非常适合给孩子们讲故事的时间。在进餐之前帮助孩子们将身体调整到一个平和的状态，以促进对食物的消化吸收。这时运用文学作品是再合适不过了。我们通过研讨，在绘本内容上进行了细心的筛选。比如嘴巴上有个洞洞的小弟弟，吃饭老是把饭粒漏到桌下，把爱啄人的大公鸡都招来了。不爱洗手的脏小猪，把脏东西吃到肚子里去了，疼地直打滚……孩子们在笑声中知道了什么是进餐的好习惯，也促进了孩子进餐胃口。

在运动过渡环节中，利用文学作品帮助孩子解决问题的机会更是无处不在。在孩子们自主选择开展游戏时，容易产生激烈的争辩。想让孩子在激烈的争辩中轻松地辨别是非对错，我们针对问题选择绘本，给孩子们讲一个意味深长的小故事。通过故事内容与情感的表达，把老师的意思，用一种更为含蓄且更易于接受的方式来传达给孩子，帮助孩子们解决实际中的问题，这远远比教师的言传身教来的作用更大。在解决困难的同时，又睿智地启发和保护他们幼小的心灵。

三、善用儿歌，优化规则意识

俗话说“无规矩不成方圆”，常规是一个班级活动的基础。一些基本的生活常规，仅仅靠老师的书面讲授和口耳相传是不可能习得的，幼儿只有通过生活学习去不断获得。在对儿童进行生活常规时，我们经常根据幼儿各环节的情况，使用儿歌来引起幼儿的兴趣和帮助幼儿掌握生活常规的要领。如《找朋友》的儿歌，小屁股找朋友，找到椅子好朋友。小调羹找朋友，找到小手好朋友。小小脚找朋友，找到地板好朋友。小朋友找朋友，找到饭菜好朋友，帮助孩子记住每个环节中需要注意的内容。

在对儿童进行生活常规时，我们经常根据幼儿各环节的情况，使用儿歌来引起幼儿的兴趣和帮助幼儿掌握生活常规的要领。如洗手前会念“左冲冲，右冲冲，手心手背搓一搓，洗手缝，洗手腕，甩甩小手擦毛巾。”“卷卷袖口湿湿手，压压泡泡搓搓手，冲冲干净甩甩手，再用毛巾擦擦手。”坐座位时：“一二三，坐坐好，小门关关紧，小手放放好。”这些儿歌简单易记，受幼儿喜爱，也使他们能逐步掌握了洗手、坐正的方法。

儿歌简单易懂活泼独特的语言方式，迎合了孩子们的口味，切入幼儿的心灵，不仅提高自我服务能力，在朗诵儿歌的过程中，同时也丰富了孩子们的语言，发展幼儿的语言能力。

四、儿歌介入，巧解自理难点

《纲要》中健康领域目标中指出：培养幼儿良好生活、卫生习惯，有基本的生活自理能力。然而长篇的说教对于孩子而言并不起作用，于是我们利用孩子感兴趣、能理解的儿歌进行介入，让孩子在简短、押韵、朗朗上口的儿歌中化解自理中的难点。

如有些孩子在自理时常不懂方法，穿脱整理比较随意，常常容易"发脾气"；如果平铺直叙地向幼儿讲解，他们不仅不愿意尝试，对于这衣服的难点也无法理解，久而久之孩子们就会失去自己尝试折叠衣物的兴趣。为了让幼儿尽快掌握穿脱折叠衣服的要领。我们运用了许多简短有趣的儿歌进行隐形指导，如：儿歌《衣服折折好》，关关门，抱抱臂，点点头，弯弯腰，我的衣服折好了。儿歌《翻裤子》，我是一辆小火车，开进一座小山洞，钻出山洞抓山口，抓住山口向后走，呜呜呜，到站啦。儿歌《穿衣》，一件衣服四个洞，宝宝套进大洞洞，脑袋钻出中洞洞，小手伸出小洞洞。根据幼儿年龄特点，运用儿歌语言浅显易懂、句式多重复、音韵自然和谐、富于韵律性、富于节奏感、富于动作性的特点，将平时自理能力的培养蕴含其中，以此来激发幼儿自己动手的兴趣，解决孩子们穿衣、折衣服的难点。

如为了鼓励幼儿动手拿勺吃饭，运用儿歌"小小手，真灵巧，扶住碗，拿起勺。轻轻舀，慢慢送。自己吃饭真正好"；"手扶小饭碗，手拿小调羹，一口饭，一口菜，阿呜阿呜吃个饱。"鼓励孩子掌握拿勺子吃饭的方法。在孩子自己如厕时，运用儿歌鼓励他们自己大小便：上台阶，跨小河，小脚站在河两岸。站一站，原来我也很能干。这样一来孩子们会觉得很有趣，也愿意自己去尝试。

儿童文学作品不仅是伴随幼儿成长的"精神食粮"，更是帮助幼儿在未来适应社会生活的一把"金钥匙"。巧妙地利用文学作品引导幼儿学习和规范幼儿的一日行为，养成良好的行为习惯，不仅给幼儿带来欢乐，而且对幼儿思想品德的形成、美好情感的培养、行为习惯的养成、人格的塑造起着潜移默化、不可替代的作用。

借助绘本开展大班生活活动的实践研究

浦东新区顾路幼儿园　方帅花

《3—6岁儿童学习与发展指南》中指出：健康是指人在身体、心理和社会适应方面的良好状态。幼儿阶段是儿童身体发育和机能发展极为迅速的时期，为有效促进幼儿身心健康发展，成人应为幼儿提供合理均衡的营养，保证充足的睡眠和适宜的锻炼，满足幼儿生长发育的需要，帮助幼儿养成良好的生活与卫生习惯，提高自我保护能力，形成使其终身受益的生活能力和文明生活方式。

由于本班每个孩子家庭环境不同，个人喜好不同，在饮食方面存在着很大的个体差异或不良习惯，如吃饭狼吞虎咽，不爱吃蔬菜水果，爱吃冷饮、零食甜品等现象。日常生活活动中我们虽然多次对幼儿进行了引导和提醒，但幼儿饮食习惯问题并没有改善，导致我们班级中存在着多个中重度肥胖和营养不良的孩子，为了让孩子们跟那些不良饮食习惯说“再见”，我们是否可以通过文学绘本介入幼儿的生活，让绘本滋养幼儿的身心，从而在无形中养成健康的饮食习惯呢？于是在班级中我们开展了一系列的活动。

一、投放生活习惯类的绘本

首先我寻找了关于生活习惯养成类的绘本如《汉堡男孩》《爱吃青菜的鳄鱼》《肚子里有个火车站》《贪心的小绵羊》等，将这些绘本投放在班级阅读角中，用视频记录的方式把孩子自主阅读的场景记录下来，发现孩子们对《肚子里的火车站》这一绘本兴趣浓厚，经常在自由活动的时候传递着书本，津津有味地讨论着绘本内容，同伴之间还常常会分享自己感兴趣的画面、生活点和读懂的内容。对此激发了我的灵感：以绘本开展生活活动会不会更加事半功倍。

其次，依据班级孩子的年龄特点和学习特点，挑选其中幼儿最感兴趣：面条、菜叶掉落，小火车结冰的画面设计了一节健康饮食的生活活动，以期引导孩子简单了解人体的消化系统，帮助孩子了解并学会正确选择健康、有营养的食物，在生活中养成健康、均衡的饮食习惯。

二、围绕绘本开展班本系列活动

1. 绘本教学

活动以孩子们回忆绘本故事内容为导入环节，根据主要情节围绕“肚子里的小精灵罢工原因”“如何让小精灵快乐地工作”两个问题线索，调动孩子已有经验来表达自己的理解和感受，活动中孩子们围绕话题积极参与讨论，大胆表达自己的见解。接着，我设计了食物宝宝神奇之旅的动画视频、互动游戏等形式，让幼儿在活动中通过观察、感知、操作，解决问题并习得经验，再通过自制自助餐食谱的环节，孩子们用手中的画笔根据食物营养金字塔绘画了茉莉娅的食谱，由于绘本故事和游戏的引导，所以孩子们在绘画时基本选择了很多的蔬菜水果、少量的肉类、一两样主食。

我知道绘本教学应该从绘本故事出发，再回归于生活，于是最后延伸环节我采用了让孩子们听一听小精灵们编的顺口溜，加深孩子们对健康饮食的印象和理解，从而引起孩子们在生活中学会养成良好的饮食习惯。

2. 绘本故事导读

我根据孩子们喜欢听故事特点，在阅读角中增添导读板块，每隔一段时间更换一本关于饮食习惯的绘本，孩子们在自由活动的时候能自由翻阅和分享，并将观察到的画面或想法、问题呈现在板块中，然后一起讨论、交流和说说感想，从而在画面观察、共同探讨和自我内化的时感受营养均衡的必要性和重要性。

3. 绘本中寻找规则

有了绘本故事的铺垫，我又寻找了关于用餐规则的绘本，如《爱挑食的小狐狸》《好多好多蔬菜》等，孩子们在绘本中能了解到每一样食物对身体都是不可或缺营养元素，在阅读绘本时发现并讨论用餐时的注意事项以及规则，有的说："饭前洗手，饭后漱口"，有的说："吃饭时要坐好，人坐直不能东倒西歪，身体靠近桌子。"有的说："吃饭时不说话。""不喜欢的尽量吃，喜欢的适量吃"等，于是，我请孩子们把发现的规则画下来，粘贴在活动的板块中，以便孩子们在自由活动或午餐前再次自行观察和讨论。

4. 绘本中发现自我时间管理

就餐时间的过多或过少都会影响孩子营养的摄取和吸收，我在阅读角又投放了绘本《再见了，拖拉》，再根据儿保专家的建议以及孩子们共同阅读绘本后商量得出结果：30～40分钟，我们在孩子们目光所及的范围以内挂上了时钟，在认识数领域——时间的同时，观察剩余用餐时间，以便孩子们在用餐过程中逐步养成自我管理的意识。

5. 根据绘本情节创设宽松环境

为了帮助孩子调节情绪，让孩子们在良好而愉悦的情绪下进餐，我在教室中创设了绘本情境，并提前将本周午餐食谱张贴在板块中，请家长和孩子一起收集当天食谱的相关营养知识，午餐前请播报员播报当天的食谱和营养价值。

午餐过程中播放抒情的音乐，用饭菜香味调动孩子们的食欲，用音乐缓解孩子们用餐中遇到不喜欢吃的食物时的紧张情绪。

保育员根据孩子的饭量盛饭菜，还给孩子们调整位置，如：吃饭比较慢的和吃饭较快的孩子一起坐，相互鼓舞和感染，当孩子用餐过程中出现停顿或不愿吃的情况，给予鼓励。

6. 开展书香家庭共同协作

我们开设了班级亲职教育讲座《如何解决孩子的不良饮食问题》，开展书香家庭活动：提供关于养成良好饮食习惯的绘本，如《肚子里有个火车站》《爱吃水果的牛》《我要头好壮壮》等；与孩子共同制定劳动计划书，引导家长转变教养方式，共同参与家庭中的劳动，如：帮忙挑菜、洗碗、配菜、拖地等力所能及的事情；开展"亲子欢乐购"活动，让幼儿体验到去超市自主购物的乐趣，提高幼儿生活能力；邀请到了做厨师的家长来园参与家长助教的活动，活动中家长给孩子们讲述了《我绝对不吃番茄》的绘本故事。

接着，我们通过录像、照片等让家长了解在幼儿园吃饭的情况，以及如何引导孩子在幼儿园中学着样样食物都吃的方法，同时我们与书香家长合力，在班级群中宣传《家庭中的食物多样化》，引导班级家长在日常烹饪时更换食物的不同烹饪方法，让家长言传身教对孩子的用餐习惯培养，并在班级群中进行分享和交流，家长们还把孩子共同参与劳动、吃番茄煮的食物以及孩子们吃完后的想法，不约而同地放在群内共享，看到孩子们的笑脸，家长们都竖起了大拇指，直说经过这次活动真有意义，知道该怎么应对孩子不喜欢的食物了。

7. 绘本人物星星榜展示

我们在板块中还创设了绘本人物的星星榜，让孩子们对应自画像把自己不喜欢的一样食物也画下来，如果他能吃完自己不喜欢的食物一次就粘上一次头像，每个月月底我们和孩子一起汇总，并按照上榜的次数兑换相应的礼物。

三、活动后的效果

借助大班《肚子里有个火车站》的系列活动，借助了文学情境与活动相结合的方式，在绘本导读、规则制定、自我管理、环境创设等呈现过程中，孩子们慢慢过渡到偏食、挑食现象明显改变。

文学作品的投入让孩子们感受到良好饮食习惯的重要性，孩子们也会因为年段特点——具有荣誉感的原因，主动吃下一些不喜欢的食物，当我们的家园合作和星星榜的出现，使文学内容深扎孩子的心中，让文学作品滋养每一个孩子，使吃饭变成了一件享受的事情，从而逐渐改掉挑食的习惯，无形中养成饮食均衡的习惯。

以上是教学设计《肚子里有个火车站》延伸出的一系列活动，充分践行了"幼儿玩中学、做中学、生活中学"的《指南》精神，满足幼儿身心发展需要，促进幼儿各方面能力得到发展，较好地实施了一次有关健康生活的启蒙教育。

教育案例

小儿歌"大"作用

浦东新区顾路幼儿园　范佳卿

儿歌是以学龄前儿童为主要接受对象的具有民歌风味的简短诗歌。它是儿童文学最古老也是最基本的体裁形式之一。儿歌也是民歌的一种,全国各地都有。内容多反映儿童的生活情趣,传播生活、生产知识等。儿歌简短、押韵、朗朗上口,很受孩子们的喜爱,在孩子思维与智力的发展、视野的开拓、知识的丰富、语言的训练、道德习惯的培养等方面,发挥着巨大的难以替代的作用。有时候长篇大论的说教也许不起作用,而生动有趣又富有教育意义的儿歌却可以让孩子很乐于接受。老师可以在恰当的时机巧妙利用儿歌对孩子进行提醒、启发及教育。今年我正好又带了新一届小班,在科研组的带动下,我尝试将儿歌与培养幼儿自理能力及行为习惯等有机结合,给我带来许多启示。

实录一

小班刚开学的时候,孩子没有经验,对左和右的概念还是很模糊的,所以有的孩子经常会把鞋子穿反,这时我就会借助有趣的儿歌帮助孩子分清楚左和右。儿歌《鞋子》:两个好朋友,从来不分手,要来一起来,要走一起走。要是穿对了,它们头碰头,要是穿错了,它们把头扭。在念儿歌的时候我就会故作好奇地问孩子:"你们知道这两个好朋友是谁吗?它就是我们每天都要穿的鞋子。左边的鞋子要穿在左脚上,右边的鞋子要穿在右脚上。如果穿对了,它们就头碰头亲亲热热在一起,如果穿错了,他们就会生气地把头扭。"有空时我还带孩子边说儿歌边玩摆鞋游戏,把左右两只鞋子"头碰头"摆放好,然后再穿,就不会穿反鞋子了。

开始学穿裤子时,许多孩子不知道裤子有前后,于是我利用餐前的自由活动时间教孩子学会了穿裤子儿歌:宝宝自己穿裤子,弯弯月亮在前面,呜呜呜,呜呜呜,两列火车出山洞。孩子意识到裤子前后问题,每当穿裤子时会拿着自己的裤子研究一番，渐渐地孩子能分清自己裤子的前后了。

又一次，生活老师分好了饭菜，我引导孩子们有序上前就坐，安静进餐。好多孩子都认真地吃了起来，可也见到不少孩子耷拉着双手，眼睛东张西望的就是自己不吃饭，阳阳就是其中一个。于是，我走到阳阳跟前说："宝宝怎么不吃饭？快吃吧，多香的饭菜呀，来吃吧（我把饭碗推近了点），再不吃，饭菜可要冷掉了。"听我这样一说，他看着被我推到他眼前的饭菜，眼泪忍不住"吧嗒""吧嗒"掉下来了，小声地说："老师我不会吃，老师你喂我。"于是我温和地对他说："没事的，老师来教你，你一定会自己吃的。"说着，我边教他正确的吃饭方法，并用儿歌配合动作，一遍遍地反复吟诵加手把手地教："一手握住碗，一手拿住勺，勺起饭，勺起菜，张大嘴巴，往里送，一口饭来一口菜，一口饭来一口汤，一口又一口，饭饭吃完了。"果然宝宝在我的引导下学了起来。

反思：

小班孩子年龄较小，他们刚刚离开自己温暖的小家，来到我们这个集体中一起生活，常常会产生许多的不适应。家中父母祖辈的包办代替也让孩子们一开始不习惯自己的事情自己做。比如，穿鞋、吃饭这种力所能及的小事，这时候陌生的环境、陌生的人事就会让孩子的分离焦虑愈演愈烈。于是，在一些生活环节中，我会利用一些短词小句朗朗上口的儿歌，生动形象地教给孩子生活自理的技巧，让孩子在潜移默化中逐渐提高生活自理能力。

实录二

在个别化学习活动中，我们为孩子创设了生活化情境丰富的生活区，孩子们自然而然就会得进去玩叠衣、挂衣服的游戏。但是往往游戏开始没多久就会有孩子跑过来寻求老师的帮助，有的说"老师，我不会叠衣服"，有的说"老师，先叠袖子还是先叠衣服"等等各种问题，层出不穷。于是我利用课余时间，引导孩子们一边念儿歌一边叠衣服，果然在接下来的活动中，孩子往往会自然而然地一边念儿歌一边叠衣服，玩得很开心。

午睡时，孩子们纷纷脱鞋上床，开始做午睡前的准备工作。不少孩子自己主动脱起了衣服，可是还有许多孩子耷拉着小手一动不动，只会大声说："老师，我不会脱衣服，老师帮帮我。"所以每次午睡时，我们两位老师和生活老师都会手忙脚乱，一会儿帮这个脱衣服，一会帮那个脱裤子，就像在打仗一样。于是，我想利用午睡前的时间教会孩子们如何脱衣服，可是直接简单地跟孩子讲解，他们根本不愿意听，而且会有厌烦、焦燥的情绪。为了让孩子尽快掌握穿脱衣服的要领，我尝试运用了许多简短有趣的儿歌，例如《脱衣歌》：缩缩头，拉出你的乌龟壳，缩缩手，拉出你的小袖口。《叠衣歌》：左弯弯，右弯弯，点点头，弯弯腰，宝宝衣服叠好了。《穿衣歌》：抓领子翻跟斗，小老鼠出洞子，吱溜吱溜上房子。通过这些朗朗上口的儿歌，孩子学习的兴趣就会明显提高，许多孩子还会一边念儿歌一边穿脱，从而逐步学会了穿脱衣服。

反思：

在一日活动中，通过适切巧妙地合理应用儿歌，可以激发孩子对生活活动的兴趣。儿歌本身就具有浓厚的趣味性，它符合了孩子好奇的特点，又能让孩子在说说唱唱中充分享受到自由。小班孩子本来就喜欢自言自语，在自言自语中孩子往往不理会周围的干扰，没有心理压力，情绪非常放松。从这些活动中，就可以看出儿歌为孩子创设了良好的情绪环境，使孩子跨越了情绪障碍。因此，在说唱儿歌的开展过程，不仅激发孩子对生活活动的兴趣，还有助于孩子良好个性和积极情感的发展。

实录三

由于小班孩子年龄较小，坚持性和自控能力也较弱，洗手又是一个步骤比较烦琐的过程，故小班孩子洗手习惯的培养，一直是一个不容易解决的问题。特别是秋冬季节，孩子们衣服穿得比较多，每次孩子们洗手的时候，好多孩子都会把衣服袖子弄湿，这样不仅需要换洗衣服，还容易着凉感冒。这时候我想到了可以借助洗手歌：小朋友，来洗手，卷起袖，淋湿手，抹上肥皂搓呀搓，清清水里洗呀洗，关上龙头甩三下，再用毛巾擦一擦，我的小手真干净。然后教给孩子正确的洗手方法，将洗手的全过程按顺序分为七步让孩子进行练习：湿手——抹洗手液——搓手——冲洗干净——搓手——甩一甩——擦干。有了儿歌的帮助，孩子就会主动将其内化为指导行为的准则。

一次，在午餐时，有的孩子边吃边说，饭粒掉在了桌上、地上，我提醒孩子吃饭时，要身体靠着桌子，安静地吃饭，注意桌子上要干净。虽然事先进行了提醒，但有的孩子在吃饭时，还是控制不住自己要说话。于是我一边不时地提醒孩子要认真吃饭，同时还自编了“生活礼仪歌”，在日常生活中，通过念念“生活礼仪歌”，对孩子进行生活礼仪方面的教育，让孩子在儿歌中得到潜移默化的影响。现在当有孩子在午餐时，有说话的现象，其他的孩子就会提醒他“吃饭了，坐坐好，认真吃，不说话，饭粒儿，不乱撒，不要做，漏嘴巴”。孩子听了之后，马上就改正认真吃饭了。

反思：

巧用儿歌，让孩子逐渐将其内化成为指导行为的准则。在幼儿园一日生活中，我发现当孩子把相关儿歌记在心里后，每当遇到相同的情境时就说一说，孩子会逐渐将其内化成为指导行为的准则。因此在实践中我就抓住儿歌能针对孩子的年龄和认知特点，能通过儿歌内化为孩子行为的特性，变被动为主导，积极发挥儿歌在孩子生活活动中的作用。当看到孩子又把鞋子穿反的时候，我会通过带孩子念念儿歌，孩子就会去看自己的鞋子，看到鞋头相反就意识到错了，就会马上调整过来。除此之外，由于在家中孩子比较以自我为中心，许多好习惯要经过不断的巩固，才能养成。午餐是孩子在园生活中一个不可缺少的环节，午餐吃得好，直接影响着孩子的身体健康。而要想让孩子午餐的质量有所提高，首先在午餐的常规上要下工夫，养成孩子们文明进餐的习惯。而儿歌以它通俗易懂，朗朗上口的节律，使孩子易于接受，喜欢读，乐意读，同时让孩子在念儿歌、说儿歌的过程中，得到潜在的教育。

小儿歌，“大”用处。运用儿歌的方式融入孩子的一日生活，不仅能使孩子更好地掌握知识技能，拓展经验，增强语言能力，还能较好地提高小班孩子的生活自理能力。总之，通过一学年的努力，我将儿歌与生活自理能力培养的活动有机地结合，探索到小班孩子生活自理能力培养的有效途径之一，得到了一定的成效。

孙悟空打妖怪

浦东新区顾路幼儿园　叶佳羽

《孙悟空打妖怪》这首儿歌可以让幼儿从通俗的儿童化语言中感受做人的道理，感染热爱生活、热爱周围的人和事的社会性情感，而陈鹤琴曾经说过：儿童喜欢画图，是受了外界事物的刺激，在他脑子里留下一个深刻的印象，于是他借来图画表达出来，图画是小孩子表达的一种方式。于是，我选择了孙悟空打妖怪——这个耳熟能详、朗朗上口的中国传统儿歌，我借鉴了里面孙悟空打妖怪的情节，联系目前的新冠病毒，让儿歌中的老妖怪变成新冠病毒，让火眼金睛的孙悟空找妖怪，并通过鼓励幼儿洗手的方式，让孙悟空来帮忙消灭病毒，打败妖怪。并根据中班幼儿年龄特点，设置了“能够表现出五指山的各种形态，并尝试剪出五指山。”“发现病毒会藏在手的各处，学会把手洗干净的好方法。”两条目标，使美术和我们一日课程中的生活紧紧地联系起来。在活动中，为了让孩子们更好地参与到活动中来，我采用了分组教学的方式。

第一次活动尝试：

操作阶段，孩子们纷纷找到位置开始剪自己的五指山，不一会儿就有孩子剪好了，“老师我剪好了”“老师我也剪好了”孩子们拿着自己剪的五指山来到我面前，“那你们可以坐在位子上”我提醒道，“可是老师他们剪得都和我差不多呀！”有个孩子看了一眼展板上的五指山说道……

问题分析：

1. 操作环节与情境有所脱离，忽略了“病毒”

在幼儿自由变化手的造型的时候，只是单纯的在玩手影游戏，没有与文学情境以及“病毒”结合起来。

2. 作品五指山的变化较少

在幼儿操作前，未能强调要变出与众不同的五指山，导致幼儿在操作的时候，基本是剪出五指张开的五指山，较少数的幼儿能剪出不一样的五指山。

调整策略：

1. 在回应的时候和操作时候的指导语，可以与情境结合起来，如“这么特别的五指山，病毒一定藏不进去了”。

2. 在变五指山的时候，可以让幼儿说一说怎么变的，在回应的时候也可以对幼儿进行鼓励，如“你变的五指山真特别，病毒一定藏不进去”，幼儿操作前，强调“请大家想一想变一座怎么样与众不同的五指山，让病毒藏不进去”，激发幼儿的创造兴趣。

第二次活动尝试：

师：你想变一座怎么样的五指山？

幼：蜘蛛侠山。（像蜘蛛侠一样的山，这么厉害，病毒一定藏不进去了）

幼：我想变一座拳头山。（像拳头一样的山，病毒见了肯定躲得远远的）

幼：我要变一座兔子山。（这么可爱的山，病毒应该不忍心藏进去了吧）

师：还有谁想变一变五指山的吗？

幼：我也想变蜘蛛山……

幼：我也想和他变一样的山！

……

问题分析：

1. 幼儿表达不完整

在幼儿回答问题和变五指山的过程中，我对幼儿的表达没有要求，导致幼儿在表达的时候不够完整。

2. 情境融入过于刻意将病毒融入其中，有悖于现实

在幼儿变五指山的时候，我的回应过于刻意将情境融入，表达不够严谨，病毒无孔不入，“病毒一定藏不进去了”不符合常识。

调整策略：

1. 在回应中，可以对幼儿进行鼓励，如：有的幼儿回应的时候可以加上“你不仅五指山变得好，讲得也很好”。

2. 将回应中的“病毒一定藏不进去了”改为“病毒可能就藏不进去了”更贴切实际。

第三次活动尝试：

操作阶段

幼：老师，我剪不动，纸总是自己跑掉。

师：你再试试看，用出大老虎的力气试试看。

幼：老师剪完了，我可以再剪一个吗？

师：剩下的纸还有很大的地方，你可以试试看哦！

分享阶段

师：完成的朋友可以将你们的五指山藏到草丛里去哦！

幼：老师，为什么我只有一座五指山呀！

师：诶，你看看你剪的时候发生了什么事情呀？

幼：哎呀！我只剪到了一张纸，另一张没剪到！

……

师：接下来，我们赶紧一起把小手洗一洗，把病毒都赶走吧！

（播放视频，幼儿跟着做动作）

问题分析：

1. 操作不便

由于纸张选择得较为硬，幼儿剪纸的时候比较吃力，不方便幼儿操作，纸张的大小过大，导致剪下来的作品过小，造成浪费。

2. 未能成功剪出两只手

幼儿在对折的时候，没有折到位，导致剪的时候，有些孩子剪完之后发现只剪出了一只小手。

3. 幼儿对情境的融入较为欠缺，未能体现洗手的重要性

前期导入过快，幼儿对手的把握还不是很好，在活动中，只是在玩一个类似于手影游戏和剪纸活动，没能很好地融入儿歌情境中，活动最后，认真洗手能赶走病毒，以及洗手的重要性缺乏体现，只是匆忙地玩了一个游戏而已。

后续调整与完善：

1. 纸张的选择

根据幼儿手的大小，提供相应的纸，纸可以有大有小，给幼儿选择的机会，让幼儿从小就有合理选择和使用材料、不浪费的好习惯，这是真正的眼里有孩子。

2. 纸张的位置

利用语言引导，对边折好后，一个是横着的，一个是竖着的，那我们的五指山是高高的还是矮矮的？大大的还是小小的？引导幼儿了解高高的五指山要竖着剪比较合适。

3. 下刀的位置

利用语言引导，从哪里开始呢？山脚可以吗？山顶可以吗？等等，今天你们可以从哪里开始呢？让幼儿了解可以根据自己的想法下刀。

4. 环节时间的分配把握

比如什么是五指山？你们的五指山在哪里？这些环节过得有些仓促，可以让幼儿充分讨论、仔细观察，尝试一只手先变一变，让幼儿充分探索互动，美术是表现载体，最重要的是让幼儿了解山峰、山谷、山脚等，这样和后面剪纸活动能更自然融合。

5. 游戏环节增加与幼儿的互动

最后的游戏环节中，可以增加与幼儿的互动，让孩子在轻松快乐的活动

中，进一步加深了认真洗手的意识，以及加强对日常良好卫生习惯的培养。

反思与感悟：

孙悟空是孩子们熟悉且喜欢的故事人物，孙悟空打妖怪也是一首朗朗上口的儿歌，所以，我通过这首儿歌作为切入点，设计活动。

在导入环节，提供了情境线索，妖怪变成了老妖婆，被孙悟空火眼金睛发现，她又变身成病毒来害人，钻进了人们的五指山里。五指山就是我们的一双手，孙悟空有一双火眼金睛，想办法把藏在五指山里的病毒找出来，认真洗手就是消灭病毒的办法。第二个环节，通过模拟手型和观察比较，进一步感知手的动态，了解手指竖起来就是高高的山峰，手指藏起来就是矮矮的山坡，只要随意变化弯曲手指，我的五指山就会形态各异！为后面病毒藏在小手的各个部位做铺垫。第三个环节，在画一画剪一剪中，运用形象生动的儿歌语言引导幼儿尝试画手型、剪手型，不仅易于幼儿理解，更能引发幼儿关注操作要点，为后面的创作表现做准备。

创作表现环节，则使用一些情境性的语言，比如准备剪的时候，说火眼金睛走山路，一高一低看清楚。沿线剪的时候，说沿着山路漫漫走，山路转弯要小心，剪弧线的时候，说山路弯道有很多，一弯接着一弯走，大转弯时要减速等等，用这些朗朗上口的情境性语言隐含着操作要点。最后的分享环节，通过游戏的形式，引发幼儿参与活动的兴趣，将认真洗手的习惯自然融入，通过孙悟空打妖怪的游戏，让幼儿真正玩起来，洗起来，在游戏中体验快乐，并迁移到生活中洗手消灭病毒的好习惯，寓教于乐，培养卫生好习惯，为达成目标所服务。

在这个活动的设计与开展中，我要时刻将情境融入其中，但是不能融入地过于刻意，并且要贴合实际，在活动中，我也要注意准备的材料适合孩子操作，如：纸张的选择需要根据幼儿手的大小，提供相应的纸，纸可以有大有小，给幼儿选择的机会，让幼儿从小就有合理选择和使用材料、不浪费的好习惯，这是真正的眼里有孩子。在指导的时候，也要做个有心人，关注到孩子操作中的细节，如：利用语言引导，对边折好后，一个是横着的，一个是竖着的，那我们的五指山是高高的还是矮矮的？大大的还是小小的？引导幼儿了解高高的五指山要竖着剪比较合适。整个活动中，对于环节时间的分配把握也需要再加强，比如什么是五指山？你们的五指山在哪里？这些环节过得有些仓促，可以让幼儿充分讨论、仔细观察，尝试一只手先变一变，让幼儿充分探索互动，美术是表现载体，最重要的是让幼儿了解山峰、山谷、山脚等，这样和后面剪纸活动能更自然融合，也能让孩子们在最后消灭病毒的环节中，更深入地了解到病毒可能藏在手的各个角落里。

孙悟空打妖怪是一节以生活情境为线索的美术活动，整个活动让幼儿以孙悟空的角色身份融入情景之中，满足他们用美术表现方式表达对外部世界的认识与情感的需要。给幼儿一个自然的贴合他们经验和感受的氛围，给他们一个角色身份，以幼儿为主，以他们的情感为主。联系目前的新冠病毒，让儿歌中的老妖怪变成新冠病毒，让火眼金睛的孙悟空找妖怪，并通过鼓励幼儿洗手的方式，让孙悟空来帮忙消灭病毒，打败妖怪，使美术和我们一日课程中的生活紧紧地联系起来，让孩子在轻松快乐的活动中，进一步加深了孩子们认真洗手的意识，以及加强对日常良好卫生习惯的培养。

在活动后，我发现幼儿在洗手的时候，会比以前更加认真，小嘴巴里不时还会念叨着："病毒病毒快走开，我要把你们都赶走，你们休想逃过我的火眼金睛。"

附：　　《孙悟空打妖怪》

唐僧骑马咚那个咚，后面跟着个孙悟空；
孙悟空，跑得快，后面跟着个猪八戒；
猪八戒，鼻子长，后面跟着个沙和尚；
沙和尚，挑着箩，后面来了个老妖婆；
老妖婆，心最毒，骗过唐僧和老猪；
唐僧老猪真糊涂，是人是妖分不清，
分不清，上了当，多亏孙悟空眼睛亮；
眼睛亮，冒金光，高高举起金箍棒；
金箍棒，有力量，妖魔鬼怪消灭光。

没牙的老虎

浦东新区顾路幼儿园　蔡艳玲

在日常活动中，我发现小班幼儿对牙齿的了解并不深入，有坚持早晚刷牙习惯的幼儿并不多，而且在这次六一体检中许多小朋友都检查出了龋齿，那如何保护牙齿成了一件迫不及待的事。于是我就结合绘本《没牙的老虎》，通过课件、游戏及亲身练习的方式，让幼儿掌握正确的刷牙方法，并了解牙齿的保健常识。从而达到教育幼儿少吃糖，养成早晚刷牙的良好卫生习惯的目标。

日常生活中的奖励："我还要糖"

老师：表扬的时间到了，看看今天谁能得到奖励哦——

幼儿一：老师，今天的奖励是什么？糖吗？

幼儿二：老师，今天我表现得很好哦。我能自己穿衣服了，而且还能把玩具与大家一起分享，我还帮你拿纸巾呢。

老师：你真是个能干的好孩子，不仅自己的事情自己做，还会帮助老师做事情，老师奖励你一个五角星。

幼儿二：不是糖呀，上次的糖还有吗？我想要糖。

小班孩子的年龄特征是：对一件事情的兴趣度或是专注度不能持久地保持。于是老师往往会自带一些玩具或好吃的食物吸引孩子，并让孩子产生兴趣。而小班孩子对糖的喜欢程度可想而知，是那么的溺爱，于是每天放学回家前，孩子们都会期待这一时刻的到来：奖励。但是这次的奖励出乎孩子的意料之外，有的孩子就开始比较，有的甚至需要多颗糖……

分析与反思：

1. 奖励的方法要多样化

糖虽然好吃，小朋友喜欢，但是老师也不能样样依着孩子们，而且糖吃多了对孩子也不好，并且有的孩子会被一样的食物奖励而感到不稀奇，没有惊喜。为此老师可以改变奖励的内容，让幼儿期望自己所需的奖励。如一个拥抱、一个五角星、一本书、一颗糖……这些都是奖励。

2. 通过绘本集体教学

我园的书籍丰富多样，有语言类的、有科学类的还有艺术、探索类的，其中还有生活类的书籍，为此我们可以结合我园的文学课程开展生活绘本集体教学，通过绘本分享，让幼儿懂得糖果虽好吃但不能多吃的道理。

绘本经验的迁移："少吃糖，正确刷牙"

老师提问：老虎为什么会牙齿疼呢？最后老虎怎么了？

幼儿一：老虎吃了羊给他的许多糖，而且他不刷牙。

幼儿二：老虎爱吃糖。

幼儿三：老虎吃了糖不刷牙，它的牙齿黑了，最后全拔光了。

幼儿四：老虎吃了好多糖，不刷牙，最后没牙就不能吃小动物了。

老师小结：原来多吃糖果会使我们的牙齿长蛀牙，所以糖果再怎么好吃我们也不能多吃。

老师提问：我这里就有许多糖果，你们喜欢吗？如果给你吃你会怎么做？

幼儿一：我不吃糖了。

幼儿二：我吃一颗，剩下的明天再吃。

幼儿三：吃完后，我会刷牙。

在活动中可以看出孩子们对绘本故事的理解，并通过分享感知幼儿对保护自己的牙齿有了一些基本的经验，而且通过游戏更加巩固了幼儿对少吃糖的一些概念。但是小班孩子对于牙齿的重要性及一些正确的刷牙方式未掌握。只知道刷牙，那如何刷？一天刷几次都是渺茫的。

分析与反思：

1. 保护牙齿的重要性

可通过幼儿喜欢的动画片《小黄和小蓝》来观看，让幼儿了解细菌的存在，及如何保护好自己的牙齿。同时还可以邀请家长医生为我们解答孩子的疑惑，让幼儿更重视牙齿的重要性。

2. 学习正确的刷牙方法

除了了解牙齿的重要性之外，我们还要帮助幼儿掌握正确的刷牙方法。于是根据小班幼儿的年龄特点，我们可以结合朗朗上口的儿歌帮助幼儿掌握。这样小班孩子就会在边读边做中正确掌握。

灵活运用多种策略，挖掘和发挥绘本价值

在幼儿园，绘本阅读是孩子们的乐事，但对老师们来说，只要是用到绘本开展活动或教学，那就是一门技术，更是一门艺术了。

绘本是专门为幼儿设计，用直观的图画讲述故事、表达情感的一类图书。它以丰富的形象、独特的艺术视角帮助幼儿提升阅读能力，是促进幼儿生活活动的重要推手。在绘本阅读的过程中，教师通过引导幼儿观察绘本每幅图的颜色、细节等，将绘本知识转换为生活中所需要的有效信息，充分发展幼儿

的阅读理解能力和表达能力，开拓幼儿的知识范围，引导幼儿基本道德素养的形成，促进幼儿素质的全面发展。下面我就以《没牙的老虎》为例，谈谈我在选择此绘本时的一些感想：

1. 深入挖掘绘本所蕴含的教学元素

作为教师，首先要用心去挖掘绘本中蕴涵的丰富教学资源，不断进行探究，通过将“故事”和“生活”作为两条并进的线索，挖掘其生活教育资源创设生活绘本活动。如绘本《没牙的老虎》，这个故事讲述了老虎爱吃糖，可是不愿意刷牙，最后牙齿全部拔光的有趣过程。利用孩子生活经验猜测老虎吃了糖果后会怎么样？充分发挥孩子的想象力和语言表达能力，绘本中所隐含的观察、想象等内容，不仅让孩子们知道“生活中还有好多好吃的东西不能多吃”之外，还延伸到“我们如何保护好自己的牙齿”丰富孩子的日常生活经验。借故事载体创设生活活动，让孩子在参与的过程中轻松懂得糖果虽然好吃但不能多吃。

2. 选择适合绘本挖掘潜在生活资源

绘本中蕴涵的丰富教学资源，需要我们用心去挖掘，不断探究并进行相应的拓展、设计活动，才能使绘本充分发挥其多元化的教育价值。现在的绘本形象生动可爱，色彩鲜明，对幼儿来说，是认识周围世界的一个窗口。每一本优秀的绘本都蕴含了许多的教学资源，如经典绘本《没牙的老虎》，不仅描写了一只凶猛的老虎从有牙到蛀牙到没牙的整个改变过程；还有老虎的凶猛，谁见谁怕；另外还包含了多吃糖果的危害，让孩子们知道多吃糖对牙齿不好。绘本《小熊不刷牙》有一点点的灰色调，不过基本上还是通过第三者去描述如果没有牙就不是一只真正的熊，甚至不能吃东西。这个会让小朋友有一点点的“恐惧”，但是比起我们最常用的说辞是：不刷牙，长虫子，有牙洞，很疼的等等，要温柔许多。还有一本轻松幽默的

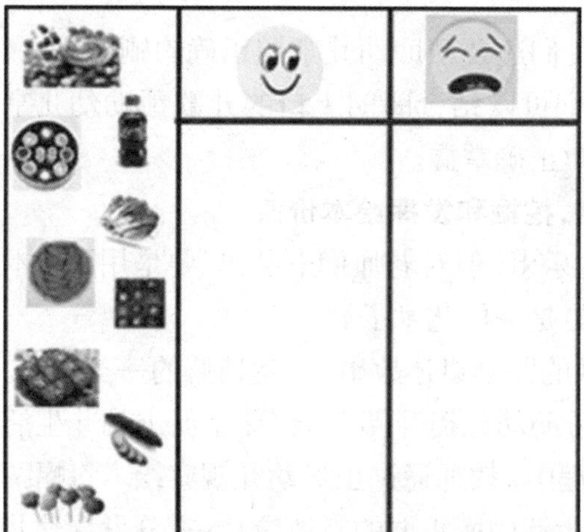

《鳄鱼怕怕牙医怕怕》也是从"吓唬"的角度出发给孩子哈哈大笑的提醒，鼓励孩子养成刷牙习惯。三本绘本各具特色，但是《没牙的老虎》更贴近小班幼儿的年龄特征，而且在日常活动中，我发现幼儿对牙齿的了解并不深入，有坚持早晚刷牙习惯的幼儿并不多，而且在这次六一体检中许多小朋友都检查出了龋齿，那如何保护牙齿成了一件迫不及待的事。于是我就结合绘本《没牙的老虎》，通过课件和游戏及亲身练习的方式，让幼儿掌握正确的刷牙方法，并了解牙齿的保健常识。从而达到教育幼儿少吃糖，养成早晚刷牙的良好卫生习惯的目标。

3. 围绕活动目标设计引发有效提问

在以往的绘本教学中，幼儿看完绘本后，老师总是会问幼儿这样一些问题：这个故事叫什么名字？故事讲了一件什么事情，说明了什么道理？这样的提问固然对幼儿记忆故事有一定的作用，但太表面化、模式化，没有给幼儿更多的思考、想象和选择的余地。因此，在教学实践过程中，我们应探索如何"围绕本次活动的生活目标，科学的设计绘本所引发的有效提问"。如在绘本《没牙的老虎》教学活动中，围绕"老虎的牙齿"以递进式的主线贯穿进行提问设计。如你们觉得老虎长得怎么样？它厉害吗？哪里最厉害？呀——老虎怎么啦？（牙疼）你从哪里看出来的。老虎怎么会牙齿疼呢？最后老虎怎么了？（变成了一只没牙的老虎）形式多样、层层深入的提问方式让幼儿在表述过程中，有更多的机会表达。

4. 游戏操作辨析巩固拓展生活经验

游戏在我们的日常生活中是一种非常重要的娱乐项目，特别是在幼儿的教学活动中，游戏可以起到寓教于乐的作用。近年来，随着幼儿教学活动要求的不断提高，游戏在教学中的作用也越来越明显。绘本教学作为幼儿园教学中的一种新兴模式，是我国在幼儿教学研究中的一大突破。

绘本故事《没牙的老虎》活动中，我就借助游戏的形式让幼儿操作。"我这里还有许多好吃的东西，（出示图片）请小朋友来帮忙分一分，哪些东西能多吃？哪些东西不能多吃？请你将食物贴到相应笑脸和哭脸的板块上。"可是在可乐的选择时，孩子们提出了争论"可乐可以多喝，我们渴了一直喝的""不是，可乐不能多喝，它是碳酸饮料，我们不能多喝"。在红烧肉的选择时，孩子们也争论了起来"红烧肉不能多吃，多吃了会胖""不对，红烧肉有营养，我们在长身体需要营养，所以要多吃”。经过一番的讨论辨析，最后终于认为可乐、红烧肉都不能多吃。可乐是碳酸饮料对我们的牙齿不好，而红烧肉多吃了会胖，对身体不健康。我把问题抛给了孩子们，让他们自己回家去寻找答案，并把答案告知大家，孩子们的学习兴趣得到了延续，同时通过自身的操作使生活经验更丰富。

5. 巧用儿歌朗诵掌握正确刷牙方法

儿歌是以低幼儿童为接受对象的简短诗歌，短小，易记忆。于是在《没牙的老虎》活动中我把刷牙的要领上下刷，早晚刷这两个主要的提炼出来编成一首小儿歌。“小牙刷，手中拿，早起晚睡先刷牙，‘沙沙沙，沙沙沙’从上往下轻轻刷，从下往上仔细刷，里里外外都要刷，爸爸妈妈夸我是个讲卫生的好娃娃。”孩子们在第一次倾听朗诵时，了解刷牙的基本方式，在第二遍朗诵时，孩子们从儿歌中了解到一天刷两次牙，而且掌握刷牙的正确步骤。第三遍时孩子们已能和老师一起边念儿歌边刷牙了。相信孩子在学会儿歌的基础上对着镜子拿着牙刷多加练习，配合上老师的指导，再加上家长在家里的督促监督，帮助孩子学习刷牙的正确方法，养成刷牙的好习惯。

在利用绘本开展教学活动的过程中，我体会到绘本在学习活动中所发挥的重要作用。幼儿园教师应充分利用这一媒介，通过选择、改编、延伸等方式，培养幼儿语言表达能力、探索能力。同时，教师还应当根据幼儿的年龄特点制定适宜的教学策略，着力引导幼儿将从绘本中学习到的运用到日常生活中。

牙齿大街的新鲜事

浦东新区顾路幼儿园　顾佳倩

现代医学研究表明，良好的生活方式是影响人们健康的重要因素之一，良好的生活习惯有助于身心健康的发展。幼儿时期是培养幼儿生活习惯、生活方式的重要阶段，在这时期形成的良好习惯能够使其终身受益。

随着社会的发展，时代的进步，大家的生活水平日渐提高，家长们对于孩子的生长和发育都呵护有加。但是，孩子健康成长的标志不仅是发育正常、营养充足，更重要的是对孩子从小养成良好的生活习惯，减少细菌和病毒对孩子的侵害。越是细节部分就越不能忽视，因此，孩子的口腔卫生和健康就不能忽视。

进入大班，孩子们陆陆续续出现了换牙的情况，但孩子对换牙并不了解，产生了恐惧的心理。有的孩子乳牙还没掉，恒牙就已经长出来了，需要将乳牙拔掉，可是孩子因为恐惧不愿意拔牙，无论家长怎样劝说也不愿意去医院；有的孩子误以为牙齿晃动是牙齿受伤了，进餐时总是小心翼翼地咀嚼，生怕碰到了那颗摇摇欲坠的牙齿；有的孩子对乳牙保护不周，出现了龋齿。在孩子们换牙初期，如何保护新牙，预防龋齿就显得更为重要。于是，我借用绘本故事《牙齿大街的新鲜事》开展了关于保护牙齿，关注口腔健康的集体活动。

活动片段一：

幼：老师，我觉得哈克和迪克他们两个的生活也太幸福了！我真羡慕他们！

师：为什么呢？

幼：因为它们每天都可以喝到美味的可乐，还可以吃甜甜的巧克力！这些东西我妈妈都不给我吃的，更不要说是它们喝的可口可乐了！

师：那你知道哈克和迪克的这些美味的食物是哪里来的呢？

幼：是它们辛辛苦苦积累的，它们太不容易了！

师：告诉你们一个秘密哦！哈克和迪克就藏在你们的嘴巴里哦！拿起你们面前的镜子自己看看，当然也可以相互看看！

幼：呀！你的牙齿里有个好大的洞洞呀！哈克和迪克不会藏在这个洞洞里了吧！

幼：不会吧！哈克和迪克怎么会在我的牙齿里面呢？

师：对啦！哈克和迪克的工作地点就是在我们的牙齿上！一起来听听、看看这个故事《牙齿大街的新鲜事》。

问题分析：

大班孩子的语言表达能力已经有了突飞猛进的变化，他们的语言富有逻辑性的同时也充满了属于他们的天真烂漫。孩子能够大胆地表述自己心里的想法，但是对具体事物的内在联系还缺乏思考。正如孩子会羡慕哈克和迪克每天都能吃甜食，但自己却因为受到妈妈的限制而不能。从孩子的表述中，我明显感觉到孩子对于妈妈行为的不理解和不满被家长禁止吃甜食，应该是每个孩子的常态，但由于每个家长处理问题的不同，孩子对于家长行为理解的能力也不同。然而在活动中，我没有为妈妈“辩解”，纠正孩子的想法。而是直接切入绘本的主题，希望他能够在接下来的活动中体会妈妈的良苦用心。

调整策略：

1. 引导幼儿仔细观察画面，让孩子们通过自己对画面细节的观察发现哈克和迪克工作的场所，而不是直接告诉孩子，提升幼儿对画面的解读能力。

2. 运用生生互动，化解幼儿对家长行为的误解。孩子对于口腔卫生的认识和了解处于不同的水平，可以邀请有保护口腔意识的孩子分享自己的经历，共建同伴经验。

3. 结合故事内容，联系生活，让孩子将自己的龋齿和哈克、迪克的工作联系起来，而不是直接告诉他们，提升幼儿对情节发展的联想能力。

活动片段二：

师：哈克和迪克有一个“伟大”的梦想，这个梦想是什么？

幼：它们想要在牙齿上造一条牙齿大街！

师：你们觉得这个梦想怎么样？

幼：我觉得哈克和迪克的想法很不错，它们有自己的计划，而且还很努力！

师：可是它们的梦想会对我们造成怎么样的伤害呢？

幼：我们的牙齿都要坏掉啦！

师：为什么呢？

幼：因为只有牙齿蛀掉了哈克和迪克才有机会造“牙齿大街”，要是它们成功了，我们不就糟糕了吗！

师：龋齿太可怕了！你们有没有龋齿呢？

在活动的过程中，我将重点关注都放在“保护牙齿”上，引导孩子站在“哈克和迪克”是不好的角度思考问题，但却忽视了“哈克和迪克”身上的为梦想坚持、努力、做事有计划性等良好的品质，没有考虑到除了集体活动目标以外对幼儿终身发展有益的品质培养。活动中孩子很乐意表达自己的情感和想法，我没能给予幼儿充分表达的时间和机会，总结过早。

调整策略：

1. 在回应幼儿时对于她们可圈可点的回答给予肯定，例如，当孩子肯定哈克和迪克的努力时，以从坚持自己的梦想，坚持、努力等方面进行总结，为孩子埋下一颗如何完成梦想的种子。

2. 在PPT中插入牙科街，让幼儿通过观察牙科街和龋齿街情况的对比，从而认识到龋齿的危害。

3. 给予幼儿更多表达的机会，让幼儿联系自己的生活实际，谈谈龋齿对健康的危害。

活动片段三：

师：哈克和迪克的梦想实现了吗？

幼：没有。

师：是谁打破了它？

幼：牙科警察。

师：牙科警察是谁？

幼：牙科警察就是牙膏和牙刷，可以把嘴巴里的脏东西打扫干净。

师：你们平时有刷牙的习惯吗？

幼：有的。

师：你们知道吗？不正确的刷牙方法也会伤害到我们的牙齿，现在我们一起来学学正确的刷牙方法吧！首先，我们的门牙要上下刷……

这个环节主要是让孩子知道保护牙齿、防止蛀牙的一个好方法是刷牙。为了让孩子学习正确的刷牙方式，我采取的是示范法，无实物的演示并不能让孩子们充分的了解。其次，在演示的过程中会运用到一些关于牙齿结构的知识，例如犬齿、门牙等，由于幼儿对于这方面经验的缺乏，在活动过程中孩子们的注意力就比较分散。

调整策略：

1. 挖掘绘本素材，利用绘本中关于牙齿结构的知识让幼儿对其有一个初步的了解。

2. 搜索正确刷牙步骤的图片，让幼儿直观地看到如何正确地刷牙，再引导幼儿学习正确的刷牙方法。

3. 再纠正幼儿保护牙齿的时候可以适当地拓展一些知识点，如正确的饮食习惯，多吃奶制品可以补充我们牙齿的钙质，让牙齿更加坚固、吃完食物后即时漱口，良好的清洁习惯也能帮助我们预防龋齿的发生。

反思与感悟：

在培养幼儿行为习惯养成的过程中，我们不难发现，很多时候苦口婆心的劝导收效甚微。很多时候孩子是因为自身的身心发展水平食物制约，无法理解。为此，我们可以利用绘本故事，绘本故事的情境性、趣味性等特点，能够让孩子在绘本故事中与主人公一起经历故事情节、一起感受体验，既能满足幼儿的好奇心，也能促进幼儿对理论知识的认同与感受。在培养幼儿行为习惯的过程中，绘本材料能够发挥重要的作用，但在具体运用时需要注意应该根据幼儿所处的阶段与年龄特点、面临的主要问题与现象选择适切的绘本材料，采用适当的教学方式达到教学目的。

这次的集体教学活动我选择了《牙齿大街的新鲜事》这个绘本故事，它将蛀虫拟人化，龋齿的过程以故事的形式呈现。刷牙、补牙成为了安全卫士，在口腔中上演了一场围剿大戏，去医院补牙仿佛也不是一件那么可怕的事情了。绘本故事以幽默诙谐的方式告诉我们要爱护我们自己的牙齿，保护好口腔卫生。不仅如此，在绘本的最后还向我们科普了牙齿健康和消化之间的关系，让我们知道了口腔健康的重要性。在活动过程中，我紧紧地贴合着绘本中心，围绕着故事情节，哈克迪克是做什么的——龋齿的产生对健康有哪些危害——如何避免龋齿的发生——有了龋齿应该怎么做，为幼儿提供完整的概念式的阅读过程以外，也让孩子们清楚地了解龋齿的形成原因和过程。在反思活动的过程中，我发现了一些自己在活动中的误区。首先，是尊重幼儿的发展，我们应该接纳孩子的想法，鼓励孩子大胆地说出自己的想法。尽管哈克和迪克在故事中做的并不是什么好事，也不是“正派”角色，但孩子们从它们的行为中解读出了“为了梦想坚持、努力”。对于正向积极的情感，我们应该予以重视，正向引导幼儿朝积极的发展。其次，是要尊崇科学，在活动中，有孩子提到自己在生活中家长从来不让自己吃甜食，因为甜食会生蛀牙。然而，我们应该正视，一味地禁止并不能解决根本问题，反而会滋长孩子对于“甜食”的好奇心，甚至产生逆反心理。因此，在这里我向孩子们强调，我们吃少量的甜食并不会对健康造成极大的危害，不用“谈糖色变”，但需要我们注意的是，不能吃得太多，吃完以后要记得漱口、刷牙。最后，在运用故事作为题材开展集体教学活动时，我们必须要研究故事内容和主题是否相吻合，或者是否能够推动我们的活动，助推幼儿某方面的发展。先分析清楚逻辑结构，再组织教学活动。

样样都爱吃

浦东新区顾路幼儿园　顾　洁

幼儿处于成长的关键阶段，但幼儿一些常见的不良饮食习惯，如：偏食挑食等，都会影响幼儿的健康。《3—6岁儿童学习与发展指南》中明确指出："健康是人身体、心理和社会适应方面的良好状态。"为了促进幼儿健康成长和发育，帮助幼儿养成良好的饮食习惯，形成均衡饮食结构，我尝试用故事来打动孩子，小班的孩子喜欢童话故事并容易产生情感共鸣，可以借助儿童故事帮助他们养成不挑食不偏食的健康饮食习惯。

小班时期是幼儿良好习惯培养的关键期、敏感期和奠定人生基础的最佳时期。在幼儿刚进入小班时，大多数幼儿在家中由父母和祖父母喂食，不能独立进餐，对长辈的帮助依赖性较强。幼儿在刚开始进入幼儿园后，进入了集体生活环境、午餐饭菜的口味也和在家中的不一样了，所以出现了各种各样的问题。进餐成了幼儿进入小班后适应集体生活的一个大问题。在此背景下，我针对幼儿在进餐时出现的问题，借助儿童故事帮助幼儿养成良好的进餐习惯。

实录一：

在生活活动中，我向幼儿展示儿童故事《爱吃水果的牛》的绘本封面，对幼儿说："今天我们一起来认识一个新朋友，这只小牛呀非常爱吃水果，而且它身体很好、从来不感冒，厉害吧？"孩子们听了有的兴奋地说"我要和它做朋友"，有的哈哈大笑。我给孩子们播放了故事的录音让幼儿了解了故事内容后，问："当主人与他的邻居感冒生病的时候，爱吃水果的牛生病了吗？为什么呢？"孩子们争先恐后地举手回答说："我知道我知道，因为多吃水果，身体会更好！""多吃水果，就不容易感冒啦！"

实录二：

在这次的生活活动中，借助儿童故事《汉堡男孩》，让幼儿们帮助偏食大王维尼："维尼不吃蔬菜变成了大汉堡，他要被吃掉了，怎么办呢？我们有什么办法可以帮他呢？"孩子们纷纷举手说出自己的方法："维尼可以大声说，我不是汉堡！我是一个小孩子！不能吃我！"平时不吃青菜的轩轩说："要让维尼多吃青菜，他就不会变成汉堡啦。我今天中午也要多吃青菜”到了午餐时，轩轩遵守了他的承诺，大口大口地吃起了青菜，把碟子里的青菜都吃完了。

问题分析：

1. 绘本教学时间过长，整体把控不够

在利用儿童故事进行的生活活动中，幼儿明显表现出对新鲜故事有极高的兴趣，由故事的主题形象引入教学活动，借助多媒体播放图片和自制教具吸引幼儿的注意力，好的引入和教案一样重要，让孩子们在有准备的情况下达到教案目标。这些故事来源于幼儿生活中最熟悉的进餐活动，是幼儿在每日生活中亲身体验过的活动，幼儿对此有亲切感和熟悉感，特别是在提问讨论环节，幼儿们表现得特别积极，争相对自己熟知的内容发言，大胆分享自己的想法。但由于小班幼儿注意力集中时间有限，天性活泼爱动，课堂活动变得非常“热闹”。在活动过程中，老师提出了问题，小朋友们会七嘴八舌地回答，兴奋时还会离开自己的位置，跑到同伴面前去交流。由于活动环节设计稍多，用时过长，有的小朋友中途需要去小便，一旦有一个小朋友提出，其他小朋友争相进行模仿，接连不断地有小朋友要去卫生间，打乱了预设的教学节奏，影响到活动的整体氛围。

2. 隐性影响作用没有充分发挥

教室的装扮是在新学期伊始，两位班级老师共同思考设计的，尽自己最大的努力提供温馨整洁美观的环境迎接第一天来幼儿园的小朋友，希望孩子们喜欢，家长们放心。墙面装饰了草地，树林，各种小动物，颜色鲜艳画面精美和谐。但经过一段时间的观察发现，孩子们对老师耗费精力创设的东西兴趣寥寥，而且由于没有根据本班幼儿的特点进行更好的环境创设，生活角内容比较单一，不够有趣，对于幼儿进餐习惯和生活习惯的改善没有起到很大的作用。

对策与调整：

1. 精简语言及时反思

关于生活活动目标很宽泛操作性不强的问题，关键是要了解幼儿现在的发展水平和将要达到的发展水平。教师作为活动的组织者，必须通过有效的行为，取得最佳的效果，在教学的过程中，语言是最强有力的工具，加强对表达能力的锻炼，用简洁准确的语言讲述给幼儿，语速应当缓和，伴有抑扬顿拙，添加一些肢体动作更能锦上添花。在讨论环节抛出的问题一定是以幼儿的经验为基础，有一定的新鲜感，才能引发幼儿积极的思考，让师幼互动的主体真正参与到活动中。最后是要将活动控制在得当的时间之内，小班幼儿的集体教育活动时间是10～15分钟适宜，时间过长会导致幼儿的有意注意变弱，很容易受外界因素影响，合理地把控时间，适宜地安排教育活动，让幼儿容易接受，真正的对养成良好生活习惯有所帮助。

2. 进行环境创设，在图书角投放绘本

环境作为重要的教育资源，对幼儿的影响虽然是隐性的却是巨大的。在墙面上张贴各种图案，标识，增大幼儿受信息刺激的机会，通过见到的图画使幼儿获得某种能力的锻炼，或者巩固学过的知识。可以借助儿童故事中的人物形象在教室里进行以儿童故事主体人物为中心的区域环境创设，最大程度发挥环境对幼儿的影响力，在潜移默化中让孩子知道“不浪费食物”“不挑食”。

针对部分幼儿不爱吃蔬菜，可以在语言角投放儿童故事《好喜欢吃蔬菜》，该绘本以幼儿的视角看待常见的蔬菜。在这本绘本中，很多蔬菜都呈现出非常可爱的形象，孩子们平常不爱吃的蔬菜变得非常生动，蔬菜宝宝们也有了各种不同的表情。看到这些可爱的蔬菜宝宝，孩子们很容易对蔬菜产生好感，可以让孩子们逐渐建立对蔬菜的喜爱，缓解幼儿挑食不爱吃蔬菜的问题。

反思与感悟：

不同的人对相同食物的喜爱程度不同，在幼儿身上表现得尤为明显，观察发现幼儿对食物存在挑剔现象，有的不喜欢吃蔬菜，有的不喜欢吃海鲜，有的不爱吃面食。针对幼儿的这种情况，教师为了幼儿的身体生长着想，努力让幼儿吃下种类丰富的食物。通常老师会借助表扬奖励的手段，谁吃的又快又干净就奖励一种小贴纸，这种正向的引导极高地调动了幼儿的积极性。但针对特别挑食偏食的幼儿却达不到理想的效果。

所以针对部分幼儿不爱吃水果，在生活活动中，我选用了儿童故事《爱吃水果的牛》，故事内容充满童趣，文字简短易懂，画面线条简洁，画风稚拙，符合小班幼儿年龄特点，故事“牛爱吃水果——主人喂它吃水果——牛给主人吃水果奶——主人病好——大家都爱吃水果了”的情节线索，让幼儿明白“吃水果，身体好，不易感冒”的简单道理，帮助幼儿养成爱吃蔬菜水果的好习惯。在孩子们了解了这个儿童故事的第二天，通过好几个爸爸妈妈的反馈中我们了解到，原本对水果不是很感兴趣的几个孩子，在那天回到家后，都很主动地和爸爸妈妈说想要吃水果，当家长问他时，他们还主动向家长说了多吃水果对身体好，以后都要多吃水果。我想，孩子们在家中吃水果的时候一定会笑着想起那头可爱的牛，是它让孩子们爱上吃水果的。

培养小班幼儿良好的进餐习惯，依靠传统的说教缺乏想象力与独创性，没有从幼儿的视角出发。借助儿童故事的效果则事半功倍：儿童故事让幼儿用眼睛去发现故事画面的秘密，体验和感受故事的内容，让幼儿将儿童故事与自己的生活相结合，养成良好的进餐习惯。

爱吃水果的牛

浦东新区顾路幼儿园　张佳怡

在一次阅读室活动之中，孩子们偶然地翻开《爱吃水果的牛》这个绘本，孩子们惊奇地发现：在一个长满各种果树的森林里，住着一只爱吃水果的牛，每天吃水果使它的身体变得十分强壮。

“我见过爱吃草的牛，但没见过爱吃水果的牛。”

“他的主人生病了，小牛需要去照顾他。”

“可是主人怎么会身体好起来呢？”

我听到孩子们疯狂讨论着，抽象的画面给孩子们带来了视觉享受，提供了无限的想象空间。童趣的文本调动了孩子们的兴趣，让他们在阅读中体会到吃水果的快乐。

思考与分析：

故事的主人公是一只爱吃水果的牛，具有拟人化的特点，故事情节温馨流畅，非常吸引人，同时画面形象生动，主题突出，适合小班幼儿阅读，有利于孩子的想象与表达。因此，根据孩子们对于这个绘本浓厚的兴趣，我开展了思考。

儿童故事不仅可以吸引孩子的注意，激发孩子无穷无尽的想象，还可以帮助孩子更好地理解活动的内容。如何让孩子们掌握得比较好，也可以做到在玩中学，玩中乐当中学到相应的知识。从我们班幼儿的发展需要来说，我们班的孩子对水果的选择比较单一，有的孩子遇到不喜欢吃的水果一口不吃，又多是独生子女，他们以自我为中心，缺乏关心别人的意识，因此通过绘本向幼儿进行这样的情感教育显得尤为重要。希望通过本次儿童故事的学习活动，引导孩子理解故事内容，能从不同角度描述水果的显著特征，知道多吃水果、多喝牛奶对身体好，能够大胆地用故事中的语言进行表达，并萌发关爱他人的情感。

由于3至4岁的幼儿注意力往往受兴趣的影响和支配，有意注意力初步得到发展，所以需要教师利用各种教学手段，恰当、巧妙地引导幼儿理解绘本故事内容，还要注重培养幼儿认真倾听的习惯。

因此，我想从三个方面达到我的活动目标，一是趣寻水果踪迹，让孩子们亲自去果园感受触摸，引起孩子们的浓厚兴趣；二是再根据《爱吃水果的牛》绘本故事设计个别化互动游戏；三是开展集体教学活动让幼儿充分喜爱上吃水果，了解水果的好处，引导幼儿在故事情境中尝试从颜色、形状等不同角度描述水果的显著特征，并培养幼儿的口语表达能力，能够大胆模仿故事中的语言进行表达。

策略一：亲身感知

我决定带着孩子们亲身去感受探寻水果的秘密，与水果进行一次甜蜜的邂逅，激起孩子们对水果浓厚的兴趣，让孩子实地观察水果的生长过程，发现水果的特征，发展孩子们的探究能力。孩子们刚走进种植基地，就被眼前一大片火龙果树深深吸引了迫不及待地想去一探究竟！“这就是火龙果树哦。”“原来火龙果小时候是绿色的呢！”“让我摸一摸。”“小心火龙果树的刺扎手哦！”

孩子们非常兴奋，有的把鼻子凑近，想闻一闻果树的味道；有的用小手摸摸，感知水果的果皮和果树的树皮；还有的仔细观察、欣赏每一棵果树的形貌。孩子们不停地说着：“这边有好多种水果呀！”“香蕉树的叶子像扇子一样呢！”“小杨桃长得真可爱！”“咦？长在土里的这个是什么呢？”“哦，原来是凤梨呀！”“香蕉树上结了好多小香蕉呢！”“原来杨桃树是开红色的小花呀。”“老师你看，杨桃长得像五角星一样呢！”“快看，头顶的藤上结了好多百香果呢！”

不仅如此，通过“切开的水果是什么样的?”的参观活动，我提供了各种水果，观察切开水果是什么样的，从而让幼儿更直观形象地观察水果的内部结构，了解到各种水果的内部生长结构的不同特征，并把看到的记录下来。

教育家曾说过“我听过了，我就忘记了；我看见了，我就记得了；我做过了，我就理解了。”让孩子们用表征图画的方式去记录观察的事物，发挥了幼儿学习的主动性，这样的方式真正让孩子们在活动中看到了、做过了、理解了。

此次活动，不仅让幼儿欣赏了美丽的田园风光，了解了各种水果的名称、颜色、形状和生长条件，也培养了幼儿的探索意识和协作能力，更增强了孩子们热爱大自然、热爱家乡的情感。在后续的活动中，小班将结合《爱吃水果的牛》主题活动，创设丰富的游戏环境，开展多样的游戏活动，以满足幼儿个性化发展的需要。

策略二：情境营造

儿童的想象力是儿童探索活动和创新活动的基础，一切创新的活动都是从创新性的想象开始的。要尽早的为孩子插上想象的翅膀，激活孩子的想象力，培养孩子的想象力，我在美工区提供了奶牛的简笔画图片，以及各个水果的图片，各色的超轻黏土以及不容易坏掉的水果。于是，我听到了之后的可爱对话，“我和小牛一样也喜欢吃水果！”“小牛的身体上会不会长满水果的图案呢?”“我们来给爱吃水果的牛设计一件水果衣服吧！”孩子们自主选择了自己喜欢的水果颜色的超轻黏土，并给简笔画小牛穿上了漂亮的小衣服。

除了外形，还要引导孩子感受所选物体的颜色、质感、形象特征等元素，通过观察发现物象的核心特征，然后通过联想、引申、演变处理成要表达的物象。这样就可以让联想形成的形象更生动具体更巧妙。比如，一串葡萄，它是紫色的，是一颗颗圆形的小葡萄组成的。孩子们也想自己动手制作水果，有的孩子用超轻黏土小手捏一捏，圆圆水灵灵的葡萄放在了纸盘中，栩栩如生。或者将彩纸撕成小碎片摇身一变，可爱的小葡萄就完成啦！

在这之后，我在美工区放置了出示一个没有五官的娃娃脸，在后两天里，我发现孩子们利用水果图片装饰五官，从发散性想象到指向性想象。看起来貌似简单，但孩子们对水果进行了无限的想象，从而发展了孩子们的想象能力、语言表达能力、手指灵活的操作能力等。

策略三：开展集体教学

本次活动我运用了PPT的多媒体教学，让孩子们能够更加清楚直观地观看绘本内容；为提高孩子的学习兴趣准备了各种故事情境，如：奶牛出场、奶牛到草地上休息，在最后环节中我还准备了水果让孩子一起分享。

在活动中，我先请孩子猜测香蕉的影子，引导幼儿来描述香蕉的特征，香蕉的形状是弯弯的，然后会用自己的表情和动作去启发孩子，我会做出吃香蕉的动作，孩子就会联想到香蕉的味道是甜甜的，孩子的个体发展也得到了体现。除了能够引发孩子充分的说，我觉得增加活动的趣味性也是很有必要的，于是，我将苹果、葡萄和草莓变成了局部的图片，引导孩子猜测到底是什么水果，孩子对水果的探究积极性也一下子提高了。并加入适时的追问："你怎么猜出来是苹果的？"孩子们会说："我之前见到的苹果就是红红的"，我会说"原来你是从红红的颜色猜出来的"，再进行追问"又一个红红的圆圆的是什么呢？"（草莓）这样，孩子对水果的特征有了更多的了解，同时也为下一环节的情景游戏做准备。

由于小班幼儿的注意力时间比较短，连续听故事孩子可能会出现注意力不集中的情况。同时，小班幼儿的思维属于直觉行动思维，对事物的认识比较直观。因此，这一环节，我设计了"给爱吃水果的牛"送水果的操作场景，让幼儿自主挑选一种水果去喂小牛，鼓励幼儿一边喂小牛吃水果，一边语言表达"小牛小牛，我请你吃……"，提醒幼儿说好听的话，小牛一定会吃的很开心。幼儿也在互动的过程中持续了对故事的兴趣，进一步培养了幼儿的口语表达能力，引导幼儿能大胆模仿故事中的语言进行表达，实现本次活动的难点目标。

我认为对于一个儿童故事学习活动来说，掌握知识技能固然是很重要的，情感的脉络也是必不可少的。所以，在目标中我也增加了萌发关爱他人情感的环节。在上一环节的基础上，我会进行追问，"主人生病了，小牛会怎么做呢？"孩子很快会联系实际，说道："主人生病了，小牛会照顾他"，"小牛会给他吃药"，"小牛会给主人喝点水"。我也会适时地给孩子进行情感体验，我会回应道："就像你们生病的时候爸爸、妈妈照顾你们一样"。同时，我也借助这个故事帮助孩子体验父母对孩子浓浓的关爱，在说的过程中，孩子的情感体验也得到了进一步的提升。当小牛挨家挨户给邻居们送牛奶的时候，我加入了背景音乐的烘托，此时，我会从表情、眼神、语速、语气、肢体动作中向孩子传递的是一种美好的情感，引导幼儿体验小牛给邻居送牛奶背后相互关爱的情感，也了解这样的情感是多么的难能可贵，同时萌发了孩子关爱他人的情感。最后，我会和幼儿一起分享我带来的水果，让幼儿感受分享的快乐。

反思：

幼儿故事可以改变幼儿的行为习惯，培养孩子的耐心，树立孩子的自信心，形成良好的性格，使他们健康成长。叶圣陶说："教育就是培养好习惯。"俗话说自然成习惯，习惯成性格，性格造就命运，可见习惯的重要。

但是在选择故事的内容上，倒是可以细心地选择一下，以期望收到更有效的效果。比如嘴巴上有个洞洞的小弟弟，吃饭老是把饭粒漏到桌下，把爱啄人的大公鸡都招来了。不爱洗手的脏小猪，把脏东西吃到肚子里去了，疼地直打滚……孩子们在笑声中知道了什么是进餐的好习惯。还有促进孩子进餐胃口的故事，小动物什么都吃过，香蕉吃过，苹果吃过，妈妈的手指吃过。但是月亮，是什么味道呢？是甜的还是咸的？真想尝一小口啊！它看起来像薄薄脆脆的薯片，又像香喷喷的奶酪蛋糕，小动物一边搭天梯一边想，想地口水都要掉下来了。我想这时，我们仿佛也能听到孩子们咽口水的声音了吧。古诗云：随风潜入夜，润物细无声。在幼儿一日生活中，文学作品伴随着孩子们成长的每一天。在幼儿教师淳朴亲切的工作中，既是我们能干的好帮手，也是孩子们亲切的好老师。

总之，故事能把幼儿带到广阔的天地，增长知识、启发想象、锻炼记忆。经常听故事的幼儿，可以从中学习语音、词汇、模仿成人说话，听故事对儿童连贯性语言的发展启示很大。听故事是幼儿生活的需要，是心理发展的重要途径。所以，故事对幼儿有很大的吸引力。幼儿教育的基础的是习惯教育，也就是养成教育，幼儿的养成教育关系着幼儿的一生。我们的幼儿教师对幼儿的养成教育至关重要，所以说幼儿教师、幼儿故事在幼儿的发展中的重要作用不可言喻。我们每一名幼儿教师要确认自己肩负的重任和自己的重要作用，让孩子从基础做起，撑起一片属于自己的多姿多彩的天空。

不仅如此，利用文学作品评价孩子的行为的机会更是无所不在、无处不在。想让孩子在激烈的争辩中轻松地辨别是非对错，我们可以针对这个问题讲一个意味深长的小故事。把老师的意思，用一种更为含蓄且更易于接受的方式来传达给孩子。睿智地启发并保护他们幼小的心灵。

第七部分 小露珠文学·亲子文学苑

“亲子文学苑”是由父母或家人带孩子一起参加文学活动，是一个提供亲子群体之间进行交流、活动的载体。

“亲子文学苑”是幼儿文学园本课程的重要形式，它既是孩子成长学习的乐园，又是家长的课堂，在开展早期文学阅读的方式方法上，给予父母以具体、专业、系统的指导。一方面增进父母和孩子的情感，一方面让父母更加了解自己孩子的年龄特点，以便有针对性地进行文学教育。文学作为人文明珠，不仅是审美对象，更是民族文化及其核心价值观的重要载体，引领家庭走进文学殿堂，对提升家长素养乃至全民人文底蕴具有重大意义。亲子文学苑能让更多家长在文学中获得教育智慧，让更多孩子在文学中汲取成长力量。作为亲子特色品牌，“亲子文学苑”的“1+5”运作模式，引领并推动着众多家庭走进了文学的殿堂。

“1”是建立一个激励机制。这一机制旨在激发家长参与亲子文学苑活动的动力。幼儿园借用营销策略实行了“家长积分卡”制度，并对积分卡的“何时积、何人积、如何积”作了详细的规定，对“如何用”作了具体的说明。如：对参与人数少的活动实行双倍积分，赋予积分享有小物品兑换权、大活动优先参与权、好家长入围权等，从而有效提升了“亲子文学苑”各活动模块家长参与的积极性，保障了“亲子文学苑”的受众率。

“5”是“5个一活动”模块

模块一：推荐一批阅读书目，让家长学会精选读物。开展优质的亲子文学阅读，解决“读物”问题是基础。顾幼采取了“四步法”：

第一步：制定“共读书目”，让家长感悟文学的多元丰富，从而拓展书籍选择的类型和体裁；第二步：归纳“年龄段阅读特点”，让家长把握选书要领，使幼儿读物适宜适切；第三步：编写“亲子导读”，梳理文学作品的蕴含价值和阅读要点，使亲子共读有的放矢；第四步：建立“好书推荐”资源库，使家长不断有好书可选。

模块二：开设一个系列讲座，让家长习得共读方法。主要有三个做法：系统课程让家长明晰各年龄段阅读指导要点和方法、精选教师让家长深入浅出理解的讲座内容、丰富形式让家长学有兴趣悟有所获。系列讲座为家庭开展文学阅读提供了方法。

模块三：指导创建一个书香角，让家庭拥有书香氛围。良好的阅读环境能诱发孩子的阅读行为，为此顾幼倡导家庭创建书香角。从给予正确理念、提供创建标准、保证共读时间、发挥示范引领等方面入手，使得亲子文学苑在家庭得以延伸，为“文学阅读”拓展了空间。

模块四：引导参与一个亲子社团，让家长拓展阅读表征。为了让家庭感受文学活动的多元有趣，顾幼开展了“亲子文学社团”活动，以持续提升“亲子文学苑”的质效。顾幼以班级为单位组建“童心文学社”“童话剧表演社”“好书分享团”，并赋予社团“自定时间、自定地点、自由结伴、自选内容”的权利，用“画一画、编一编、演一演”的方式让家长体会到阅读的多种表征方式，从而也为“文学阅读”拓展了方式。

模块五：举办一个重大活动，让家长有成功的体验。每年结合“世界读书日”，举办“家长成长节”活动，活动有制作类、创编类、表演类和评选类。通过活动为家长们树立学习榜样，拓展分享交流的平台，丰盈家长科学育儿的理念，提升家长科学育儿的能力，让文学阅读真正成为“悦读”！

经验总结

亲子文学苑——家长成长的摇篮

浦东新区顾路幼儿园 顾晨玮

“亲子文学苑”是由父母或家人带孩子一起参加文学活动，是一个提供亲子群体之间进行交流、活动的载体。它既是孩子成长学习的乐园，又是家长的课堂，在开展早期文学阅读的方式方法上，给予父母以具体、专业、系统的指导。一方面增进父母和孩子的情感，一方面让父母更加了解自己孩子的年龄特点，以便有针对性地进行文学教育。

“亲子文学苑”起自2009年，是我园家教工作的特色品牌。打造这一项目主要基于三方面思考：一是源于我园“以文启智、和谐发展、快乐奠基”办园理念的引领；二是源于我园幼儿文学品牌课程建设需要；三是源于我园地处农村，家长整体文化素养不高，对孩子早期教育不重视，尤其忽视文学阅读在孩子成长的作用。由此，我们确立了围绕学校核心工作，以此助推家教工作显成效。

我们主要经过了三个阶段：第一阶段依托区级科研项目《幼儿文学欣赏活动的实践研究》，着力培养家庭的阅读兴趣，提升家庭的审美情趣和人文底蕴，并在2011年获得了上海市“亲子阅读　书香校园”称号。第二阶段围绕区级重点科研课题《幼儿文学活动园本课程的开发和实践》，在亲子文学阅读书目和指导方式上做文章，力求提升亲子文学阅读的质量。第三阶段借助市级家教课题《“书香校园”背景下有效运作亲子文学社团的实践研究》，在亲子共读的形式和表征上，以及项目的受众率上再探究，以此进一步让亲子文学阅读真正成为亲子间的“悦读”，让更多家庭走进文学、亲近文学、爱上文学阅读。

三个阶段的研究实践，我园的“亲子文学苑”项目日渐成熟，在此基础上也逐渐形成了“1+5”实践模式。

一、建立1个机制，保障“亲子文学苑”的受众率

“亲子文学苑”其成立价值不言而喻，家长们也给予了高度的认可。然

而，项目的好口碑并没有带来好人气，认真参与的始终集中在一小部分家长身上，工作忙、没时间不光顾的有之，蜻蜓点水的有之，敷衍了事的有之。为了让好项目出好成效，我们决定用制度做保障。机械枯燥的制度只能是被动的约束，对于不受学校管束的家长来说，死板的规章制度等同于一纸空文。要想提高积极性，提高受众率，必须激发内驱力，让家长自发想来。为此，我们想到了营销界内流行的积分制，通过活动积分，赋予积分权利，来实现局面的转变。我们主要做了两件事：

制定积分制度。我们从管理机制上入手，推出了“家长积分卡”。并根据亲子文学苑的活动特质，制定有针对性的积分标准，如：参与活动、积极组织、参加文学社团、好书分享交流、入选社团汇演等，都被列为积分项目。在分值设定上，对一些问津人数较少的项目实行加倍积分。

加强积分管理。我们确立了积分一月一汇总、学期一统计积分累计方式，并由家长、教师、幼儿共同进行积分记录，幼儿参与积分能非常有效的推动家长参加活动的积极性。同时，我们还赋予积分享有小物品兑换权、大活动优先权、好家长入围权。这些看似不起眼的小权力，对于家长和幼儿来说可是非常珍贵和难得的。

“家长积分卡”的推出，有效提升了“亲子文学苑”各项活动家长参与的积极性以及持续参与的热情，原本一些需要家长投入时间较多的冷门活动，如：童话剧表演社团，成了家长竞相参加的活动。

二、做优5个1模块，打响“亲子文学苑”品牌

◆ 模块一：推荐一批书目，让家长学会精选读物

通过问卷调查，我们统计得出家庭在拥有书籍数量上存在很大差距，拥有5～10册的家庭占40%，也有5%的家庭拥有书籍在40册以上，书籍拥有量整体尚可。然而，在书籍种类上却不容乐观：拼音、认字、思维训练、培养注意力等图书占比较大；以儿童兴趣为主选购的动画片为题材的书目也有相当比例，有一户家庭所有绘本都是关于奥特曼的，数量将近200本，因此在这户家庭的男孩身上攻击性行为也是相当明显的；此外，单本文学绘本的阅读容量和深度远超于孩子可接受度的现象更是比比皆是。

我们认为：文质兼美的优秀文学作品，能够给予孩子心灵的启迪、性情的

陶冶，获得“真善美”的熏陶。难易适切的文学作品，更能化解阅读的晦涩，让孩子能在读懂作品中喜欢上阅读。因此，要让家庭开展优质的亲子文学阅读，让家庭有优质书籍可读，解决“读物”问题是基础。

我们主要通过四步走的方式解决这一问题：

第一步：“共读书目”让家长感悟多元丰富。我们根据幼儿阅读特点以及发展要求，为家长提供各年段亲子共读书目。文学作品体裁有儿歌、儿童诗、儿童故事等；在内容上涉及生活习惯、科学常识、社会情感等；在范围上我们广纳古今中外的经典文学作品。书目的提供，让家长能直接感知文学作品的多样性和丰富性，拓展了家长选择书籍的题材和范围。

表1　亲子共读书目列举

小　班	中　班	大　班
加油鸡蛋哥哥	猜猜我有多爱你	花婆婆
好饿的毛毛虫	我爸爸	喜欢钟表的国王
谁咬了我的大饼	逃家小兔	驿马
鳄鱼怕怕，牙医怕怕	太阳晚上到哪里去了	逃家小兔
要是你给老鼠饼干吃	换一换	驴小弟变石头
小黄和小蓝	要是我是小狗就好了	迟到大王
月亮的味道	没关系，没关系	花木兰
大卫，不可以	小熊，生日快乐	荷花镇
好饿的小蛇	小狐狸的枪和炮	团员
藏在哪里了	彩虹花	一园青菜成了精
报纸上的洞洞	鳄鱼爱上长颈鹿	谁是第一名
好饿的毛毛虫	母鸡萝丝去散步	犟龟
抱抱	蚯蚓日记	打架的艺术

续 表

小　班	中　班	大　班
彩虹色的花	永远永远爱你	爷爷一定有办法
我不要去幼儿园	冲锋枪	外面的我和里面的我

第二步:"亲子导读"助家长厘清阅读要点。我园幼儿的家长部分文化水平不高,要求他们对孩子进行阅读指导有些勉为其难。为此,我们为推荐书目编写了亲子导读,通过作者简介、内容介绍、推荐理由、温馨提示等,帮助家长从作品主题、语言词句、意境内涵等方面把握作品的共读重点。为了让家长用好"亲子导读",我园各班开展了"与家长共读一本书"活动,以教师陪读的方式,让家长学会运用"亲子导读",从而为家庭开展亲子共读厘清了思路。

导读例举:文学绘本《给爸爸的吻》

一、作者简介

弗朗西斯·沃茨,出生于澳大利亚。

作品:海豚绘本花园系列丛书

二、适合年龄段

小班

三、内容简介

睡觉时间到了,熊宝宝还没洗澡,也不想睡觉。熊爸爸来催促了,熊宝宝才勉强给妈妈一个晚安吻,可是,等到熊爸爸来要熊宝宝的晚安吻时,熊宝宝把爸爸推开了,坚决不给。

熊爸爸并不生气,他一边给熊宝宝洗澡,一边不停地逗熊宝宝,要求熊宝宝像一些小动物那样给他一个吻,可是熊宝宝都拒绝了。然而,熊爸爸依然没有勉强,更没有生气,他是那样地宠爱熊宝宝,感觉都是在跟熊宝宝做游戏一样。

最后,当熊爸爸故作失望准备离开时,熊宝宝不但给了爸爸一个晚安吻,还给了一个大大的、大大的拥抱!

四、推荐理由

这是一个充满爱的绘本故事,故事中的小熊爸爸,他对自己孩子的心理、个性和倾向了如指掌,因而能因势利导、循循善诱,在看似游戏和玩闹中,完成了对孩子的照料、鼓励与引导。贯穿着整个故事的,是那暖暖的、怡怡的亲子之爱。这种爱从小熊爸爸的心灵里、目光里、谈话里,还有那机智的行动举止中,轻轻地、缓缓地流露出来,如涓涓清泉,滋润着小熊幼小的生命和单纯的心灵。而小熊献给爸爸的那个甜甜的吻,还有那个大大的拥抱,就是对这温暖的、无私的舐犊之爱的最好的回报。整个故事也将让孩子感受到温暖的充满智慧的父爱。

五、温馨提示

1. 阅读时可根据内容配上舒缓、柔美的背景音乐。

2. 阅读时,可以和孩子一起探讨:“小熊为什么不愿意吻爸爸? 爸爸为小熊宝宝做了哪些事情? 他是怎么做的?”引导孩子边回答边用阅读的方式巩固了解故事内容,最后再以“想一想,什么时候你也会像熊宝宝那样对爸爸妈妈说才不要呢!”这样的提问帮助孩子进一步拓展知识,使孩子充分感受到小熊和爸爸之间的浓浓爱意。

3. 在阅读的过程中引导孩子学说故事中的语句:像长颈鹿那样吻爸爸,给爸爸一个长长的、高高的吻哦;像小考拉那样吻爸爸,给爸爸一个痒痒的、粘粘的吻哦;像小鳄鱼那样吻爸爸,给爸爸一个爽爽的、潮潮的吻哦……,并让孩子学说“像 ××× 那样 ×××,给 ×× 一个 ×× 的、×× 的 ××”句式的语句。

4. 在阅读的过程中丰富孩子相关的词语:“长长的”“高高的”“痒痒的”“粘粘的”“爽爽的”“潮潮的”等,感受作品的语言美。

第三步:“年段特点”让家长把握选书要领。我们引导家长比较不同年段书目之间的特点,从中获悉一些基本规律。小班孩子思维具有跳跃性、喜欢看画面形象大的图书,也能理解单页、单幅的画面。因此,我们建议家长选择图意明确、生动有趣、情节简单的书籍。中班孩子活泼好动,并富于想象,但注意力的稳定性不够,能独立观察单页双幅画面的内容,并知晓有关情节,选择的读物要图文并茂、线索明显。大班孩子阅读题材广泛,对图片观察转向文字理解,喜欢自主地选择阅读内容,可以选择图夹文读物。

第四步:"好书推荐"使家长不断有好书可选。为了保证亲子文学阅读书目的不断扩充和更新,我们还设置了"好书推荐"栏目,通过园所网页、"微信公众号""孩子通"平台"家园专栏",向家长介绍优秀的幼儿文学作品,使家长获得更新、更多的文学作品信息,为家长选择书籍提供更多的可选方案。

"四步法"的方式,有效转变了大部分家长盲目选书的现象,精选文学作品**为亲子文学"悦读"提供了基础**。

◆ 模块二:开设一个系列讲座,让家长习得共读方法

在访谈中我们发现,家长对"亲子文学阅读"相关知识知之甚少。许多家长往往是照本宣科不懂阅读方法,如:不懂得引导孩子仔细看图、不会引导孩子进行联想、不注意挖掘作品中的情感价值;在亲子阅读互动方式上也片面强调记忆,机械重复训练,不知道阅读指导方法是随着阅读材料的不断变换而灵活运用,亲子阅读的质量整体很差。为此我们以讲座入手,着力使家长了解和把握一些亲子阅读的方法。

我们采取了三种做法:

"系统课程"让家长明晰各年段阅读指导要点和方法。我们通过讲座内容的课程化让家长树立亲子阅读的正确理念,把握亲子阅读的侧重点和方法。在实践中,我们积累了一系列家长学校授课、小型班会、家长沙龙等适合各年龄段家长需要的讲座内容,使家长对亲子阅读的方法有了具体的了解和把握。

表2 "亲子文学苑"讲座类课程一览表

年龄班	内容
小班	让我们的孩子爱上阅读
	小班幼儿阅读兴趣的培养
	小班幼儿家庭中亲子阅读的指导
中班	中班幼儿阅读的兴趣和特点

续 表

年 龄 班	内 容
中班	注重中班幼儿阅读习惯的培养
	亲子阅读发展幼儿口语表达能力的方法
大班	如何引导孩子从亲子阅读过渡到自主阅读
	大班幼儿阅读特点及指导策略
	快乐阅读 多元发展

表3 “亲子文学苑”小型班会类课程一览表

年 龄 班	内 容
小班	如何为幼儿挑选图书,并指导幼儿阅读
	开展家庭阅读,注重环境创设
	培养帮助小班孩子养成正确翻阅图书的方法
中班	绘本与亲子关系
	中班幼儿开展家庭亲子阅读的方法
	怎样品味书中的蕴涵价值
大班	如何有效开展大班幼儿亲子阅读
	如何引导大班孩子走进诗歌世界
	智慧巧灌输,阅读越精彩

表4 “亲子文学苑”沙龙活动类课程一览表

年 龄 班	内 容
小班	阅读重要,可孩子就是不喜欢怎么办
	睡前给孩子讲故事让孩子更兴奋怎么办
	怎样品味书中的蕴涵价值

续 表

年 龄 班	内 容
中班	爸爸如何成为“故事大王”
	“黑暗”童话该不该讲
	如何为孩子正确解读童话
大班	陪宝贝一起“聊书”吧
	让孩子爱书的好方法
	怎样给孩子制订一个阅读计划

“精选教师”让家长深入浅出的理解讲座内容。我园除了组建了一支包括各级骨干教师在内的教师主讲团队外，还邀请园外经验丰富的专家教师担任主讲人。为了使讲座更具科学性和权威性，我园还聘请园外文学领域的专业人士对家长开设专题讲座，帮助家长答疑解惑，三年内家长们至少能聆听一次以上专家开设的亲子阅读讲座，保证家长有启发有收获。

“丰富形式”让家长学有兴趣悟有所获。在实施中，我们至少保证每学期每个班的家长都能参与两次课程。近几年来，我园主要以三种形式来开展家教课程。

开门见山式：是指教师会针对问题和现象给出明确的概括和定义，然后指出具体的可操作性的建议和方法。在课程实施初期，这是开展讲座的重要形式。

情景铺垫式：主讲教师通过设置若干蕴涵着某些教育问题的典型情景，让家长指出存在问题。然后组织家长进行研讨，通过家长谈自己孩子在这方面的表现以及家长自己的经验和感受，来分享交流彼此的经验或困惑，最后由主讲教师进行提炼和总结。这种参与式的讲座形式，使讲座不再是教师的独角戏，能将家长的智慧转化成家教课程的有机内容。

个案剖析式：在实践中，总会遇到老大难的问题，这些问题总是重复的出现，即使我们在之前的课程中有涉及，但是部分家庭总是不能根本性解决。这时，我们会把某个重点内容做深度解读和互动，让家长明白问题的前因后果，学会如何观察现状，分清主次矛盾，在探究中逐步解决的意识和能力。这三种形式的家教课程，有利于家长主动参与、学习如何教育幼儿的成长问题。能帮助家长了解、重视与支持幼儿的发展，鼓励幼儿养成良好的生活与学习习惯。

系列讲座使家长学会了一些灵活调动孩子阅读主动性和积极性的方法，如：会用一些有趣的小游戏、具有探究性的提问、讨论来吸引孩子。有家长深有感慨地认为：有趣的亲子共读，积累了父母与孩子共同学习的愉悦情感体验。系列讲座为“悦读”提供了方法。

◆ 模块三：指导创建一个书香角，让家庭拥有阅读氛围

阅读需要仪式感，良好的阅读环境能诱发孩子的阅读行为。然而，很多家庭大都没有专门为孩子设置的读书角，有些家庭在与孩子进行亲子阅读的时间和行为上带有很大的不稳定性和随意性，高兴时就陪孩子看看书，不高兴时就懒得理会孩子，从而导致家庭早期阅读作用不能充分发挥。为了帮助家庭养成亲子阅读的习惯，我们从环境入手，鼓励有条件的家庭创建家庭书香角，并从三个方面予以指导：

“给予理念”，让家长乐意参与创建。我们结合文学课程特色，将特色环境创设的理念通过约谈、走访等形式延伸到家庭，鼓励家长积极行动起来，为孩子做一件美丽的事。建议家长为孩子开辟具有安全感、专属感和界限感的专属阅读区，陪伴孩子一起读书，亲近书香，亲近孩子，亲近家庭，感受温暖，感受幸福，感受亲情，让孩子在阅读中快乐成长！

“创建标准”，让家长更能有的放矢。为了让家庭阅读环境既美观温馨、科学合理，我们专门制定了“家庭书香角”建设参考指标，立足幼儿在卫生、光线、图书、基本设施等方面提供参考依据。

表5 家庭书香角环境创设参考标准

类　别	参　考　标　准
区域选择	有条件的家庭设置专门的书房，或者选择安静的、相对独立的、具有一定的视觉封闭性空间，自然采光充足
设备类	屏风：高低适中，摆放牢固、安全，颜色淡雅

续　表

类　别	参　考　标　准
设备类	书架：开放式，直观，便于取放
	坐卧设备（沙发、小桌椅、地毯、靠垫，有条件的可以做墙面软包）：安全、舒适，形状可爱，色彩柔和
	照明灯具（台灯、落地灯）：光线明亮、柔和
	视听设备（平板电脑、多媒体耳机）：图像、音质清晰、大小适合，便于操作
装饰类	环境色彩：淡雅、柔和，不刺眼、不花哨
	装饰物：不要过多，避免悬挂
	绿植：以绿色植物为主
图书类	布艺、毛绒、触点等书籍（适合小年龄幼儿）
	故事类图书
	诗歌类图书
	散文类图书
	科普类图书（健康、社会、科学等领域）
	有声书
	电子点读书

"分享体验"，让亲子阅读乐在其中。我们每年会开展"赏一赏——我的书香小天地"家庭书香角VCR分享、"找一找——家庭最美阅读者"摄影展、"听一听——最美声音"亲子诵读分享会，让大家在分享学习中，体会阅读带来的发展，收获阅读带来的愉悦。

家庭书香角的建设从根本上改变了以往忽视早期阅读的状况。家长云："在创建书香角的过程中，我们家庭读书的氛围越发浓厚，环境也越来越温馨，孩子也越来越喜欢读书了。”我园22户家庭在上海市“亲子阅读，书香中国”评选活动中荣获“书香家庭”称号。书香角的创建使得亲子文学苑在家庭得以延伸，为“悦读”拓展了新的空间。

◆ 模块四：引导参与一个亲子社团，让家长拓展阅读表征

开展“亲子文学”活动，亲子阅读是一个最易推广的方式。那么如何将幼儿园文学特色课程中积累的其他“文学”表征方式渗透到家庭，让家庭也感受文学活动的多元有趣，这对于持续提升“亲子文学苑”的质效是具有重要意义的。为此，我园在科研引领下开展了“亲子文学社团”的实践，并取得了一些成效。

“创建社团”，让家长感悟文学的多样性。我们创建了“童心文学社”“童话剧表演社”两个社团，拓展不同层面亲子阅读的表征方式。“童心文学社”：指导喜欢文学阅读的家庭对学过的故事、儿歌等组织幼儿进行仿编、创编等。“童话剧表演社”：指导具有表演才能的家庭进行童话剧表演。

“赋予权力”，让社团运作自主自由。在组织形式上，实行以班级为单位组建文学社团，自定时间、自定地点、自由结伴，教师和有特长的家长参与整个过程的指导。

“自选内容”让社团开展丰富多彩。每学期，“童话剧表演社”均有精彩节目呈现，如：《蚂蚁和西瓜》《小蝌蚪找妈妈》《猫》等；“童心文学社”也有很多精彩的作品：儿童诗《小蜜蜂》《春雨的色彩》；散文《森林魔法师》故事《猴子捞月亮》《再见，坏情绪》，并且制作了绘本《好饿的小蛇》《爱吃糖果的大狮子》等。

“修订制度”，让家长明确任务积极参加。在开展过程中，针对亲子社团中出现的家长参与不够或者参与过度的现象，我们修订了亲子社团章程和制度，厘清了成员构成、确定了组织结构、明确了职能分工。以班级家长为主，自拟主题，自定标准。亲子社团一般每学期排练2个童话剧目，童心文学社团一般每月有一篇创编成果，各班每逢双月进行成果分享；期末，各班推选1～2个童话剧目，5个创编作品参加学校汇演。

在对亲子文学社团满意度调查的比对中，家长的满意度由原来的75%提高到98%。亲子童话剧《猫》荣获浦东新区科学童话剧展演一等奖。亲子文学社团的开展，为亲子“悦读”拓展了方式。

◆ **模块五：举办一个重大活动，让家长有成功的体验**

“亲子文学苑”中最被家长瞩目、最被家长期盼的，是我园每年结合“世界读书日”举办的一个盛大活动，即“家长成长节”活动，通过活动每年都会涌现出一批新的“优秀好家长”。

“家长成长节”由系列活动组成。活动形式有制作类、表演类、创编类、分享类和评选类。

表6 “家长成长节”活动一览表

活动类型	具体内容
制作类	亲子大图书制作
	亲子童话剧表演道具制作
表演类	“欢乐童话周”亲子童话剧汇演
	“中华经典”亲子诵读会
	“双月班级亲子秀”（童话剧、诵读会）
创编类	亲子童谣创编、亲子故事创编
分享类	“我的书香小天地”家庭书香角VCR分享
	家庭“最美阅读者”摄影展
	“最美声音”亲子诵读分享会
评选类	家庭最美阅读者、书香家庭、顾幼好家长

迄今为止，我园已成功举办了9届“家长成长节”，我园有2位家长获得上海市“优秀家长”称号，1位家长荣获上海市“十三五”智慧家长称号。在9届“家长成长节”中涌现的一批又一批乐阅读的好家庭，更是见证了“亲子文学苑”对家长独具的成长价值。

“亲子文学苑”从懵懂起步到走向成熟已有10年。“亲子文学苑”1+5运作模式，丰盈了家长科学育儿的理念，拓展了家长交流平台，提升了家长科学育儿能力，更让亲子文学阅读真正走向了“悦读”！她让我们的家庭充溢了浓郁书香，让我们的家长都能从文学中获得教育的智慧，让我们的孩子都能从读书中汲取成长的力量！

“亲子文学苑”——她是家长成长的摇篮！

亲子共读——孩子成长的基石

浦东新区海星幼儿园 陆 梅[1]

随着社会的进步与发展，人们越来越注重孩子的知识熏陶、人格建树、社会适应。而优秀的儿童文学作品，对于孩子人文素养的启蒙、良好的情感熏陶、学习兴趣的激发以及社会化发展等方面来说，具有至关重要的作用。就儿童的文学活动而言，是通过孩子凭借变化丰富的色彩、生动形象的图画、相应的语言文字以及成年人的语言讲述，从而来理解作品。而亲子共读则是孩子喜欢的阅读方式之一。

为了使家长重视亲子共读，能以积极的态度、良好的方法开展亲子共读，我们做了以下尝试。

一、重观摩、多感受，引发家长为孩子创设良好的亲子共读环境

幼儿的发展是其个体因素与周围环境积极主动相互作用的结果，周围环境是影响幼儿发展不可缺少的外部因素。因此，在亲子共读的过程中，注重为孩子创设良好的环境是不可或缺的。为此，我们通过现场感受、上门指导等方式，向家长宣传如何创设良好的亲子共读环境。

（一）开设亲子阅读吧，感受亲子共读氛围

针对低幼儿童很容易被鲜艳颜色吸引之特点，我们在幼儿园的大厅旁边创设了亲子共读的空间——亲子阅读吧。在来园和离园之际引导家长观摩、体验。使家长了解到，可在孩子的房间或书房、客厅里，选择一块采光较好的地方作为家长和孩子共同阅读的区域，可以摆放一些鲜艳、柔软的卡通靠垫，让孩子舒适

---

1 原顾路幼儿园保教主任。

地靠着或坐着看书。亲子阅读书吧的创设，吸引了众多的家长和孩子，家长们轮流在阅读吧内温柔地抱着孩子一起阅读，让孩子感受阅读所带来的轻松愉快、亲密和谐的氛围，从而也使家长能够有意识为孩子创设适合阅读的良好环境。

（二）教师上门指导，创建书香家庭

我们结合幼儿园的文学活动特色，将特色环境创设的理念通过约谈、走访等形式指导家庭中书香环境的创设。家访过程中教师建议家长为孩子开辟专属阅读区，铺上小地毯、放上小软垫、摆上小桌子、小椅子，同时还将图书摆放位置下移，使孩子在随意取阅中，增加亲近图书的机会，舒适温馨的阅读环境更激发了孩子的阅读兴趣。

以“书香家庭”为主题的顾幼阅读节，把书香家庭建设推向高潮。不仅如此，在幼儿家庭中进行了“书香家庭”的相片征集活动，向全园幼儿展示良好的家庭读书氛围，推动家庭建立良好的读书氛围，营造大阅读环境，让阅读之风更加盛行，共建书香家庭，同享读书之乐。

二、重推荐、多交流，引导家长为孩子选择适宜的文学共读作品

（一）好书推荐

我们通过“好书推荐”的方式，除了每两周由教师向家长介绍一些优秀的幼儿文学作品，还发动家长，利用家长们的广博资源，使大家获得更新、更多的作品信息。另外，许多家长在为孩子选择阅读书目时有一定的困惑，为了让家长能够为孩子选择适宜的文学作品，我们特组织教师进行了“小中大各年龄班亲子阅读导读”的撰写。每篇导读均配有图书封面、作者简介、适合年龄段、内容简介、推荐理由以及、温馨提示。每年新生入园，我们都会向家长赠送“亲子阅读导读”，很受家长们的欢迎。

（二）图书漂流

为了让孩子们接触更多的优秀文学作品，感受借阅图书的快乐，我们开展了“班级图书漂流”活动。老师们精心挑选内容丰富有趣、适合不同孩子年龄特点的图书，认真编号，进行展示。并且为孩子制作了借书卡，方便孩子借阅和登记。“图书漂流”活动受到了孩子和家长的欢迎。

（三）亲子活动

为了让家长进一步走进文学活动活动，感受文学作品对孩子的促进作

用，我们开展了一系列的亲子活动："亲子图书制作活动""亲子故事表演"活动、"听爸爸妈妈讲故事"活动，还有顾幼亲子童话剧社团等活动。这些活动，不仅为孩子们提供了表达表现的机会，更促进了亲子间的情感交流，家园合作也更紧密了。

三、重宣传、多引导，引导家长学习亲子共读的途径与方法

为了使家长更多地了解、学习亲子共读的途径与方法，我们通过"家长学校讲座""家长沙龙"等形式，向家长介绍应该怎样参与和引导幼儿欣赏文学作品，使家长们深受启发，收获颇多。

（一）在家长学校讲座中向家长介绍一些引导孩子阅读的方法和技巧

我们以年级组、班级为单位开设的"亲子阅读"家长学校专题讲座受到了家长们积极地响应，讲座从"不同类型幼儿家庭亲子阅读指导""亲子阅读方法的指导"两点展开，为家长提供了适宜的家庭亲子阅读方法，如：在家中可实行的正式阅读法、家以外实行的非正式阅读法等。在与家长们思维碰撞、交流中，我们感受到了家长对开展亲子共读活动的关注，体会到了家长们培养孩子早期阅读的信心。

（二）家长沙龙中，家长互助解决共读困惑

为了帮助家长解决在共读过程中产生的"阅读形式单一"的困惑，我们以班级为单位，提供家长多种阅读形式。如：小班以阅读再现为起点，以角色扮演的形式开展亲子共读；中大班则请家长和孩子一起将故事制作成大图书或者多媒体课件等形式与孩子分享故事。在推进亲子共读过程中，家长也会不断生成新茫然，如"怎样品味书中的蕴涵价值"等。我们则通过文学作品导读、亲子共读分享会、文学作品赏析等形式，提高了家长对文学作品的欣赏能力，加快了家庭亲子共读的步伐。

通过对家长进行亲子共读的指导，幼儿和家人在共读的过程中，其阅读兴趣、阅读习惯、阅读能力都发生了很大的变化。许多幼儿都很喜欢亲子共读的方式。家长们也认为孩子在阅读时其专注度较以前增强了，时间也相对以前长了，也学会了运用一些简单的阅读技巧进行阅读。而家长也开始重视与孩子一起阅读，在亲子阅读的过程中，会用指导参与的有效方法，灵活调动孩子阅读的主动性和积极性，会用一些有趣的小游戏、具有探究性的提问、讨

论来吸引孩子。有家长深有感慨地认为：有趣的亲子共读，积累了父母与孩子共同学习的愉悦情感体验。

在孩子阅读能力成长的历程中，需要父母师长的正确引导与温暖陪伴。亲子共读，会为孩子打开一扇窗，窗外的风景，会在孩子小小的心里种下美的种子。多年以后，便会发现，陪孩子阅读，是孩子成长的一块基石，将会给他一笔享用终身的财富。

远足中的故事

浦东新区顾路幼儿园 钮慧艳

亲子远足活动是一种徒步行走较远路程的身体活动，它对于发展孩子身体、锻炼意志、提高生活能力等具有重要的价值。随着儿童立场的不断彰显，亲子远足活动不再是一种着眼于孩子身体发展的体能活动，而是一种指向孩子身体、意志、情感、能力等多方面的综合性教育活动，越来越多的幼儿园将亲子远足活动作为课程的内容进行呈现，并进行深入研究。

亲子远足活动不仅是增进亲子关系的良好平台，更能促进孩子智力的发展，达到陶冶性情、锻炼意志的目的。同时，它又为孩子提供了亲近大自然的机会，让孩子在接触自然的过程中更好地认识自我、自然与社会，从而使他们成为一个体质健康、情感充盈、认知全面和能力完备的个体，受到家长以及孩子的共同热爱。为了让家长和孩子在远足活动中能够有更好的体验，我们结合我园的文学特色课程，针对每一次的亲子远足活动进行精心的准备，鼓励孩子在亲子远足的过程中在家长的带领下对自然科学进行探索，感受美、欣赏美，萌发孩子关爱保护自然环境的情感。

《3—6岁儿童学习与发展指南》指出：应为孩子创设自由、宽松的语言交往环境，鼓励和支持孩子与成人、同伴交流，让孩子想说、敢说、喜欢说并能得到积极回应。而户外远足活动不但为孩子创设了自由、宽松的语言环境，还为孩子呈现了大量的新鲜事物以及话题。家长在带领孩子边走边观察的过程中，通过对孩子提问、启发，鼓励孩子积极表达自己所看到的感兴趣的事物，这样极大地引起了孩子语言表达的兴趣，促进孩子语言表达能力的发展，对孩子个性品质的培养起着积极的推动作用。因此,借助我园亲子文学课程的研究契机,开展亲子远足活动是非常有意义的。

一、开展研究的意义和作用

1. 远足活动促进孩子的语言发展

在每一次的远足活动前,我们的老师都会和孩子一起聊一聊关于远足的话题,此时,孩子们总会畅所欲言,有的孩子喜欢聊一聊可以准备哪些零食和自己的好朋友一起分享,有的孩子会说一说想和哪位小伙伴结伴而行,有的孩子还会设计自己的游览线路,有的孩子还会像小大人那样考虑到自己的安全问题,“如果自己走失了,还可以寻求警察叔叔的帮助”。孩子们就这样规划着自己亲子远足活动,更期待着与爸爸妈妈同行,与老师、家长以及自己的同伴有着聊不完的话题,为孩子提供了充分表达表现的机会。

2. 远足活动有利于孩子身心的健康发展

在远足活动中,孩子们和老师、家长、小伙伴们一起游戏,到处都留下了欢乐的足迹,增进了同伴间的友情,体验了远足带来的快乐,并在远足途中懂得照顾自己,关爱父母、关心同伴,克服困难,同时也锻炼了身体素质和意志品质,陶冶了情操。

3. 远足活动有利于孩子个性品质的培养

在活动的过程中我们经常能够看到孩子们相互分享食物,互相帮助,互相谦让,相互合作的意识。特别是到了午餐时间,草地上非常热闹,我们不但看到了孩子们嬉笑打闹的身影,也看到了他们相互分享着自己的食物。并在家长的提醒下,能够自己整理和收拾自己的物品,并将垃圾扔进垃圾箱中,培养了孩子良好的品质和品德。

4. 远足活动有利于孩子经验的积累和迁移

当孩子们在远足活动中参观了动物园后,我发现他们对动物住在哪里、动物会进行哪些表演产生了浓厚的兴趣,在自由活动时他们聚在一起会聊一聊海狮和企鹅都是住在水里的,他们还会自己扮演海狮,有的孩子扮演解说者,围在一起看海狮的表演,我们不得不被孩子的模仿力所折服。同时,他们还把这个经验运用到个别化学习活动中,在建构游戏中,他们会利用动物园的素材,选择了老虎、狮子、豹子的玩偶,准备给他们造家,只见他们用积木围合出了三个空间，分别将老虎、狮子、豹子放在了里面。有的孩子说："我看到动物园里的老虎、狮子住在的地方都有门锁住的，不然他们要跑出来的"，于是，她的同伴在围合的地方摆弄了一会儿，找到了长长的积木棒子连在一起变成门。通过经验的积累和分享，孩子们把个体的经验转换成了集体的经验，共同探讨，共同进步，相信每一次的远足活动会带来不一样的话题。

5. 远足活动可以有效改善家园关系

家长往往对亲子远足活动参与的积极性高于他们对幼儿园其他教育活动的参与，亲子远足活动一方面有助于发展家长与孩子之间的亲子关系，另一方面有助于通过发挥家长自身经验提升远足活动的实践品质，教师与家长之间也更容易形成平等合作的主体关系，在相互协作中更进一步地了解对方，从而为我园的亲子文学课程的开展奠定基础、丰富课程内容。

二、远足活动的组织与实施策略

（一）基于亲子文学课程开展丰富多样的亲子远足活动

1. 结合季节进行远足活动，捕捉孩子童言稚语

由于每年的春季和秋季温度适宜，也适合亲子远足活动的开展，于是我们经常会利用这两个季节来开展亲子远足活动，活动中更是留下了孩子们的欢声笑语以及一个又一个的远足故事。只见有的孩子兴奋地在春天的草地里奔跑着，感受着春的气息，阳光明媚、鸟语花香，一切都是那么的美好，有的孩子和父母、同伴一起放飞着风筝，有的孩子观赏着春天里绽放的花朵，感受着春天的生机勃勃。我们还能听到孩子们的童言稚语，如：春天里的小草睡醒了，我的风筝像风儿一样越飞越高，小花儿害羞了，孩子们用自己的语言诉说着对春天的喜爱之情。在秋天的日子里，在家长的带领下，孩子们共同找寻着秋的足迹，秋的气息，花草树木、亭台楼阁、蜿蜒小路、金黄的地毯，秋虫的鸣叫……孩子们为满地的落叶而赞叹，手里拿起一片落叶，像一个个创造家，将手中的落叶变成一幅幅的画卷；他们一起观赏植物变化，一起观察草丛中的秋虫，乐在其中，探索着大自然的奥秘。在这里为他们提供了自我学习的平台，更是他们成长的快乐园地，枯枝、满地的落叶和果实、丰收的种子、泥土的香味、灿烂的阳光，都是自然界给孩子们最美好的馈赠，成为孩子们探索的天堂。

2. 结合亲子游戏，增进亲子关系

为了丰富亲子远足活动的内容，各班级还会组织孩子开展亲子游戏，在游戏前老师更是精心准备，不但要满足需求，还要适合家长共同的参与。有的班级开展“抓小鱼”的游戏，孩子们装扮小鱼，家长们分成两个大圈，孩子们可以任意在两个圈子里面进行穿梭，当老师念出抓小鱼的儿歌时，一条条敏捷的小鱼四处游窜，身体灵活。有的班级开展“两人三足”的比赛，有的班级设计了寻找宝藏的游戏，在游戏的开展过程中孩子与家长配合默契，不但收获了快乐，更提升了彼此的亲情，家长们更是对老师精心设计的游戏内容给予了高度的评价。

3. 结合主题活动的开展，拓宽视野

正所谓一日活动皆课程，我们也把每一次的远足活动和孩子园的教学课程结合起来，如小班孩子结合主题活动《苹果和橘子》，家长带领着孩子一起寻找各种果树，感受丰收的季节，中大班的孩子结合四季以及动物的主题，找寻孩子眼中的四季，并通过动物园的参观，了解不同动物的生活习性，更是为我们主题活动的开展积累了前期的主题经验，为我们主题的开展做好铺垫。

（二）基于亲子文学苑课程开展远足活动的评价分享

1. 孩子自我评价分享

在亲子满足活动结束后，老师会组织孩子开展交流分享活动，通过照片、视频等形式帮助孩子记录远足中的见闻，为孩子提供表达表现的机会，鼓励孩子将自己的发现和感受，用自己喜欢的形式进行表达，如讲述、绘画等此时，孩子会利用自己的不同的感官以及多种表达的方式向老师、同伴介绍自己在远足活动中的所见所闻，此时的孩子是那么的充满自信。

2. 家长评价分享

在活动的开展中，家长的评价是必不可少的，他们觉得幼儿园有一支团结、进取、敬业的教师团队，可以深刻感受到老师对孩子的满满爱心与辛勤付出，对幼儿园安排的活动既满意又充满感恩，在与孩子的相处过程中，增进了彼此的沟通与情感的升华。

相信通过亲子远足活动的开展，不但丰富了孩子在园的生活，增进了彼此间的亲情，丰富了幼儿园的课程，对孩子德智体的全面发展提供了有效的支持，是非常有意义的，今后我们还会不断地完善亲子远足活动的内容和形式，做到与时俱进。

亲子文学舞台表演的实践研究

浦东新区顾路幼儿园　顾佳超

一、问题的提出

（一）概念界定

亲子文学舞台表演以舞台表演作为主要表现手段，鼓励家长一同参与幼儿的舞台表演，融合了文学、音乐、舞蹈等舞台表演的综合艺术形式。以提高家庭的文学素养和表现水平，实现幼儿锻炼、家长提升的指导思想，形成教师、家长与幼儿进行互动表演的组织模式，目的是通过亲子间的舞台表演使孩子得到良好的发展，使家长成为合格的教育者。

（二）现状分析

通过各种途径的资料查找我们发现，无论是在国内还是国外，对于亲子文学舞台表演的研究几乎是空白，如概念的界定、指导活动开展的实施策略等都缺少可借鉴的依据。因此我们认为以此为内容进行研究十分有必要。

（三）开展这个研究的意义或作用

通过亲子文学舞台表演的研究，以提高家长与幼儿的文学素养和表达表现水平，实现幼儿锻炼、家长提升的指导思想，形成教师、家长与幼儿进行互动表演的组织模式，目的是通过亲子间的舞台表演使孩子得到良好的发展，使家长成为合格的教育者。

二、研究对象的基本情况分析

（一）研究对象的选取

小、中、大三个班级的亲子童话剧社团。

（二）研究对象的分析

参与亲子童话剧社团的家长对社团的组织形式比较模糊，家长认为只要老师在其中承担主要的指导任务，自己可少参与或不参与，对自己在社团中的角色定位不清晰。部分家长抱着让孩子来锻炼一下这样的初衷盲目地加入社团，因此对亲子文学舞台表演的基本概念和认知比较空白，显而易见地也缺少开展研究的策略和方法。

（三）研究对象能力薄弱的原因分析

家庭中文学欣赏和感受表现的方式方法比较单一，家长多以陪读的方式指导幼儿看读文学作品，往往忽视了幼儿的年龄特点——幼儿喜爱在游戏式的表演活动中感受作品。同时，家长对文学表演缺少认识，比如，如何选择表演素材、如何进行幼儿指导等都比较迷茫。

三、研究成效与反思

（一）亲子文学舞台表演中的家园合作现状分析

随着亲子文学舞台表演的开展与实施，我们还深切地体会到，家长资源的利用显得非常重要，无论是剧本等资料的收集，还是表演技巧的实践探索，都需要家长的配合、支持、合作。但是在我们开展亲子文学舞台表演时，家长经常不能配合我们的工作。例如：在开展童话剧主题《小红帽》中，教师希望家长收集红色的帽子，作为道具制作“小红帽”的范例，可是任务布置下去一个星期了，也不见有“小红帽”的出现。我们经常也会听到家长的抱怨：“幼儿园的事情真多！”或者教师对家长不理解不配合的抱怨等等不和谐的议论。

那么，导致许多的亲子文学舞台表演不能深入开展，使得许多家长资源没有充分挖掘的原因到底是什么呢？

1. 家长对班级工作的不理解

每次家长们遇到收集资料时，就显得非常的厌烦：“怎么又带东西啦？今天要我们孩子带这个，明天又要收那个，把我们家长弄得晕头转向的，浪费了我们的时间和精力”。可见，家长对班级家长工作的不理解导致他们无法理解在亲子文学舞台表演契机中，可以亲子的交流、能力的获得和情感的提升等一系列的内涵。

2. 家长缺乏参与的主动性

在以往的亲子文学舞台表演中，许多的家长常常为完成老师布置的作业而上网收集一些资料，而教师的角色是指挥者，家长的角色却成了被动的资料提供者，因此造成了不理不睬或应付了事。在收集活动中，缺少了收集资料的针对性与交流性。也有些家长常常碍于自己的面子而勉强参加幼儿园组织的一些活动，缺少对活动的了解性、深入性和持久性。因此家长的合作意识和合作能力制约了活动开展的实效性。

3. 教师的支持不当，制约家长参与幼儿园活动的积极性

在亲子文学舞台表演项目的开展中，也不乏一些积极主动的家长，能主动收集资料，能主动承担组织活动，而教师没有及时地给予恰当的指导，一味放手让家长去操办，缺少有效的鼓励和支持。

任何一个亲子文学舞台表演的开展和实施，都必须有明确的目标与要求，也离不开资料的收集和材料的积累，这单靠教师一方来完成是很有限的。这就需要利用家长的资源，为我们的亲子文学舞台表演探索提供相关的资料和信息，以满足幼儿探索的需求，使家长在亲子文学舞台表演的过程中，成为幼儿园的合作伙伴，最终实现家庭资源与幼儿园教育资源的有效整合。因此，在亲子文学舞台表演实施中如何有效地开展家园合作，成为了我们子课题的一个研究的重点。

（二）亲子文学舞台表演实施中家园合作的改进策略

那么如何有效地开展家园合作，如何真正挖掘家园合作的契机成为我们一直在思考和解决的一个难题。在亲子文学舞台表演开展的过程中，合作的契机有许多，如剧本的采集和创编、家长优质资源的挖掘都可成为家园合作的契机。因此结合亲子文学舞台表演的需要，我们以下几点来进行尝试，积累了一定的经验：

1. 多种途径，丰富活动资料

任何一个舞台表演的开展和实施，都离不开剧本和道具，如何收集好的剧本，制作道具等材料，这单靠教师一方来完成是很有限的。这就需要我们利用幼儿家长的资源，为我们的亲子文学舞台表演探索提供相关的资料和信息，以满足幼儿表演的需要。主要方法有：

(1) 家园联系法

我们侧重在以孩子的口吻告知家长，以孩子的语气催促家长，使家长在孩子强烈好奇心和求知欲的驱动下，积极参与活动。例如：小班幼儿第一次在幼儿园观看童话剧时，教师可以记录孩子提出的关于童话剧的问题："什么是配音？""道具是干什么？"等，我们将这些问题，以孩子的口吻告知家长，需要提供哪些相关资料和信息，使家长明确了配合的要求，也使得资料能够真正满足孩子的探索需求。

（2）问卷调查法

亲子文学舞台表演的剧本采集是建立在幼儿的年龄特点兴趣发展需要的基础上的。问卷的过程不仅能获知孩子在相关方面的信息，而且也给家长了解了孩子的机会、了解幼儿园童话剧主题目的的机会。例如：童话剧主题《老虎拔牙》实施之前，我们设计了《如何保护牙齿》调查表，我们把编辑好的问卷发放给每位家长，与孩子进行沟通记录。通过问卷的沟通，促进了家长对亲子文学舞台表演内涵的了解，正确看待孩子的学习生活。

2. 家长成为老师，丰富指导形式

亲子文学舞台表演进展得是否顺利，能不能获得成功，与家园共同的探索实践是分不开的。如果教师能够把握契机、恰到好处的把家长引入亲子文学舞台表演的实践探索中，必将会起到事半功倍的作用。

（1）家长成为主角

随着童话剧排练、演绎的不断深入，需要家长配合的地方越来越多，练习台词、表演动作等，但这些往往都是孩子为主角，而家长大多以观众的身份出现。我们抓住"幼儿发展"这根主线，从幼儿的需要和发展出发，让孩子的"小手"牵着家长的"大手"，把家长资源引入幼儿园。为了让家长真正参与到童话剧表演中，老师及时捕捉来自家长的信息，善于发现家长的演绎智慧。例如：在童话剧《老虎拔牙》中，我们就捕捉到教育的契机——让小陈的妈妈、小顾的爸爸参与到我们的童话剧角色中来，提高家长参与子课题活动的主动性。

（2）"助教"优势发挥

在亲子文学舞台表演中，必将有许多的家长参与我们的道具制作活动中，那么我们就要用自己的慧眼去发掘这些"家长老师"，用他们的智慧将自己驾轻就熟的经验传授给孩子，将这些"能者"的优势发挥出来。例如：在童话剧主题《丑小鸭》道具制作活动中，我们就请到了小莹的奶奶，她对手工方面很是精通，我们就邀请了她参与了我们道具制作中。这样既可调动孩子的积极性，又使孩子倍感亲切自豪，家长也会因为被孩子们的探索热情感染，将自己的经验毫无保留地传授给孩子。

（三）亲子文学舞台表演中的家庭指导能力的探究

1. 家长指导能力现状分析

在子课题实践过程中，我们邀请家长挑起重担，从剧本到排练一手抓，但

是我们发现,由于家长在专业领域上的不足,存在着如下问题:

(1) 家长对于如何选取适龄段幼儿的表演剧本存在困惑

每次让家长们自行讨论选取童话剧表演剧本时就会遇到各种各样的问题,家长们大多不知道该如何选取适龄段幼儿的表演剧本,他们都会第一时间上网去查询,可是网上的范围太大,他们选取的剧本要么太难、太复杂,超出了该年龄段孩子的理解能力和表达能力,要么就是过于简单,该年龄段幼儿表演起来会觉得毫无挑战性,不足以引起他们的兴趣。选来选去没有一个是合适的,家长们便会询问老师。家长们选取剧本时会产生这种困惑是因为他们对自己孩子该年龄段的身心发展特点还不够了解。

(2) 家长对于如何指导幼儿有效开展童话剧表演比较迷茫,缺少方式方法要让剧本活生生地表演出来,必然离不开前期的排演,这个过程是比较困难的。不仅因为孩子们年龄小、生活经验少,对作品内容的领悟能力不及成人,而且有些小班的幼儿从未接触过话剧表演,大多数的孩子也没有观摩过真人童话剧,表演经验的缺乏常让孩子们无所适从。而身为指导经验和专业领域知识不足的家长又常常会陷入困惑,该如何指导幼儿呢?有些家长会急功近利,追求表演结果,让孩子一下子要记很多内容,这种方法显然是不可行的。有些家长让孩子以同样的方式排练了一遍又一遍,孩子会觉得枯燥乏味,渐渐开始不愿意练习。这时,家长也很迷茫,不知道怎么办,只能休息一会儿,继续练习,可是这时孩子早已失去了兴趣,再怎么练习也不会有很好的结果。归根到底,家长对于如何指导幼儿有效开展童话剧表演,缺少一些正确的方式方法。

(3) 家长比较拘束或自身表演能力有限,在指导幼儿时不能给予示范

童话剧表演是促进孩子各方面发展的一种表演形式,表演过程中需要孩子们夸张生动的表情、动作和语言。可是家长都是成人,在指导过程中比较拘束、放不开,不能给予孩子很好的示范。比如童话剧表演中需要做一个很惊讶的表情时,家长用言语指导是不够的,需要家长亲自示范,可是家长比较拘束,没有表现出很惊讶的表情,这样的话,孩子肯定也不能很好地表现出来。

2. 提高家长的指导能力策略

针对家长在亲子文学舞台表演方面的不足,我们进行了以下的指导:

(1) 剧本的选择

剧本是舞台表演的基础,因此我们指导家长在选择剧本时要按照不同年

龄段幼儿的特点来进行筛选，比如为小班幼儿选择剧本时要考虑到他们的语言表达能力还不强，所以剧本的对白不宜过长，以重复句型为宜；而面对中大班幼儿的时候则能选择对白较复杂的剧本。同时，我们也指导家长了解幼儿特点，因为孩子们的好奇心强，但注意力不够，精力较容易分散，所以就算是大班幼儿，剧本内容时长也适应控制在10分钟以内，小中班递减。

同时，我们还向家长宣传了亲子文学舞台表演建立的意义，不但能提升幼儿的表达表现能力，还能从童话剧中感受到真善美。因此，以此为准绳，我们建议家长在选择剧本时首先要立意鲜明单一、可表现团结友爱、机智勇敢、建立良好行为等积极正面的主题内容。

（2）技巧的积累

由于前期发现家长和幼儿观看童话剧的机会比较少，无论是家长还是幼儿对舞台表演的认识和表演技巧的感悟还比较空白，所以我们建议家长先从网上或剧场里找资源，通过“看”表演来学习，建议他们采用“模仿表演”的形式来指导幼儿进行童话剧的表演。比如在指导小班幼儿进行童话剧表演《拔萝卜》时，家长先在网络上找到《拔萝卜》的表演视频让孩子们观看，在观看的过程中不仅对故事的内容有了进一步的理解和巩固，更重要的是在观看的过程中，家长和幼儿都能感悟和学习到童话剧表演的方式，并运用到自己以后的表演中。

另外，考虑到幼儿的兴趣持续时间较短的情况，我们建议家长采用“分段指导”的方式进行指导。例如：在指导童话剧《三只蝴蝶》时，家长可以把故事内容分成三段，第一段三只蝴蝶在花园里快乐地玩，第二段下雨了三只蝴蝶寻求花朵避雨，第三段雨停了三只蝴蝶又快乐地玩耍。

同时，为了增强幼儿在表演中的主动性，我们建议家长多多地启发幼儿自由发挥去演绎，比如在进行第一段表演时家长可以让孩子想象自己就是一只蝴蝶，自己会怎么玩，让幼儿发挥想象，并在音乐背景下做动作。

以上是我们子课题在实施过程中积累的经验，我们认为只有通过家庭和幼儿园共同的努力才能培养出健康而富有个性的儿童，才能保证孩子活泼快乐地成长！也只有通过家园共育，我们的亲子文学舞台表演才会更加的精彩！

家长心声

“爱贝有方，启智有道”
——参加幼儿园亲子社团活动的感想

李庭宇妈妈

亲子社团活动是指父母陪同孩子参加学校或企业组织的一些有益于儿童成长的活动。亲子社团活动不仅可以促进孩子与父母的关系，还可以培养孩子积极探索的性格，丰富孩子的日常学习生活，有助于孩子的身心健康发展。本文主要叙述我们在参加顾路幼儿园（安基校区）亲子社团活动的一些感想，希望对各位家长朋友有所帮助。

入园之初，我们就听说了顾路幼儿园的特色亲子社团活动——“童心文学社”和“童话剧表演社”，张老师进一步详细介绍之后，我们就毫不犹豫报名参加了。报名的主要原因是想让李庭宇（孩子）多参加一些幼儿园的集体活动，锻炼下他的社交能力，因为他的性格相对偏内向，属于慢热型，刚刚去幼儿园里也不太活跃。我们希望可以通过参加亲子活动主动多引导下他，让他能够尽快在幼儿园里建立自信，快点活跃起来。

受疫情的影响，我们小班只上了一个学期，亲子社团活动举办的次数也不多。记得当时“童心文学社”活动在两位老师的带领下，我们几个家长带着孩子们一起分享了各自最爱的绘本故事；关于“童话剧”活动印象比较深刻的就是排练了《拔萝卜》的故事，剧情和台词都比较简单，李庭宇扮演的是“小兔子”，除了要带他一起熟悉和背诵台词，表演前的每天晚上还会发动爸爸、爷爷和奶奶一起来现场排练，“哎呀哎呀拔萝卜，哎呀哎呀拔不动……”每次排练到最后，全家人都是乐得哈哈大笑。

升入中班后，我们继续报名参加了两个亲子社团活动，这一年明显能感觉到李庭宇在参加活动时比之前融入得更快，有很明显的成长和进步。下面我就分别简单回顾下他在两个活动中的表现吧。

“童心文学社”主要是通过给孩子们分享绘本故事，鼓励孩子多进行语言表达,积极主动思考问题。中班上学期,收到张老师和薛老师让我们提供“分享书单”的通知后,我就主动征询了李庭宇小朋友的意见,让他自己选择分享的绘本故事,并且给了他两个参考的要求:1. 必须是他喜欢的故事书;2. 他觉得其他小朋友也会喜欢的。他想了想,最后选了《飞天大面包》这本故事书,因为他觉得这个是又“好吃”又好玩的书,其他小朋友肯定也会喜欢的。(《飞天大面包》是一本张扬着想象力和富于游戏精神的故事书,把孩子们带进天马行空的自由想象空间,在那里既有可怕的妖怪又有善良的伙伴;有未知的危险,也有战胜困难逃离危险的喜悦。)

很荣幸,我们推选的《飞天大面包》入选了当期文学社的分享故事,我和李庭宇都特别开心。首先直接证明了孩子的选择是正确的,另外他也非常想要和其他文学社的小朋友一起分享这个好玩的故事,因为分享快乐可以得到更多的快乐。最后在张老师和薛老师的引导下,文学社的孩子们还一起续编了这个故事,每个小朋友都想了一个自己最喜欢的结局,千奇百怪、脑洞大开。通过这次简单的故事分享活动,不仅直接丰富了孩子们的想象力和主观视角,延伸了他们的想象世界,还给他们带来了成长的勇气和力量。

在两位老师的积极组织下,中班的童话剧表演了四个童话剧,李庭宇分别参加了《小动物学本领》和《月亮的味道》,其中《月亮的味道》是刚刚学期结束前表演的,而且还全是男生表演的一个话剧(因为女生都去参演另一个话剧《小蝌蚪找妈妈》了),也是令人印象深刻。

《月亮的味道》话剧改编于绘本,主要讲的是森林里的小动物们对月亮非常向往,特别想品尝月亮的味道,最后在小乌龟的带领下,大家齐心协力,克服困难,最后终于品尝到月亮味道的小故事。李庭宇演的是喜欢蹦蹦跳跳的“小兔子”,正好和现实相反,生活中他可不是个爱运动的小朋友,至少表演小兔子可以让他体会下蹦蹦跳跳、多运动的感觉。

第一次在幼儿园排练时,孩子们的台词还记得不是很牢,动作和节奏也不太对,所以薛老师特别交代我们回家后还要再多练习下。锐锐的妈妈饰演“月亮”,还需要和“小乌龟”“小老鼠”几个角色演对手戏呢,我负责的是旁白,为大家串场介绍。后面连续几天晚上,我们和奶奶一起串场表演,李庭宇很快就记住了自己的台词,但是仅仅记住自己台词是不够的,还需要把其他小朋友的台词也记住,这样才能知道什么时候轮到他自己发言。虽然一遍又一遍的记台词和排练有点累，不过在我们持续的鼓励下，李庭宇小朋友还是坚持下来了，基本上可以记住大家的台词了，不过动作幅度和表情还是不够到位，需要再多练练。

很快就到了正式表演的日子，那天幼儿园大、中、小班的家长代表们都来一起观看大家的表演了。孩子们都换上了各自的服装，家长们还帮忙给他们化了妆，孩子们抹上了腮红和口红，一个个看上去精神极了。

《月亮的味道》是第三个上场表演的，6个穿着小动物衣服的男孩们扬起笑脸、排着队进场了。我一边播放音乐一边开始为大家介绍，“夜晚的大森林里，小动物们正在欢快地玩耍……”“小乌龟”“长颈鹿”和“小兔子”等围绕着大树转圈圈，大家很快就被又圆又大的“月亮”吸引了，都在畅想月亮到底是什么味道呢？“是像妈妈烙的白面饼？像树叶？还是像薄荷味的棒棒糖一样清凉呢？”李庭宇表演的“小兔子”最喜欢蹦蹦跳跳了，没想到蹦了几次之后，“小兔子”的帽子掉地上了，他立马紧张地看了我一眼，紧接着蹲下捡起了帽子，然后就一边拿着帽子一边说完了自己的台词。我在旁边松了一口气，心想他反应挺快的呢。虽然正式表演时有一些小状况，最终孩子们还是很完整地将整个故事表演完成了，舞台下的家长们也都通过掌声给了孩子们鼓励和肯定。

在这次童话剧表演中，孩子们不仅完全融入了表演，投入了自己的真诚和用心，也展示了自己的才能和临场反应，是一次非常好的体验和锻炼机会。

最后，再简单说说在一年多亲子社团活动的帮助下，李庭宇从小班到中班之后的变化还是非常明显的。小班时因为刚刚入园对环境不够熟悉，加上他的性格又偏内向，所以融入集体比较慢，偶尔还会出现早上不愿意去上幼儿园的情况。一年过去了，再也没有出现不愿意去幼儿园的情况了，甚至有时候他有点咳嗽，我们想让他在家休息，他还不高兴，自己强烈要求要去幼儿园，他说不去幼儿园就学不到本领了。有一次，张老师给我拍了个视频，原来是李庭宇自己在幼儿园给大家表演唱歌，而且唱的完全跑调，歌词唱错了也很得意，满满的迷之自信。当然，这些变化首先得益于幼儿园老师们的引导，每一项日常的活动安排，都体现了幼儿园老师们对孩子的关心和用心；另外一个很重要的原因，我觉得就是亲子社团活动的影响。

不管是“童心文学社”，还是“童话剧表演社”，这两项活动对孩子的成长和亲子关系培养都特别有益。其实大部分家长们的日常工作都很忙碌，参加亲子活动确实会影响一些工作，有时候还需要请假，不过我是非常鼓励大家尽量克服困难，安排好时间多多参与的。在我看来，亲子活动是在家庭之外紧密联系孩子和家长的桥梁，通过参与顾路幼儿园的这一系列亲子活动，不仅给家长和孩子提供了一个家庭之外的有效连接点，增进彼此默契和亲子感情，而且也增加了家长和老师之间关于孩子教育的沟通和交流，还可以让家长在繁忙的工作之余可以收获满满的快乐和童真，一起和孩子们得到收获和成长。

“爱贝有方、启智有道”，真心感谢幼儿园和老师们给我们家长和孩子组织了丰富多彩的亲子社团活动。时间过得真快，接下来李庭宇要升班到大班了，我们将继续支持、积极参加幼儿园的亲子社团活动，也期待孩子更多的成长和进步。

儿童剧，助力孩子的成长

彭婧涵家长

童话剧，顾名思义，就是以童话为内容，以剧本的形式呈现故事的一种艺术形式。儿童剧作为艺术的一种独特形式，集语言、形体、音乐、美术等元素于一身，让孩子在未知的世界遇见未知的自己，在未知的可能中形成别样的体验。

很感谢顾路幼儿园安基校区的老师们指导我们家长组织了儿童剧社团。孩子小班的时候，刚刚适应幼儿园的生活，口语表达能力、表演能力等方面还不够完善，对于儿童剧表演可以说毫无经验可言，一开始在剧本的选择上我们家长无所适从，后来老师给出了专业的建议：小班幼儿在童话剧选材上要注意简单、富有童趣、重复的对话多等特点。最终，我们小组决定表演童话剧《拔萝卜》。剧中老奶奶，小女孩，小动物们贴近孩子们的生活，性格特点好把握。故事中的对话很简单且重复较多，如“拔萝卜，拔萝卜。嗨哟嗨哟，拔不动，……快快来，快来帮我们拔萝卜。”符合小班幼儿的年龄特点。另外，最重要的是这个简单的故事中蕴含了“合作互助”“团结就是力量”的道理，对刚入园的孩子们有着深刻的教育意义。在童话剧的准备工作上，我们是以家园合作的方式开展的。首先，我们人手打印一份故事内容，然后我们家长回家根据自己孩子的情况有针对性地复习故事，梳理故事情节；其次，我们征求孩子想表演的角色，我们小朋友选择了小姑娘的角色，然后我们和孩子共同选择服装，制作头饰。表演中，孩子戴上了自己做的头饰特别的自豪，很投入也很享受小姑娘这个角色。尽管小班幼儿的表演是稚嫩的，但孩子们只要参与其中就会兴奋、激动，他们会一起拍手、一起欢呼，还会主动跟老师说："下次我想演 × × ×。"我们能够感受到孩子乐在其中，这也是我们让孩子参与童剧社的初衷。

进入中班以后，孩子的语言和思维能力都有了较大的发展，童话剧中，无论是别具特色的服装道具，还是惟妙惟肖的动作表演，或是绘声绘色的语言表达，都能够触动幼儿的"味蕾"，让孩子产生兴致勃勃观看童话剧的浓厚兴趣。我们观察到孩子在看一些儿童剧时她会主动模仿一些人物的神情、语言、动作，并且时常沉浸其中。通过跟童剧社其他家长交流，我们发现孩子们普遍有这样的变化，老师进一步给出专业的建议，可以选择一些故事情节曲折，人物性格更为丰富的童话剧尝试表演。这次我们小组的家长商讨一番以后决定选择《三只小猪》剧目表演，同样地，大家先各自在家熟悉剧目，并且小朋友们根据自己的兴趣定下了表演的角色，猪妈妈是孩子们最熟悉的角色，猪老大，猪老二，猪老三各有个性特点，而大灰狼是比较有挑战性的，也会激发一些孩子的表演欲望。然后我们带领孩子们在家分段表演，并且将表演片段分享到童剧社群里交流。在孩子们都熟悉了自己的表演片段以后，老师为我们提供了学校的表演教室让孩子们一起彩排，一开始孩子们只是说台词，渐渐加上音乐，并且老师一番生动地讲解后，小朋友们渐入佳境，我们家的"猪妈妈"说出一点语重心长的味儿了，大灰狼开始露出了贪婪的"面孔"，三只小猪在大灰狼的"步步紧逼"下也开始有了危机意识，团结起来。最贴心的地方在于老师们把彩排的表演都拍了下来，孩子们在努力表演童话剧时，自己在动作、神态、语言方面有哪些不足之处，他们浑然不知。通过观看彩排视频，他们知道了自己在童话剧表演过程中的不足，而这些不足成为了孩子们发展自身语言表达能力的阶梯，小朋友在回家"反刍"童话剧的过程中进一步提升了语言表达能力。

这两年，孩子在童话剧社一点一滴的变化和进步我们历历在目，从小班的似懂非懂、乐在剧中，到中班有模有样、努力表演。我们欣喜得看到了童剧社一个又一个剧目仿佛对孩子施了魔法一样，小朋友们的语言知识逐步得到积累，思维能力得到持续提升，表达能力得到不断发展。同时小朋友的社交能力增强了，也更自信了，在扮演角色的过程中孩子心灵也获得了体验和成长。感谢顾路幼儿园安基校区为我们搭建这样的童剧社平台，感恩老师们的专业指导和帮助。

家园携手共育　共促孩子成长

顾婧祎家长

著名教育家陈鹤琴曾经说过："幼儿教育是一件复杂的事，不是家庭单独胜任，也不是幼儿园一方面可以单独胜任，必须两方共同合作才能达到充分的效果。"幼儿教育是一项宏大而又长远的工程，需要幼儿园、家庭和社会的共同努力。家庭是幼儿的起始，幼儿全面发展离不开幼儿园与家庭的紧密相连。家庭教育最关键的是家长，顾路幼儿园就为我们家长构建了一个线上和线下相结合的平台，创新了家园共育方式，充分地挖掘了我们家长的资源，为幼儿创造更好的生活、学习和成长环境。

1. 创建和发展亲子社团活动，密切家园联系

顾路幼儿园创建亲子社团真正地为我们家长与幼儿园形成了教育的纽带，同时也促进家长与家长之间、家长与幼儿园之间的互惠互助，再加上彼此之间目标一致，也更有助于家园共育工作的顺利展开，同时也能够有效促进亲子活动的进行。亲子社团这种形式更加自由活泼，社团的管理也比较宽松，更有益于我们家长之间、家园之间互相沟通，破除交际壁垒，同时也有助于促进幼儿的社会化。首先在亲子社团创建和组建时，由老师发起号召，全体家长幼儿都可以偕同来参加，只要对社团活动内容感兴趣，都可以无条件进入社团。幼儿园考虑到家长与幼儿的活动精力以及幼儿园的管理方针，允许参加至多三个亲子社团。社团负责人要定期举办社团活动，比如，童心文学社团要每月读一本和幼儿教育或儿童文学有关的书籍，通过阅读同一本书，社

团里的幼儿和家长都能发表自己的言论，进行创编绘本故事内容，还可以自己自主创编制作一本大图书进行社团内的分享和交流。又如班级里开展的“亲子童话剧”社团活动，由班级里的孩子和家长自主报名组建而成，幼儿们和家长们可以选择自己感兴趣的故事内容进行创编角色台词，为了让每一个幼儿都能有更大的舞台展示自己，进一步增强幼儿对文学作品的阅读、理解、赏析、创编和表演兴趣，感受童话故事的有趣和寓意，幼儿园在每学期或者比较盛大的节日里，都会组织社团进行汇演，例如像六一儿童节、每月秀、学期末的童话剧汇演等等，都会由亲子文学社团编排节目，让幼儿们轮番上台表演，在童话剧表演中幼儿们在开放性的情景下用表演的形式让自己的情感得到释放和宣泄，胆小紧张的幼儿变得勇敢、自信。由此可见，亲子社团的创建和组织为家园共育提供了新的平台，也给亲子活动的有效开展提供了广阔的空间。

2. 结合幼儿园园本特色开展亲子文学社团活动，培养孩子阅读兴趣

顾路幼儿园书香的校园文化，真正地做到了“以文学滋养童心”的理念，在校园里为幼儿创设了良好的阅读环境，鼓励幼儿从小养成良好的阅读习惯。幼儿园里为幼儿提供了环境优美，设施先进，且图书资源丰富的阅读区域，在阅读室里有适宜不同年龄段幼儿进行自主阅读的优秀绘本；学校的公众号“绘本加油站”也会不断更新，向我们家长们推荐一些符合不同年龄段幼儿阅读的优秀绘本故事，让我们在家中和幼儿开展亲子阅读时提供了方向和指导；学校还开展了“家庭读书分享会”活动，利用班级群、公共环境向我们家长发出“亲子阅读倡议书”，号召我们全体家长积极投身到“打开阅读之门，让书香飘进万家”的活动中，还指导了我们家长共同营造“书香家庭”教育环境，鼓励我们家长为孩子在家中也积极创设了温馨、童趣、安静的书香角环境，培养幼儿爱读书、乐读书，会读书的习惯；结合童心文学社的亲子创编活动更是锦上添花。

在参与幼儿园“亲子文学社团”活动中，与社团中其他家长的交流切磋中，我们在科学育儿和培养幼儿亲子阅读方面达成了许许多多的共识，如：培养幼儿的阅读兴趣和习惯可以有效提高幼儿的注意力、倾听能力以及语言理解能力，同时也增进了我们家长与幼儿之间的情感交流。在家中，我们也会积极为幼儿创设阅读环境，在家中安放书架，放置一些幼儿喜欢的书籍，让幼儿在成长环境中，随处可见书，让书成为幼儿生活中必不可少的元素，比如在我们家庭的书籍，主要是分为科学探索类、生活学习养成类、国内外经典绘本、教育类等等绘本，这些书籍图文并茂，而且绘本中也蕴藏着许多丰富有趣的知识，买这些书的原因是孩子们在生活中经常会涌现出一些有趣的问题，例如："我们为什么不可以去火星上生活？火星里面有没有高楼大厦呢？外星人它究竟存在吗？"有些问题我们家长一时难以回复孩子，这时候我们就可以通过与幼儿共同阅读这类书籍，在与幼儿共同亲子阅读的过程中，一起探寻这些问题的秘密和答案；学习生活习惯类书籍如《牙医也会长虫牙》《小熊爱刷牙》《是谁嗯嗯在我的头上》《阿文的小毯子》等绘本，这些书籍生活性很强，都是将一些习惯和道理蕴含在生动有趣的故事里，可以让幼儿在愉悦的情况下潜移默化地获得启迪，同时这些绘本内容也比较贴近幼儿和我们家长的生活，告诉幼儿应该如何处理学习生活中遇到的一些事，作为家长看了也是收益颇丰；国内外经典书籍绘本故事精彩，绘本图画也特别精美，这些绘本故事都是经久不衰的，通过这些绘本阅读，相信幼儿们的心灵会得到很好的滋养；还有一些绘本是结合我们家孩子的兴趣类的，譬如介绍恐龙类的书籍，还有一些奇思妙想类的书如《十万个为什么》《宇宙探秘》等书籍，这些书籍里面的内容，丰富了幼儿们的想象力，也增长了自己的见识。在家庭生活中开展亲子阅读时，我也会将阅读融入幼儿的生活中，根据幼儿的兴趣，去发现幼儿喜欢读哪一种类型的书籍，并且学会了运用多种方法激发幼儿主动学习的能力；通过与幼儿互动，比如角色扮演、问答式阅读等等帮助幼儿更好地理解书本知识，提高幼儿的语言能力。在家中我们也会效仿幼儿园里阅读角的装饰，在家里也为幼儿创设书架，以及幼儿喜欢的舒适小沙发和垫子，方便幼儿在生活中闲暇时，可以随时随地进行舒适地阅读。在幼儿园里的亲子文学社团活动中，老师也会经常举办一些读书沙龙活动，与我们家长们一起分享亲子阅读的心得与体会，也让我们家长明白了如何更好指导和培养幼儿进行亲子阅读。

3. 通过参与丰富多样的社团活动，引领幼儿不断发展和进步

通过参加幼儿园园内丰富多样的社团活动，我们家小祎已经养成较好的阅读习惯，家里的书籍每天都会自己自主阅读，也会时常给家人分享书里学到的知识，在参加学校里的童话剧社团以及童心文学社团活动中，还能有一

些自己的想法，还会自主地创编故事内容，作为家长我们欣喜地看到了自己幼儿的蜕变和成长，相信她看过的书，以及听过的故事已经慢慢地渗透到她的脑海里，故事中蕴含的深刻道理也会让她终身受益。幼儿的阅读兴趣得到了激发，阅读的方法和习惯也越来越好。通过丰富多样的亲子文学社团活动，不仅开阔了幼儿的视野，促进了亲子关系的融洽，增进了同伴之间的交流同时也让我们家长不知不觉和幼儿沉醉在书的世界里，一起享受读书带给我们的幸福与乐趣。阅读很容易，但是培养幼儿坚持长期养成好的阅读习惯不容易，作为家长我们会继续努力，家园共同携手，共促幼儿发展。

幼儿园亲子社团的开展对于促进家园共育，以及对于幼儿发展而言具有多重目的，其一与家长保持密切联系，促进家园合作；其二更是不断提升了幼儿园的办学水平，实现科学教育管理；其三则是幼儿园着眼于幼儿自身的发展，真正让幼儿学有所得，在知识水平、实践能力以及人际交往社会化方面都能得到长足发展。在当下家园共育的合作环境下，顾路幼儿园能够准确把握时代发展趋向通过丰富多彩的亲子社团、线上线下亲子活动等形式，密切幼儿与家长的联系，既能让幼儿园了解到家长与幼儿之间的交流情况，也能让我们家长群体们看到幼儿园教育的诚心，有助于树立良好的幼儿园教育形象。在今后的家园共育中，相信顾路幼儿园多样的亲子社团形式，以及与我们家园之间密切的联系和沟通，一定能够将亲子社团越办越大、越办越好。

童话剧——丰富教育内容和形式

付博杨家长

童话剧是以童话为内容，戏剧为形式创作的故事。剧本包括原创和改编两种，通过一系列的演艺方式来展示。然后，再进行舞台加工和歌舞设计，通过演员舞台表演或卡通制作，呈现在观众面前。童话故事最初是传统口述民间故事的一部分，通常具戏剧性并以口耳相传的方式世代相传。也由于如此，童话故事发展的历史也就难以考证。尤其是早期不识字的说书人所说的故事，通常都没有任何书面纪录可供后世参考。

非常感谢顾路幼儿园金群校区的老师们，在我们小朋友进入幼儿园就指

导我们家长组织了儿童剧社团。在上学期，由于小朋友都是刚刚进入幼儿园，彼此都不是非常熟悉，而且小朋友的口语表达能力、表演能力等方面还不够完善，对于儿童剧表演可以说毫无经验可言，一开始在剧本的选择上我们家长无所适从，后来老师给出了专业的建议：小班幼儿在童话剧选材上要富有童趣，在语言上要简单易懂，尽量重复的对话多，在动作上尽量要动起来的动作多，符合小朋友活泼好动的天性等特点。最终，我们小组决定表演童话剧《拔萝卜》。剧中老奶奶，小女孩，小动物们贴近孩子们的生活，性格特点好把握。故事中的对话很简单且重复较多，如"拔萝卜，拔萝卜。嗨哟嗨哟，拔不动，……快快来，快来帮我们拔萝卜。"符合小班幼儿的年龄特点。另外，最重要的是这个简单的故事中蕴含了"合作互助""团结就是力量"的道理，对刚入园的孩子们有着深刻的教育意义。在童话剧的准备工作上，我们是以家园合作的方式开展的。首先，我们人手打印一份故事内容，然后我们家长回家根据自己孩子的情况，有针对性地复习故事，梳理故事情节；其次，我们征求孩子想表演的角色，同时我们和孩子们一起准备角色道具，服装，并在老师和家长的陪同下一起陪孩子们排练。在表演中，每个小朋友非常活泼，非常认真地投入表演。尽管小班幼儿的表演是稚嫩的，但孩子们只要参与其中就会兴奋、激动，他们会一起拍手、一起欢呼，还会主动跟老师说："下次我想演×××。"我们能够感受到孩子乐在其中，这也是我们让孩子参与童剧社的初衷。

由于有了上学期的经验，每位小演员感觉在小班下学期更加自信了，每个人都积极地表达自己对于角色的了解，所以对于我们这学期的童话剧相对来说比较顺利。通过跟童话剧社其他家长交流，我们发现孩子们普遍有这样的变化，老师进一步给出专业的建议可以选择一些故事情节曲折，人物性格更为丰富的童话剧尝试表演。这次我们小组的家长商讨一番以后决定选择《小兔子乖乖》剧目表演，同样地大家先各自在家熟悉剧目，并且小朋友们根据自己的兴趣定下了表演的角色，兔妈妈和兔宝宝的扮演需要小朋友形象地表演出小兔子的乖巧聪明，而大灰狼是比较有挑战性的，也会激发一些孩子的表演欲望。然后我们带领孩子们在家分段表演，并且将表演片段分享到童剧社群里交流，我们发现有的小朋友在表演上还会自己加戏。在孩子们都熟悉了自己的表演片段以后，老师为我们提供了学校的表演教室让孩子们一起彩排，一开始孩子们只是说台词，渐渐加上音乐，并且老师一番生动地讲解后，小朋友们渐入佳境，我们家的"猪妈妈"说出一点语重心长的味儿了，大灰狼开始露出了贪婪的"面孔"，小兔子们也变得非常聪明，竟然让狡猾的大灰狼也上当了。最贴心的地方在于老师们把彩排的表演都拍了下来，孩子们在努力表演童话剧时，自己在动作、神态、语言方面有哪些不足之处，他们浑然不知。通过观看彩排视频，他们知道了自己在童话剧表演过程中的不足，而这些不足成为了孩子们发展自身语言表达能力的阶梯，小朋友在回家"反刍"童话剧的过程中进一步提升了语言表达能力。

小朋友在这一年的变化相信我们的家长们都看在眼里的，从一个刚开始懵懵懂懂的幼儿进入幼儿园班级这样的一个集体，从一个人的城堡融入一群小伙伴的乐园，中间有恐慌、有哭泣，在老师们的耐心帮助下，我们的小朋友们都顺利地度过了小班。尤其通过童话剧的表演，我们发现孩子们通过儿童剧台词的演说培养了小朋友自身的表达能力，逻辑兴地思维能力，愿意与人交流的能力、勇于表达的能力等等，每一位小成员也通过自己角色的扮演更加清楚这些小动物的特点，通过童话剧这种形式让小朋友的认知变得更加丰富具体。

最后非常感谢顾路幼儿园金群校区为我们搭建这样的童剧社平台，感恩老师们的专业指导和帮助。

童心文学社——走进孩子的内心世界

孙欣冉家长

转眼一年过去了，幼儿园小班的生活结束了，在这一年中，通过参与班级的各类活动，无论是生活中还是学习中，都提高了孩子的积极性，拉近了父母和孩子的亲密关系，更是体现出家长在家园合作中的重要性。

从迈入顾路幼儿园的第一天起，就了解到了我们幼儿园的书香文化，“以文学滋养童心”的理念更是让我感触颇深，从毫无意识，到现在尽可能的创造阅读环境，努力培养孩子的阅读习惯，这一系列的改变都来源于幼儿园的教育理念，不仅是孩子的成长，更是作为家长的一种成长。一本好的绘本故事，对孩子的启蒙意义是巨大的，通过阅读学会的自理能力、逻辑思维以及语言沟通能力都是家长手把手去教所不能比拟的。

从最开始的大开本纯图画书，到现在图加文的完整故事，孩子的阅读能力在逐步攀升。孩子在对绘本故事的理解中，强大了自己的内心，并逐渐建立起了她自己的判断标准。因为读了《肚子里的火车站》，孩子懂得了去呵护她肚子里的小精灵们，爱吃蔬菜爱吃水果，啥也不挑食，因为她知道，小精灵们健康她才会健康；因为读了《牙齿大街的新鲜事》，早晚各一次的刷牙从来不需要我去催促，孩子一点也不希望哈克和迪克在她的牙齿里面造别墅，建游泳池；因为读了《点》，孩子的自信油然而生：画画有什么难的，我也会！

正是因为遵循了幼儿园的教育理念，使孩子从小就建立了良好的阅读习惯，更是体会到了阅读的快乐，绘本本身会预留给孩子许多想象的空间，让孩子通过绘本的整体意境，会对故事情节展开丰富的联想。画面中的一些细枝末节也会让孩子产生丰富的联想，对故事进行自我扩充、延伸。这里不得不感谢顾路幼儿园给我们提供了一个良好的家校平台，建立了多样化的亲子社团。在入园选择参与社团活动时，很庆幸，我选择了童心文学社，在这里，孩子有了更多充分发挥自己想象的机会，可以根据自己的想象绘画出自己心里的世界，编出一个又一个神奇富有意义的故事。我想，这才是阅读的意义所在吧！

关于童心文学社的文学创编活动，最初我的内心是抗拒的，担心孩子是不是可以完整地表述，直到发现孩子开始像模像样地自己编故事时，我才发现是我小看了一个孩子的想象力。文学创编其实是一个让幼儿调动已有知识经验，积极地与语言文学及相关信息进行相互作用的过程，也是幼儿将口语转化为书面语言，并充分发挥自己的艺术想象力进行文学创作的活动。

比如有许多故事伴随着我们一起成长，有助人为乐的雷锋、美丽善良的天鹅姑娘、机智勇敢的阿凡提，还有许多不怕牺牲、艰苦奋斗的战斗英雄们，他们都成为我们学习的楷模。孩子们在阅读绘本时的心情也会发生不同的变化，如对大灰狼、凶恶的王后等深恶痛绝，对狡猾的狐狸的无奈……一本好的图书能让孩子的想象力与创造力无限发挥。小小的书打开了孩子对知识世界的探索，就好比在土地里撒下一粒种子，让其慢慢的生根发芽。

在第一学期的文学创编活动中，我是无意中带孩子走进了周边的绿化带，她看到了地上的蚂蚁在来回忙碌着，瞬间引发她的创编兴趣，有了《勤劳的小动物们》这个小故事的诞生。“秋天来了，树叶纷纷落下，住在森林的小蚂蚁准备出门搬运粮食，为了即将到来的冬天做准备。路上碰到了勤劳的小刺猬，它已经背了一身的红苹果满载而归。小蚂蚁加快了脚步，等到冬天到来的时候就可以美美地藏在家里享受自己勤劳的果实了。”简短完整，不失条理。回家后，孩子就主动拿出卡纸和黏土，自己完成了一幅秋天的作品。当她举着作品看着我满脸期待的眼神，我知道她是希望得到我的肯定。

第二次，关于百年童心向党的文学创编活动中，开始孩子是不理解的，当我使用具有童趣的语言为她讲述党的故事，并富有情感地为她朗读诗歌时，她已经体会到了文学形式多样化的美的享受。可见，想象力是一根点燃创编的导火线，是创造融入幼儿行为的媒介，更是孩子创造力不断优化的阶梯。

孩子在文学创编活动中自发地运用语言表现自我、表述思想、宣泄情绪、想象和创造他们自己的世界。可以说实际孩子都是在经意与不经意间进行着创编。每一个作品其实都是孩子内心世界的写照。我们作为家长，此刻需要做的就是尊重她、理解她。

一次又一次的文学创编活动，已经让我学会了如何鼓励孩子，用语言或文字来激发孩子的情绪，让孩子能够主动积极的参与每一次活动。因为每个孩子都有创造的意愿和创造的能力。我们的每一句赞许都会增强孩子的创编反应，使她们更乐于表达。我给孩子经常性的鼓励是：下次，你一定能讲得更好，从而激起孩子更多的表达欲望，也让我通过倾听，能更进一步走进孩子的内心世界，拉近和孩子的距离。

再次感谢幼儿园举办的多样化的亲子社团活动，让我在繁杂的工作生活之余，可以和孩子一起分享童真的快乐，感受和谐亲子关系的幸福。未来的日子里，预祝我们的幼儿园越办越好，社团活动越来越丰富，期待和孩子一起共同成长！

寓教于乐　探索成长中的心灵

吕彦丞家长

著名哲学家、教育家杜威曾在他的书中说过：“教育就是生活、生长和经验改造。”相信每个孩子从咿呀学语开始，在妈妈怀里的时候就听过儿歌、童谣、童话、寓言、儿童故事等熏陶，那是文学所带来的生命最初的美好。作为一门语言艺术，在孩子的成长过程中文学对儿童的个性、才智和身心能力发展起着潜移默化的作用。作为家长，我很高兴孩子所在的幼儿园是以儿童文学为办学特色，寓教于乐、寓学于趣，让孩子在游戏、阅读、表演中感受文学所带来的快乐和成长。

1. 情景式融入，文学审美渗透儿童园区生活的每一处

儿童文学是爱的文学，也是崇尚真、善、美的文学，它既是生活的真实反应，也是生活的审美反应。记得第一次带孩子入园报名的时候，孩子的目光就被教室墙面布置的“城堡里的兔子”“森林里的猴子”吸引了，“书香角”整齐摆放着精美的各式适龄儿童读物，在这里将正式开启儿童文学世界的启蒙。在后续的学校开放日和家庭互动中，我们看到孩子最喜爱的游戏活动便是在童话故事中开始的，上课时老师通过儿童故事的情景演示，让孩子们以小角色扮演参与到故事中来，进而展开他们一天的游戏和学习，情景式的带入让每个孩子都聚精会神的完全投入，在故事的探索和游戏中认知更多的知

识、明白更多的道理、结交新的朋友、创造更美妙的快乐。

在园区有个角落，常有几个孩子围着观察、讨论，孩子称它为宝藏角，其实是老师精心布置的自然植物角，经常会有“小蝌蚪”“小金鱼”“小土豆”等新朋友的出现，孩子们便围绕着这些“新朋友”和身边的“老朋友”讲起《小蝌蚪找妈妈》《美人鱼》的故事，从中了解小动物的生长特点、友好善良的个性，也成就了孩子之间互相的成长和友谊。

2. 沉浸式体验，社团活动中儿童文学情感的丰富表达

围绕“以文学滋养童心”的办学理念，幼儿园采取家校联动的教学方式，组织开展了丰富多样的文学社团活动，如好书分享团、童心文学社、诗歌朗诵比赛、节日儿歌表演等活动，孩子在充分参与的过程中手、脑、口并用，在快乐的审美中得到文学启蒙。

基于孩子对儿歌表演的喜爱，吕彦丞参加了童话话剧的表演。在充分考虑孩子们的年龄阶段特征的条件下，我们和小朋友们一起投票决定表演《拔萝卜》这部作品。丞丞挑选了他喜欢的“小黄狗”这一角色，通过童话剧的观看和老师的讲解，小演员们对自己扮演的角色有了更深的理解和更强的表演兴趣，大家目标一致齐心协力地拔出我们的大萝卜。在整个童话剧筹备、排练过程中，家长们也一起齐心协力准备道具、舞台背景、音乐，陪着孩子一起练台词、动作，最终的表演也在一片欢声笑语中圆满落幕。在表演过程中，最让我动容的是孩子们最后拔出萝卜，手拉手围成圈在舞台上欢乐地跳啊、蹦啊，孩子的笑是发自内心的快乐，是文学表演带给他们简单、纯粹精神世界外化情感的表达。

此外，幼儿园在比较盛大的节日里，会组织社团进行汇演，例如像六一儿童节、每月秀、学期末的童话剧汇演等等，孩子们在老师的带领下精心准备，挑选喜欢的主题服装、巧妙编创儿歌、配合动作舞蹈，将文学融入节日、融入生活，更生动地去体验每个节日所蕴含的情感和意义。每一次上台、每一次参演，都是一种自我的展示和挑战的积累，未来孩子将以自信、从容的脚步，迈向更大的舞台。

3. 家校共育，让文学的真善美在孩子心里生根发芽

儿童文学作为儿童认识世界的另一扇窗口，能使儿童更多地认识社会、认识历史、丰富生活经验、增长知识、启迪心智。为了给孩子们创造良好的书

香家庭环境，养成热爱阅读的习惯，幼儿园倡议开展亲子共读活动，在家中安放书架，购置一些孩子喜欢的书籍，摆放干净整齐的书桌、舒适的小椅子，每天固定的时间点陪孩子一起探索绘本里的奇妙世界，也是增进亲子情感的美妙时光。

在家庭生活中开展阅读时，我们会选择丰富多样的儿童读物，将阅读融入生活，根据孩子的兴趣去探索一些认知之外的世界，以奇妙多彩的儿童故事带领孩子感知世界的真、善、美。那对于男孩子而言，《揭秘汽车》《我们的太空》《工地上的一天》都是以他们喜欢的工程机械、宇宙奥秘为主题，进一步探索更多科学认知，这也是丞丞每天都会主动翻阅的书籍，并喜欢开动小脑筋提出很多问题。除此以外，我们也会根据孩子的年龄特点，选择一些具备教育意义的绘本，比如《是谁嗯嗯在我的头上》《猜猜我有多爱你》《鳄鱼怕怕，牙医怕怕》《烟花》等，让孩子通过故事人物角色的扮演互动，锻炼孩子的表达能力和感悟力，同时学会一些生活技能，懂得倾听、分享、爱与被爱，以最诚挚的心去看待这个世界，我想这些潜移默化的影响是会让他受益一生的。

炎炎夏日，太阳当空，吕彦丞还编了首小诗送给这个炙热的夏天。孩子的成长，总是会给父母带来很多惊喜和意外。在此过程中，我们也深深感受到幼儿园、老师的用心培育和照顾。快乐的暑假就要接近尾声了，新的学期寄寓着新的希望和成长，在学校家庭的共同努力下，期待孩子在文学的世界里收获更多的欢乐和成长。

阅读从幼儿开始

李顺航家长

书到用时方恨少，这是对读书作用的高度概括。读书破万卷，下笔如有神。很多人会迷茫读书有什么用，没有读写习惯的人，当你提笔时，发现自己只能东拼西凑。腹有诗书气自华，经常读书的人自内而外散发出不一样的气质，如朗读者董卿清水出芙蓉般的赏心悦目。

少壮不努力，老大徒伤悲。很多家长认为学习要从娃娃抓起，真正要从小抓起的是培养孩子良好的行为习惯。幼儿期是培养孩子思维习惯的关键期，在这个时期，孩子的神经和心理发育可塑性最强，大脑具有动力定型机制，儿时形成的很多行为习惯都将伴随孩子的一生，好的读书习惯一定要从小培养，这会起到事半功倍的效果。

如何培养孩子的阅读习惯，是困扰很多家长的难题。很多爸爸妈妈要上班，没有充足的时间陪孩子阅读，偶尔有空也只是随便拿来几本书陪孩子看看，这样并不能帮助孩子养成爱读书的好习惯。好习惯的养成绝非三天打鱼两天晒网，需要系统的过程。从读书环境的创建，阅读氛围的创造，阅读时间段和时长的确定，书籍的选择等等，都需要精心准备和设计。尤其是书籍的选择至关重要，不同年龄段适合的书籍种类不同，顾路幼儿园好书分享团的建立解决了很多家长面临的难题，使孩子们读到了很多适合自己的优质书籍。

1. 激发阅读兴趣，让幼儿喜欢阅读、爱上阅读

万事开头难，最开始的阅读习惯是在幼儿园中养成的，从最开始的看单个图片到慢慢地看好几页，从只能听别人讲到慢慢地自己边看边给周围的人讲，从只能看一会就跑到可以坐着看一整本书，航航慢慢地学会了阅读。并且慢慢地喜欢上了阅读，每次阅读一本新的儿童书籍，都能够很高兴的给我们讲里面的故事内容，虽然有时候会讲得不一样，但是能看出航航是真的喜欢阅读。

航航最开始的阅读能力较弱，只能通过图片的形式来进行阅读，航航参加文学社之后，老师会针对性地进行阅读指导，通过定期的主题阅读活动，航航能够完整地阅读完一本书。并且航航放学后也会主动要我们家长给他买书看。我们给航航买了很多幼儿阶段的书籍，他们每人还把自己喜欢的书籍带到学校里组成图书角，这样大家就能够看到更多的书。

2. 培养阅读能力，让幼儿养成良好的行为习惯

刚上幼儿园的时候航航每天放学后都是吵着看《小猪佩奇》，我们都很担心航航的视力，所以会限制航航看动画片，但是航航会闹腾，家长也很难受。上幼儿园一段时间以后，我们不给他放动画片的时候，他会让我们带他一块看书，我们每天限制动画片的观看时长，其他时候让他自己看书，或者我们跟他一块看书，让他给我们讲书里面的故事，这样慢慢地改变了航航只看动画片以及不给看就闹腾的习惯。

我们家有两个小孩子，他们两个在一块经常会抢玩具、打架等。李顺航学会看书后，开始给弟弟讲书里面的故事，我们也给他们买了小朋友之间如何相处的书籍，李顺航通过阅读这些书，慢慢地不再跟弟弟抢玩具打架了，还教给弟弟如何看书，如何和小朋友相处，兄弟两个在一块越来越“和平”了。

航航上幼儿园之后经常不想上学校，我们给航航买了一些书，比如《小兔安塞姆不想上学校》等，然后跟小朋友一块阅读，我们在阅读交流中也了解了小朋友不想上学校的想法，通过跟小朋友交流，他也愿意去上幼儿园了，每天闹钟一响能按时起床，还能督促我们不要睡“懒觉”。

3. 坚持阅读习惯，让幼儿健康成长

孩子在幼儿园，尤其是参与童心文学社之后的变化和进步，我们历历在目。小朋友不仅改掉了长时间看动画片等不好的习惯，还收获了长时间阅读以及阅读之后讲故事分享的能力，思维能力、表达能力等都得到了显著提高。

小孩子之前很调皮并且经常“无理取闹”，自从看了很多书之后，尤其是讲一些行为习惯的书籍之后，小孩子开始慢慢变得“讲道理”了。前几天我们去图书馆看书，看到同学刚好准备从图书馆回家，李顺航立马隔着好远就打招呼，还过去一块聊天玩耍，非常有礼貌，这些习惯都是通过阅读得到的。

小区里面同龄的小孩子经常在一块玩，上幼儿园之前大家都是玩一些比较简单的游戏，并且很容易起冲突。小孩子阅读了一些游戏的资料之后，可以跟小朋友一块玩比较复杂的游戏了，能够把游戏规则讲得很清楚。跟小朋友坐在一块的时候还能相互之间讲故事，并针对故事里面的情节讨论的津津有味。

非常感谢顾路幼儿园顾路校区老师的专业指导和帮助，新的学期马上就要到来了，非常期待小孩子在新学期里面能够继续培养良好的阅读习惯。

童话剧，培养小朋友自信心

付梓豪家长

看到自己的孩子在舞台上穿着小动物衣服做着可爱的动作，奶声奶气地念着台词，心里就会感受到人类幼崽的可爱，期盼他们长大后的样子。

幼儿园的童话剧是一个培养小朋友自信心的平台，能够让小朋友慢慢学会展示自己。表演儿童剧不一定就能够让小朋友立马变得自信勇敢不怯场，但是这是一种很好的启迪方式。这种方式，寓教于乐，效果良好。从完善的硬件设施，到系统的软件管理，顾路幼儿园，给了我很大的欣喜。而童话剧社，就是幼儿园软件管理中的一个亮点。

很感谢顾路幼儿园的老师们指导我们家长组织了童话剧社团。还记得我们巧虎班第一学期的第一次童话剧“拔萝卜”排练，稚嫩的孩子们纪律性较差，语言领会能力也很薄弱，口语表达能力、表演能力等方面还不够完善，老师们课余时间帮着家长们一起排练，虽然经历了波折，但最终取得了满意的效果。而下学期的童话剧“小兔子乖乖”，小宝贝们的进步肉眼可见。选角色的时候，当问到付梓豪想扮演“兔妈妈、兔宝宝，还是大灰狼”的时候，他说他想表演兔妈妈，他要保护兔宝宝。看完奥特曼后就想打败怪兽、保护地球；在童话剧里保护兔宝宝，也算是实现了内心一丝丝的英雄梦想吧。看到宝贝们舞台上大方自信的演出，作为父母心里很欣慰，期待宝贝们以后更好的表现。

从在家中扮演奥特曼保护地球，到童话剧上扮演兔妈妈保护兔宝宝，其本质区别，是从一个自我熟悉的舒适区，走向一个面向公众的自我挑战区。而从舒适区走向挑战区，自信心是其核心要素。基于自信心，而后才会有胆量去表现自我、挑战自我。

如果说“面对公众、挑战自我”是最终的罗马，那么儿童剧就是通向罗马的其中一条小路的开端、一个启迪。小的时候能够自信地在舞台上表演童话剧、成年后能够从容应对公众的质疑，这是父母对孩子的殷切期待、是美好的愿望。这个美丽的愿望，就从播撒第一颗种子开始，就从童话剧开始。

期待小朋友能够有更多机会登上童话剧的舞台，穿上喜欢的衣服，表演可爱的话剧，绽放成为一朵朵充满自信的花朵。

第八部分　小露珠文学·环境创设

○ 经验总结

幼儿园环境是指幼儿园内幼儿身心发展所必须具备的一切物质条件和精神条件的总和。环境是教育的重要资源，作为一种“隐性课程”，幼儿园文学环境的创设对幼儿的学习与发展有着潜移默化的影响和教育作用。

在幼儿园文学特色课程的建设中，创设良好文学环境我们主要有三点做法：

一是文学环境创设目标多元化。幼儿文学活动其终极目标是引导幼儿学会做人、学会处事。因此，在文学环境创设上，我们注重利用适宜的环境，教幼儿怎样做人，怎样做全面发展的人，怎样做一个有中国心的社会主义接班人。因此，我们注重创设优良的文学环境，培养幼儿优秀的品质、良好的行为习惯。我们根据幼儿的年龄特点和兴趣爱好，精心选择文质兼美的优秀文学作品和红色经典故事，将其有效地融入学校文学环境和班级墙面环境创设中。

二是文学环境创设突出幼儿主体性。在文学环境的创设中，教师主要扮演观察者、引导者、材料支持者的角色。文学环境创设要以幼儿为主体，使幼儿在决策和直接参与的过程中，直观形象地感受环境，并从中获得直接经验幼儿习得知识。我们建设文学走廊，班级文学吧、专用阅读室、图书漂流站等环境资源，力求让环绕校园的每一面墙壁，悬挂的每一幅作品、图画，站立的每一个宣传版面，每一个角落都会说话。让幼儿在静态的校园文化中感受文学，得到审美的启迪。我们鼓励积极参与，我们组织幼儿制定阅读规则、设计辨别标识、图书分类标识等，轮流担任图书借阅小主人等，让幼儿积极主动地融入文学环境的创设和组织中。

三是文学环境创设的生活化。在文学环境创设时，我们注重与幼儿实际生活经验的结合，利用周围环境中的自然资源进行创设。如小班文学环境创设侧重于童趣温馨，我们将“娃娃家”与“语言区”相结合，让幼儿在家的情景中学习；中大班幼儿我们侧重于和主题活动的整合，将童话、科学、艺术等进行有机整合，链接有经验，以环境为媒介，触发幼儿的进一步学习。我们还充分利用大自然这本天然的“书籍”为幼儿创设文学阅读环境，使幼儿的阅读形象化、具体化。如：在观赏荷花中理解古诗《小池》的优美意境，在寻找春天中欣赏散文诗《春》的气息等。

因此，重视幼儿园文学环境创设，坚持目标多样化，强调幼儿主体性，凸显内容和过程的生活化，对于养成幼儿文学兴趣、文学审美、文学精神具有重要的意义。

经验总结

走进书香校园 体现人文精神

顾路幼儿园 曹勤华

众所周知，人文精神是一所学校要追求的价值取向，是一门隐性的课程，教工、幼儿必须传承、接受、摄取精神世界中精华的营养。这一点，创设书香环境显得尤为重要。我国当代著名教育家朱永新说过，一个多读书的人，其视野必然开阔，其精神必然充实，其志向必然高远，其追求必然执着。因此，只有构建民主、开放、和谐的书香文化环境，把培育爱阅读、悦阅读校园精神作为校园文化建设的核心，坚持“以文启智，和谐发展，快乐奠基”的理念，才能书香满溢，精神丰盈。

一、文化环境，感受人文

一所学校，应该每一处都有文化韵味，让大家感受到文化的熏陶，使它成为成就孩子的自然课堂，这样的校园育人环境才能充分发挥教育作用。因此，我园致力于环境建设，始终秉持“以文启智，和谐发展，快乐奠基”的办园理念，追寻“团结、进取、创新、和谐”的校风。

每个校区从一进校门就可以看到“以文启智，和谐发展，快乐奠基”办园理念，各校区根据地域特点创设看得见的环境文化。

一走进大厅公共阅读区，就可以看见布局清晰的好书推荐区、亲子阅读区，这些区域的设置，营造了很好的读书氛围。区域里摆放着错落有致、精艺的图书架和舒适的沙发，开放性的阅读区等，投放着适宜各个年龄段的绘本读物，如小班的绘本读物：《好饿的小蛇》《脸，脸，各种各样的脸》《大大和小小》等；中班的读物：《蚂蚁和西瓜》《哇——呜》《神奇变身术》等；大班的绘本读物：《天生一对》《小阿力的大学校》《鸡在傍晚看不见》等；孩子们自由选择，安安静静地沉浸在阅读的乐趣之中，开心、愉悦中去体味阅读的魅力。推荐给家长的读物，比如，《猜猜我有多爱你》《成了晚餐的小野猫》《这是我的》《花婆婆》等；家长和孩子们在一起选一本喜欢的绘本，享受美好的亲子阅读时光。

在顾路校区门厅里的绘本花园，存储了大量的经典故事中的人物形象，各类金奖的绘本。如国际安徒生金奖绘本《火焰》《老鼠的房子》《小孩和大鱼》等；金羽毛世界获奖绘本《青蛙变变变》《十二生肖谁第一》《野兽王子》等；红柠檬国际大奖绘本《狼的宏伟计划》《善良的鳄鱼》《虫虫的洞》等，打造了与园本特色相融合的“文学教育”，孩子们可以更深入地了解绘本、作家等信息。

海鹏校区一进门就可以看到经典故事中的人物，白雪公主和七个小矮人的立体形象展现在孩子眼前，奏响欢乐的序曲，无不体现出强烈的教育氛围。每当传统节日来临的时候，如元旦时候，投放《团圆》《年》《新年的小板凳》等绘本；端午节的时候投放《小艾的端午节》《小粽子、小粽子》《伊伊、端午节快乐》等绘本；中秋节的时候投放《月亮的味道》《小莉的中秋节》《中秋节快乐》等绘本；优秀的绘本让孩子去了解、去感受中国传统文化，有利于形成老师、孩子的民族认同感、民族情怀。

门厅愿景树上悬挂着众多本书，并用艺术的手法创造性地表现出来，书香袅袅，让孩子与书本进行心灵的对话，春风化雨，润物无声；

走廊里、楼梯走道上绘本创意插画呈现，无不渗透着书香文化。校区的楼道以红色教育为基调，一踏上楼梯让人感到浓浓的文化墙，一幅幅图文并茂的画面，拉近了孩子和伟大事件、英雄人物的距离，萌发了孩子爱国情怀，在潜移默化中净化着师生们的心灵，提升着师生的人文精神。

幼儿园环境创设是幼儿课程的一部分，为了进一步帮助幼儿感受书香人文环境，那么环境是最直接、最具体的阅读材料。

原有楼层环境就只是简单的大图书式的绘本的呈现，形式比较单一，为此我们对原有的楼层环境重新规划设计调整，根据各年龄段幼儿的学习特点创设了丰富的书香特色环境。将绘本与主题生活相融合，强调走廊墙面等文化建设，将幼儿有意阅读和无意阅读相结合，在有限的空间里，将有形与无形书卷的效用无限释放。

一楼“你好，你好”以文明礼仪交往为主线，二楼“每一步珂比珂”以自我保护为主线，三楼“自主表演”以幼儿在表演游戏中的装扮创编故事等为线索进行合理布局，每一楼层承载着主题分明的文化，绘本的介绍、绘本中主要人物的呈现、针对绘本、游戏中幼儿发现的问题、同伴间的解答互动、动手操作、自制服饰等都是相辅相成、和谐统一，达到了“教学做合一”的目的，所以是幼儿动手动脑学习的好去处。这些对培养孩子各方面的能力产生了深远的影响，从小在幼儿心灵深处浸润书香文化。每一个楼道走廊的墙壁都会说话，也形成独具特色的楼道文化，起到了润物细无声的教育作用。

教工、孩子在浓浓的氛围里感受、在情景的氛围里学习，在交往、情感、想象、表达、品质等方面都得到熏陶和体验，校园文化中人文环境的创建，真正实现了育人环境中潜移默化的教育作用。

二、阅读室文化，润泽人文

著名教育专家陈鹤琴先生指出：“要小孩子喜欢阅读，我们的家庭、我们的社会，必定要先有阅读的环境”。每个校区都有阅读室，在阅读室里创建环境，让幼儿有足够的机会接触各类图书，接受书籍的熏陶，在阅读、感知的同时发展思维，获得愉悦的情感体验，从而达到爱看书、会看书的目的。在人文关怀下，我们幼儿园推进了阅读室环境的改进，收获了良好的成效。

走进我们的阅读室，随处可见造型可爱的小型配套桌椅、沙发、靠垫，柜子上各种憨态可掬的小玩偶使整个阅读室变得舒适温馨又赏心悦目。

阅读室里一些简单明确的标志，使幼儿在无声的环境中朝着预期的行为方向发展，充满着人文的关怀。例如“绘本大师”书籍的推荐，各个年龄段绘本的赏读推荐；修补图书中教师和幼儿一起制作的各类阅读规则，如“请小声说话”“请保持安静”“放回原处”“有声类”“触摸类”等图示。我们又将阅读室分为若干区域，如固定区域、自制图书、创编区、留白探索区等形成了多元的阅读课程文化。阅读室里相对独立的空间，易于取放的书柜，一本本分类有趣而精彩的绘本，让人流连忘返。整个“阅读室”又分为必读书目、自选书、主题书；自选书目中又有生活，关注中国节日——习俗人文、关注人与自己——情绪；关于科学，关注自然——探究；艺术，关注人间美感——视觉；关注人与他人——品格，而“思维空间”关注幼儿的逻辑思考能力。每一个角落都被老师们打造成文学的世界，文学特色渗透到阅读室的每一处。让每个跨进阅读室的师生，具有崇尚科学，追求真探究、真学习、真创造的“求真”

精神；有善自己，善他人，善社会的“尚善”境界，有格调高雅的“感受美、欣赏美、表现美”的“致美”意识，充分感受浓厚的文化底蕴，从而实现了让每一位师生“以文启智，和谐发展，快乐奠基”新理念，使校园文化在积淀中得以升华。

三、班级环境，品味人文

在打造班级人文环境中，学校统一筹划，努力形成独特的人文氛围。我们各个班级结合艺术大师的美育课程，在班级创设富有童趣、特色鲜明而又丰富多彩的大师专栏，兼顾不同艺术创作方式。如蒙特里安的几何抽象派，故事绘本《红黄蓝》，采用线条装饰；艾瑞·卡尔用神奇的拼贴魔法，创造出世界上独一无二的色彩，经典绘本《好饿的毛毛虫》《爸爸，我要月亮》等绘本；波洛克的滴画法抽象画，运用滴、洒、敲打、甩、吹等方法去创作。有绘本《波洛克的滴色画》……艺术大师就像是一个又一个的领路人，大师相关经典绘本向孩子们传递了艺术的各种美，如作品美、绘本美、寓意美等，拓宽孩子对于艺术作品和绘本的新认识，为他们打开了一扇又一扇的艺术大门。孩子在过程中开始关注大师、亲近绘本，感受大师作品的色彩斑斓，在他们眼中，这是世界上最美妙的书，可以阅读理解、可以搭建、可以画画，绘本大师从多个角度丰富呈现出了绘本的立体价值，也为孩子播下了一个艺术的种子。在每次的活动中看到孩子们的各异的作品，看到了如此多的创意，看到、线条、撕贴、点彩等多种方式，看到大师作品走进了他们的世界，在新世界中充满想象和美好，孩子和赫赫有名的大师们熟悉起来。他们自然而然地从中受到人文精神与生活相关联的阅读，能够触及幼儿内心深处，在绘本中学会认识美、欣赏美和创造美。孩子们的作品、发现在教室里不仅渲染了氛围，传递着信息，还成为老师、同伴间交流之处。幼儿真正地感受到这个环境是属于他们自己的，在活动中产生主人翁的态度，更加积极有效地与环境互动。

从小培养孩子阅读文学作品，让孩子爱文学作品、勤阅读、乐阅读，培养良好的阅读习惯，对孩子一生的发展都至关重要。我们一直把文学故事作为幼儿园的园本课程，努力为孩子打造自主的成长环境，让环境发挥教育的功能，让书香滋润童心，让阅读陪伴成长。所以每个班级还结合当前主题进程在语言区创设书香阅读环境，将故事情境融入班级阅读区的创设，如教师以故事《帽子床》为背景，提供故事图书，提供护眼阅读器，将中班的阅读区布置成“小老鼠的家”，并把幼儿故事中发现的问题和线索巧妙地渗透在环境中，教师还提供了点读笔、角色的头饰等，幼儿听一听、演一演，这样变外显的环境文化为内在的人文文化，让幼儿浸润在特色的文化氛围之中，让每一处都透露着班级文化的气息。

由此可见，构建一个良好的班级人文环境，班级活动是必不可少的。班级环境策划围绕核心即“提升幼儿人文素养，优化班级人文环境”，调动每一个幼儿的积极性，每一个班级成员都行动起来，并适时地为幼儿创造各种条件，保证活动的顺利实施。在班级中让人感到浓浓的“书话”，在潜移默化中影响着师生的“卷气”，促进了班级整体的人文氛围，形成一种和谐的班级人文环境，提升着师生的人文精神。

作为人文精神形成和发展的摇篮，书香校园担负着传递真善美的追求和传授人文知识的重任。我们坚信，具有浓郁书香氛围的幼儿园，才能为孩子的和谐发展打下坚实的基础，只有书香校园不追求形式化，创造丰富的、高质量的、高品位的校园生活，提升学校的文化品位。

科学创建阅读室　支持幼儿自主阅读

浦东新区顾路幼儿园　顾燕丽

幼儿期是一个人阅读能力发展的关键期，在这个时期，我们需要帮助幼儿养成阅读的习惯，形成自主阅读的能力，在阅读学习过程中逐渐能够独立思考。创设阅读室是为了给幼儿提供一个可以依自己的意愿选择进去阅读图书的地方。阅读室环境创设得是否科学、合理对幼儿的阅读兴趣、阅读的持续时间、阅读的效果有很大的影响。因此，围绕如何科学创设并利用阅读室，鼓励幼儿自主阅读，我们进行了尝试与探索。

一、创设温馨的阅读室，营造阅读氛围

《幼儿园发展指导纲要》明确要求：创造一个自由宽松的语言交往环境，

支持、鼓励、吸引幼儿与教师同伴或其他人交谈，体验语言交流的乐趣。语言能力是依托语言的运用发展起来的，幼儿语言发展的关键是有一个能使他们想说、敢说、喜欢说、有机会说并能得到积极应答的环境。好的阅读环境，有助于维护幼儿愉快心态，激发其阅读兴趣，进而使其潜移默化地感受相关的语言知识，最终通过探索、发现，获得成功的喜悦。阅读活动首先需要考虑的就是为幼儿提供一个适宜的阅读环境，发挥环境的魅力，吸引幼儿参与到活动中来。

幼儿园阅读室宽敞明亮，色彩上，采用清新素雅的淡蓝、粉绿、浅黄，配上大片的白色和原木色，为幼儿营造安静、轻松的阅读环境，让幼儿能浸润在图书的世界里。以开放式墙柜和开放立柜作为图书呈现的载体。开放式柜子，把阅读的自主选择权交还给孩子。

阅读区的墙面装饰、设备设施的设计和摆放以及阅读材料的摆放形式，将阅读室创设成一个“阅读小天地”。室内设计有各种各样的座位：椅子、垫子、沙发、地毯。它们的色彩、造型、大小、软硬程度各不相同。幼儿可以根据自己的需要和喜好，选择或调整设施设备，如可以自己调整沙发、垫子的位置等。常常可以看到幼儿昨天选择的是沙发，今天则选择了地垫；昨天是把小沙发放这儿，今天就移到那儿了；各种软垫更是随时变换位置。阅读室里还设有卡座，幼儿可以和同伴共读。温馨的环境，满足了幼儿心理安全和审美的需要，让他们舒服、惬意、自由地享受阅读的乐趣。

二、提供多元的材料，满足阅读需求

在幼儿阅读的过程中，我们要为幼儿提供多样化的材料，培养孩子自己学会运用各种阅读工具来拓展阅读的视野，延伸自己的情感世界、增长生活经验，进而将阅读过程内化成一种阅读能力。我们在材料提供的多样化，以此满足幼儿的阅读需求。

1. 内容多样化

从生活到科学知识、从环境问题到生命教育、亲情、友谊、克服困难、经历奇险等，多样化的题材将帮助孩子获得多元的知识与多元的情感体验。

2. 体裁多样化

内容简单、语言简练、篇幅短小的童话故事、儿歌、童谣等等，各种体裁的书籍应让孩子都有机会接触到，让孩子能感受到语言的多元风貌。

3. 材料多样化

纸质图书、电子书籍、电脑故事等都是孩子可以阅读的材料。

丰富的阅读材料和多元的投放方式能让幼儿遵循内心真实的阅读需要，从自身的兴趣出发与阅读产生自然联结，加上教师的用心引领，依托系列化、主题化的阅读活动，让幼儿有效拓宽探究的视野、提升学习状态和学习效果、开启奇妙的阅读生活。

三、合理布局区域，清晰划分功能

丰富有效的阅读环境是幼儿享受阅读、倾听、表达的最佳去处，根据不同的活动需要，我们把阅读室划分成阅读区、视听区、表达区三个区域。

1. 阅读区——多类别的阅读书籍满足幼儿需求

在“读”这个区域中，各类投放的图书都经过分类和整理，必读类书目的推荐，保证了幼儿对一些优质绘本的阅读，而自主阅读类、主题类的图书能满足幼儿的个性化的阅读需求。我们所投放的图书符合相应年龄班幼儿特点：小班幼儿更偏向于单幅画页、图画版面大、颜色明快的图书；中班幼儿通过学习，已经能注意到故事所描绘的意境、表达的人物情感，思维更富有想象力。情节内容、人物情绪有明显波折，富有小寓意的故事更能吸引他们。进入大班，幼儿的创造性想象力有所发展，对一些匪夷所思的新异事物充满了好奇和探究的欲望，他们不仅可以感受到故事人物的情绪、情感，还会对非逻辑的奇思妙想、出乎意料的神话故事充满好奇。不同年龄段的幼儿在图画书选择上有着明显的差异，在投放材料时，教师要把握本年龄段幼儿的阅读偏好与发展需要，才能真正做到阅读材料既满足幼儿阅读兴趣又适应幼儿的发展需要。每年我们还会根据幼儿兴趣、需求不断添置图书。

与此同时，教师注重不同主题和形式绘本的教育价值，有意识地将幼儿零散的阅读书目归整成一个专题或系列，结合幼儿园主题探究活动或区域活动，通过创设“主题类”阅读环境，将不同主题或形式的图书，分别投放在阅读室内，让阅读材料触手可及，支持幼儿对某一主题的深度学习和探究。如在探究“身体”这一主题内容时，教师和幼儿共同收集图书，《我》《可爱的身体》《身体里面有什么》等绘本，支持和延伸幼儿对身体的探索，让幼儿在阅读中，发现探究身体的路径和方法，把对身体秘密感知和书中的内容进行连接，在情境中阅读，在探究中提升。

2. 视听区——多形式的视听体验感受故事的趣味

小帐篷、地毯、柔软的沙发，这些是视听区里孩子们的最爱，他们能够坐在这里放松下来认真倾听。视听区的电脑里收藏了一些固定的有儿童画故事、绘本故事的网页，便于幼儿自由选择喜欢的故事；耳机的提供可以让幼儿在听故事时不会吵到别人，可以控制音量的儿童耳机也保护了幼儿的听力；分享式的耳机还便于两名幼儿同时倾听相同的故事。听一个故事可以体验一种生活，幼儿心中就会留下了许多画面：森林中的城堡、美丽的公主、善良的精灵、邪恶的魔鬼……尽管他没有亲眼见过这些事物，但他能调动丰富的想象在阅读的世界里驰骋。

3. 表达区——多通道的表达途径大胆表现自我

为了让幼儿把自己阅读的想法和体验充分表达出来，我园在阅读室里提供了多种表达的途径。如设置“会说话的墙”，引导幼儿大胆记录自己对阅读的感受和认识，写出来展示在旁边。如绘本《逃家小兔》的内容和书中的形象深深地吸引着孩子们，大班孩子用画笔画下自己的想法，小班的孩子则是请老师帮助记录下自己的想法，如“宝宝是妈妈的小宝贝，怎么样爱都爱不够……”“我也最喜欢我的妈妈了，和小兔一样”“小兔子好笨，怎么会想着逃走呢？在妈妈身边最舒服了”，我们将这些阅读感受粘贴在绘本封面一旁。“会说话的墙”是幼儿与阅读材料互动的有效方式，使幼儿阅读更具活力。

我们也创设了自制图书区，这里是幼儿自由创作的“俱乐部”。我们提供了各类铅笔、记号笔、油画棒、荧光笔、彩色铅笔、各种颜色、质地、尺寸的纸张等，便于幼儿创作、书写，激发幼儿表达的愿望。同时还提供了一些订书机、打孔机、装订圆环等，供幼儿制作自己的图书。孩子们可以收集、整理自己感兴趣的某个主题（如太空）的图片，编制自己的“图画书”。能力较强的孩子还可以创编故事、绘制图画书，体验创作的快乐。同时，幼儿可以带自己的书来和同伴共享，交流讲述，也可以为自己喜欢的书制作宣传画，把它推荐给同伴，共同体验分享的快乐。

4. 图书修补区——养成爱护书籍的习惯

在图书医院中，我们准备了一些修补工具，在阅读过程中，有一些破损的图书，幼儿会利用各种修补工具及时修补。通过对图书的修补，向幼儿传达积极信息：尊重书本、爱惜书本。

在创设良好的阅读环境的过程中，我们注重为幼儿营造自由、支持的良好阅读氛围，幼儿才能积极参与阅读活动，也才能真正与所创设的环境互动。阅读室成了孩子最喜欢的活动室之一，这激励着我们继续探索如何更科学合理地运用阅读室激发幼儿阅读的兴趣，引导他们愉快、自主地进行阅读，帮助他们养成良好的阅读习惯，为他们的全面发展奠定良好的基础。

图书在版编目(CIP)数据

以文启智　润泽生命 / 顾晨玮主编. —上海: 文汇出版社,2022.10

ISBN 978-7-5496-3908-3

Ⅰ. ①以…　Ⅱ. ①顾…　Ⅲ. ①语文课－教学研究－学前教育　Ⅳ. ①G613.2

中国版本图书馆CIP数据核字(2022)第192266号

以文启智　润泽生命

主　　编 / 顾晨玮

责任编辑 / 熊　勇
封面装帧 / 薛　冰

出版发行 / 文匯出版社
上海市威海路755号
(邮政编码200041)
经　　销 / 全国新华书店
排　　版 / 南京展望文化发展有限公司
印刷装订 / 启东市人民印刷有限公司
版　　次 / 2022年10月第1版
印　　次 / 2022年10月第1次印刷
开　　本 / 720×1000　1/16
字　　数 / 330千字
印　　张 / 21.25

ISBN 978-7-5496-3908-3
定　　价 / 58.00元